SPIRITUALITÄT AUS DEM GLAUBEN

George Augustin
Zur Freude berufen

SPIRITUALITÄT AUS DEM GLAUBEN

Herausgegeben von
GEORGE AUGUSTIN
JOHANNES KREIDLER
PAUL RHEINBAY

im Namen des
Kardinal Walter Kasper Instituts
für Theologie, Ökumene und Spiritualität
an der Philosophisch-Theologischen Hochschule
Vallendar

GEORGE AUGUSTIN

Zur Freude berufen

Ermutigung zum Priestersein

Mit einem Geleitwort von
Kardinal Walter Kasper

HERDER

FREIBURG · BASEL · WIEN

Bischof Dr. Gebhard Fürst
zum zehnten Jahrestag seiner Bischofsweihe
und den Priestern der Diözese Rottenburg-Stuttgart
in tiefer Verbundenheit gewidmet

INHALTSÜBERSICHT

ZUM GELEIT
Kardinal Walter Kasper, Rom

EIN PRIESTERBUCH mit dem Titel »Zur Freude berufen«, wie es George Augustin vorlegt, löckt gewaltig gegen den Stachel. Denn in vielen anderen Büchern zum Thema Priestersein herrscht eher das Lamento vor. In der Tat, ein Blick auf die Zahlen des Priesternachwuchses, auf den Stress, den viele Priester in ihrem Dienst erfahren, wie die Berichte über bedauernswerte Skandale lassen kaum Freude aufkommen. Die Diskussionen der letzten Jahrzehnte haben zusätzlich viele Priester in ihrem Selbstverständnis angefochten und unsicher gemacht und viele abgeschreckt, diesen Beruf zu wählen.

George Augustin weiß, wovon er schreibt. Er war als junger Priester drei Jahre Missionar unter den Eingeborenen in Nordindien, und er wirkt bis heute in der Pfarreiseelsorge in Stuttgart und seit fünfzehn Jahren als Priesterseelsorger der Diözese Rottenburg-Stuttgart. Als Professor für Fundamentaltheologie und Dogmatik an der Philosophisch-Theologischen Hochschule in Vallendar widmet er sich der Priesterausbildung und hält gleichzeitig an vielen Orten Einkehrtage und Vorträge für Priester. So verbindet das Buch beides: reiche persönliche Erfahrung und gediegene theologische Reflexion.

Mit dem Titel »Zur Freude berufen« nimmt George Augustin ein Wort des Apostels Paulus im zweiten Brief an die Gemeinde von Korinth auf, mit dem sich der Apostel als »Diener der Freude« bezeichnet (1,24). Wer diesen Brief liest, wird sehr schnell bemerken, dass das Leben des Apostels alles andere als nur von

Freude gekennzeichnet war. In eindrucksvoller Weise beschreibt er seine apostolischen Mühen, seine Enttäuschungen, Anfeindungen, Verleumdungen, Leiden und Verfolgungen. Das alles gehört nicht erst heute zum apostolischen Dienst.

Ein Argument gegen Freude am Priestersein und im Priestersein wird daraus freilich nur dann, wenn man Freude mit Spaß verwechselt. Nun ist gegen Spaß dort, wo er angebracht und angemessen ist, nichts zu sagen, und er wird auch im Alltag des Priesters nicht fehlen. Aber es gehört zum Schönen des priesterlichen Dienstes, dass er wie kein anderer Beruf dem menschlichen Leben in seiner ganzen Bandbreite begegnet, auch in Situationen, wo der Spaß aufhört und wo der Priester dennoch Diener der Freude sein kann. Er kann, wie George Augustin mit einem ansprechenden Bild sagt, in einer Situation wie der unsrigen, in welcher der Horizont des Lebens und des als Lebensfreude Erachteten oft verhangen, verengt und verflacht ist, den Himmel offen halten. Das ist nicht als billige Vertröstung gemeint, sondern als lebensnotwendige Horizonterweiterung und damit als unverzichtbarer und unersetzbarer Dienst des Priesters an der Welt und für die Menschen.

George Augustin begnügt sich nicht mit Vordergründigem und bietet keine gängig gewordenen wohlfeilen Rezepte. Er stößt zum Wesentlichen vor und spürt der tieferen Dimension der Freude im priesterlichen Dienst und der Botschaft von der Freude nach, die der Priester überbringen und ausstrahlen darf. Er gräbt verschüttete und weithin vergessene Schätze aus und bringt sie neu zum Leuchten. Er verweist auf die Mitte des priesterlichen Dienstes, die besondere Freundschaft mit Jesus Christus und die Teilhabe an seinem Priestertum; er spricht von der Teilhabe am Leben Gottes, ja von neuer Begeisterung für Gott; er sagt, was Kirche entgegen vielen Verzeichnungen, Missverständnissen und gelegentlichen Missbräuchen ist, nämlich *communio*, die ihre Mitte in der Feier der Eucharistie hat; sie ist auch die Mitte und die Kraftquelle des priesterlichen Lebens und des priesterlichen Dienstes. Das sind für George Augustin keine abstrakten, weit hergeholten Thesen und kein ideologischer Überbau, sondern Zeugnisse persönlicher Erfahrung und konkrete Einladung und Ermutigung zum Priesterwerden und Priestersein.

Das Buch strahlt Begeisterung aus und will neu Begeisterung wecken. Damit ist es ein wichtiger Beitrag zum Jahr des Priesters. Viele haben sich gewundert und gefragt, warum ausgerechnet der 150. Todestag des Pfarrers von Ars den Anlass zu diesem Jahr gegeben hat. Gewiss, der Pfarrer von Ars ist ein heiliggesprochener Weltpriester, und er wird zu Recht als Patron der Pfarrer verehrt; aber die damaligen Umstände und die Art seiner seelsorgerlichen Tätigkeit in einer ländlichen, verlotterten 240-Seelen-Gemeinde lassen sich nicht wiederholen oder gar nachahmen. Die staunenswerte Fruchtbarkeit seines Wirkens weit über Ars hinaus zeigt jedoch, dass Gott in menschlicher Schwäche und Armseligkeit auch heute Großes und Außerordentliches vollbringen, das Leben verwandeln und neu mit Freude erfüllen kann, wenn Priester aus den tiefen Wurzeln priesterlicher Existenz leben und wirken. Diesen Mut will und kann dieses Buch neu anfachen und existenziell wie argumentativ mit Gründen belegen.

INHALT

EINLEITUNG:
NOTWENDIGER PERSPEKTIVENWECHSEL

MIT FREUDE PRIESTER sein, dazu möchte ich ermutigen. Zu einem Perspektivenwechsel will ich anregen. Das Geheimnis des Priestertums möchte ich als ein Geschenk zur Verherrlichung Gottes darstellen – selbst auf die Gefahr hin, längst Bekanntes zu wiederholen. Dabei habe ich durchaus nicht die Absicht, irgendein ›neues, zeitgemäßes‹ Priesterbild, eine ›neue Spiritualität‹ des Priesters oder ein ›neues Konzept‹ der Pastoral vorzustellen. Ich möchte nur aus einem anderen Blickwinkel uns allen schon lange Bekanntes neu ins Bewusstsein bringen, wovon ich immer fester überzeugt bin, je mehr ich mich mit der Frage des Lebens und des Dienstes des Priesters sowohl in der Theologie als auch in der Pastoral beschäftige.

Wege zu einem Perspektivenwechsel

Was mich immer mehr berührt und bewegt, ist das engagierte Leben und der segensreiche Dienst der Priester in Geschichte und Gegenwart, die oft unter sehr schwierigen Bedingungen überall in der Welt mit bewundernswerter Hingabebereitschaft in Treue ihrer Berufung folgen, den Glauben in Wort und Tat verkünden und die Kirche Jesu Christi aufbauen. Durch den priesterlichen Dienst geschieht viel mehr Positives und Gutes in der Welt, als für gewöhnlich angenommen wird. Es ist ermutigend, dass nicht nur die allermeisten Gläubigen, sondern viele Menschen guten Willens außerhalb der Glaubensgemeinschaft im Priester der katholischen Kirche einen geistlichen Menschen, einen Mann Gottes erblicken, ihn als ein Hoffnungszeichen betrachten und ihm für seinen Dienst hohe Wertschätzung entgegenbringen. In der Tat kann die Kirche als Glaubensgemeinschaft für ihre Priester dankbar und auf ihren Dienst stolz sein.

Mein Anliegen ist es, Zeugnis von meiner Liebe zum Geschenk und Geheimnis des Priestertums zu geben: Zeugnis aus der Mitte und Fülle des katholischen Glaubens. Dabei möchte ich meine Mitbrüder einladen und motivieren, nachzudenken und weiterzudenken, vor allem aber weiterzubeten, damit unser Leben als Priester im Dienst Gottes in seiner Kirche mit Freude erfüllt wird und unser Heilsdienst für die Menschen gelingen und die erhofften Früchte bringen kann.

Wir sind berufen, Helfer zur Freude zu sein (2 Kor 1,24).[1] Und nur diejenigen, die die wahre Freude für sich entdeckt haben, können auch tatsächlich anderen Menschen helfen, die wahre Freude in ihrem Leben zu finden. Die wahre Freude ist Gott, und wenn wir durch unseren Dienst Gott sichtbar und erfahrbar machen, entdecken die Menschen mit uns Gott als Freude ihres Lebens.

In der Geschichte und in der Gegenwart sorgen Priester mit großer Hingabe für die Erfüllung des Heilsdienstes der Kirche und tragen mit dem ganzen Einsatz ihres Lebens die Hauptverantwortung für den inneren und äußeren Aufbau der Kirche Jesu Christi. Dabei ergreifen sie in ihrer jeweiligen Zeit mit innerer Begeisterung viele missionarisch-diakonische Initiativen, darunter freilich auch manche mehr oder weniger glückliche und gelingende, mehr oder weniger wirksame. Alle hatten sie ihre Zeit des Erfolgs und viele ihre Zeit des Niedergangs. Die Umbrüche und der Wandel der Pastoral, die Anstrengungen, die Herausforderungen der jeweiligen Zeit zu meistern, ging nicht spurlos am Selbstverständnis des Priesters und seines priesterlichen Dienstes vorbei. Trotz allem Wandel der Zeit ist jedoch eines geblieben: in die Tiefe des Glaubens zu gehen und aus der gesamten lebendigen Tradition der Kirche Gestaltungskraft zu schöpfen.

Priester sein in der Nachfolge Christi in einer sich verändernden Kirche und Welt, ist eine bleibende Herausforderung. Jede Generation von Priestern musste sich in ihrer jeweiligen Zeit ihren Herausforderungen stellen. Zweifellos gab es in der Vergangenheit immer wieder Akzentverschiebungen im Verständnis und in der Ausübung des priesterlichen Dienstamtes. Deshalb gilt es zu fragen, welche Akzentverschiebungen und Einseitigkeiten heute mehr oder weniger bewusst das Verständnis und die Ausübung des Amtes bestimmen. Die zentrale Frage aber ist: Gibt es einen unwandelbaren Kern des priesterlichen Dienstamtes? Mir ist bewusst, dass es die Signatur unserer Zeit mit ihrer Vielfalt an Meinungen ist, feste Überzeugungen und Gewissheiten in Zweifel zu ziehen und infrage zu stellen. Gewissheiten und feste Überzeugungen erscheinen von vorneherein suspekt. Die Heilige Schrift stellt uns eine gute Gebrauchsanweisung bereit: »Prüfet alles und behaltet das Gute« (1 Thess 5,21). Sie lehrt uns, Glaubensgewissheiten zu vertreten, gelegen oder ungelegen, ohne Angst zu haben, ›unkritisch‹ zu erscheinen.

Auf der Suche nach einer tragfähigen Antwort wollen wir von der Größe, Schönheit und Erhabenheit dieses Dienstes ausgehen. Denn es ist an der Zeit, über Sein und Sendung des Priesters in der katholischen Kirche vertieft nachzudenken. Die heutige Glaubenssituation im Allgemeinen und die pastoralen Zwänge fordern eine Neubesinnung auf das Wesentliche geradezu heraus. Jeder Priester ist durch die derzeitige missionarische Glaubenssituation zu einer Selbstreflexion auf sein Selbstverständnis als Priester so stark herausgefordert, wie selten zuvor seit der Aufbruchsituation am Ende des Zweiten Vatikanischen Konzils.

Ein zeitgemäßes Priesterbild entsteht, wenn wir, an Jesus Christus uns orientierend, den bleibenden Kern des katholischen Priestertums vor Augen haben und ihn mit neuem Leben erfüllen. Denn die Voraussetzung für die Selbstvergewisserung des priesterlichen Lebens und Dienstes ist, dass wir vom katholischen Verständnis des Kircheseins der Kirche ausgehen. Nur wenn die Kirche als Glaubensgemeinschaft, die einzelnen Mitgläubigen und die Priester selbst die wahre Bedeutung des priesterlichen Dienstes im Glauben bejahen, kann das Leben des Priesters gelingend gestaltet werden. Wenn wir im Glauben annehmen, was die katholische Kirche mit dem priesterlichen Dienst meint, was sie von ihm glaubt und lehrt, dann eröffnen sich uns viele Möglichkeiten, um diesen Dienst in der jeweiligen Zeit und am jeweiligen Ort sinnvoll zu verwirklichen. Je nach Begabungen und nach Bedarf der Situation kann man im priesterlichen Dienst differenzierte Akzente setzen.

Manchmal müssen wir uns selbstkritisch die Frage stellen, warum die Antworten der letzten Jahrzehnte nicht den erhofften Aufbruch gebracht haben. Ist es einfach nur deshalb, weil irgendjemand ›alles blockiert‹? Oder haben sich die verschiedensten Lösungsvorschläge langfristig nicht als tragfähig erwiesen? Die entscheidende Frage ist: Was können wir selbst tun, damit unser Leben und Dienst gelingen kann?

Uns allen sind die kirchenpolitischen Diskussionen der letzten Jahrzehnte und die damit verbundenen ›Reizthemen‹ sehr geläufig. Bekannt sind auch die theologischen Auseinandersetzungen und alle gut gemeinten Bemühungen um das richtige Verständnis des priesterlichen Dienstamtes der Kirche. Doch allein die Unterscheidung der Geister in all diesen Fragen kann uns die Möglichkeit bieten, die Frage zu reflektieren: Wozu sind wir Priester?

Im Alltag des kirchlichen Betriebs vergessen wir oft, wozu das Ganze eigentlich da ist. Widersprüche im Denken und

Handeln können uns lähmen. Wenn ein spiritueller ›Grund-konsens‹ über dieses Eigentliche des Kircheseins besteht, dann kann der priesterliche Dienst fruchtbringend und segensreich für die Kirche und nicht zuletzt auch für sich selbst sein. Wir leben letztendlich nicht nur von unserem Tun und von der Arbeit, sondern von dem Sinn unseres Tuns.

Jesus Christus, wahrer Gott und wahrer Mensch, ist das einzige Heil aller Menschen. Er hat seine Kirche gewollt, um durch sie seine Heilssendung in der Welt für alle Menschen und alle Zeiten gegenwärtig zu halten und dieses Heil durch ihren Dienst zu vermitteln. Er ist gegenwärtig in seiner Kirche mit seinem Geist bis zum Ende der Welt, und sein Geist wird seine Kirche als Ganze in die volle Wahrheit führen. Er beruft Menschen, in seinem Namen zu handeln, und befähigt sie, an seinem Heilsdienst mitzuwirken.

Dieser Glaube der Kirche bleibt der feste Grund, auch nach allen theologischen und kritischen Diskussionen über die Person Jesu Christi, die Entstehung und Stellung der Kirche im Heilsplan Gottes, über das Verständnis der Eucharistie, die Berufung aller Christen zum gemeinsamen Priestertum, über die Ort und Stellung des priesterlichen Dienstamtes und auch seine Zulassungsbedingungen. Die bleibende Bedeutung des priesterlichen Lebens und Dienstes kann nur in der Bereitschaft verstanden werden, die Grundüberzeugungen unseres Glaubens existenziell anzunehmen und sie im Lichte der ganzen lebendigen Tradition der Kirche zu interpretieren.

Der sakramentale Heilsdienst der Kirche ist das Zentrum, der bleibende und tragende Kern des priesterlichen Lebens und Dienstes. In diesem Heilsdienst, der das Werk des Hohepriesters Jesus Christus ist, bündelt sich der Verkündigungsauftrag und die Vermittlung der Heilssorge des Guten Hirten. In dieser alles bestimmenden Mitte liegen die Wurzeln des priesterlichen Dienstes. Das Sein bestimmt das Bewusstsein, deshalb ist es von großer Bedeutung, dass ich mein Priestersein im Sinne der Kirche selbst verstehen lerne und im Glauben annehme. Um dieses Verständnis zu gewinnen und immer neu zu vertiefen, müssen wir in den Glauben der Kirche tiefer hineinwachsen und aus der Mitte und Fülle des Katholischen viele unterschiedliche Dimensionen des priesterlichen Dienstes in eine Einheit integrieren.

Wenn wir des wahren Kerns des katholischen Priestertums ansichtig werden wollen, dürfen wir nicht von dem Dienst des Priesters als Pfarrer ausgehen, sondern müssen zuerst einmal verstehen, was das Priestersein als solches bedeutet. Denn das Pfarrersein ist nur eine Form der Wahrnehmung und Verwirklichung des priesterlichen Dienstes, auch wenn viele Priester ihren Dienst in der Funktion des Pfarrers ausüben. Aber es sollte nicht vergessen werden, dass es in einer weltkirchlichen Perspektive zahlreiche Priester gibt, die als Ordenspriester, Missionare und in der Kategorialseelsorge tätig sind.

Das Gelingen des Lebens des Priesters hängt entscheidend von seinem theologisch-spirituellen Verständnis ab. Dazu kommt unabdingbar eine überzeugende Menschlichkeit, die er durch seinen Umgang mit dem Heiligen, Gott, gewinnt und die ihm eine wohltuende Offenheit und eine gewinnende Ausstrahlung verleiht.

Diese Eigenschaften sind selbstverständlich ein Geschenk der Natur und der Gnade. Es bleibt deshalb eine lebenslange spirituelle Aufgabe, die Bedingungen dafür zu schaffen, dass diese in unserem Leben immer mehr Raum gewinnen und sie reifen und sich entfalten können. Wir werden über uns selbst hinauswachsen, wenn wir uns auf die uns von Gott geschenkten Möglichkeiten besinnen. Uns wird die Kraft zuwachsen, um den uns übertragenen Auftrag getreu zu erfüllen. Wir leben und verkünden nicht unsere eigenen menschlichen Möglichkeiten, sondern die Möglichkeiten Gottes, die durch uns wirksam werden. Denn für Gott und mit Gott ist alles möglich.

Eine spirituelle Neubesinnung auf das Priestertum Christi und das Weiterleben seiner ureigenen Sendung im priesterlichen Dienst der Kirche kann uns helfen, die tiefere Bedeutung des priesterlichen Heilsdienstes zu erkennen. Eine möglichst umfassende Durchdringung des Geheimnisses des Priestertums Jesu Christi und eine vertiefte Besinnung auf das, was die katholische Kirche wirklich mit Eucharistie bekennt, glaubt und feiert, kann allein den eigentlichen und tieferen Sinn des priesterlichen Dienstes ansichtig werden lassen.

Gliederung des Buches

Eine Ortsbestimmung des Lebens und Dienstes des Priesters in und für die Kirche hängt wesentlich davon ab, wie die katholische Kirche das Priestertum Jesu Christi versteht, wie Jesus Christus den Gläubigen an seinem Priestertum teilhaben lässt, wie das Priestertum Christi in und durch die Kirche weiterlebt und wie das Priestertum Christi sichtbar verwirklicht wird. Das Priestertum Christi wird am deutlichsten erkennbar und erfahrbar in der Liturgie, vor allem in der Eucharistie, Quelle und Höhepunkt des christlichen Lebens, wie das Zweite Vatikanische Konzil deutlich herausgestellt hat (vgl. LG 11). Diese Ortsbestimmung wollen wir vornehmen im Horizont der Fragen aller Fragen, der Gottesfrage, der Christusfrage und der Tatsache der geschenkten Möglichkeit der Teilhabe am Leben Gottes durch die Heilsvermittlung der Kirche. Dieser *Horizont des Glaubens in den Herausforderungen unserer Zeit* bietet die Perspektive des Buches (Kapitel I).

Von unterschiedlichen Blickwinkeln ausgehend, wollen wir uns dem Herzstück des priesterlichen Lebens und Dienstes meditierend annähern. Vom Gott der Liebe, die in Jesus Christus auf einzigartige Weise sichtbar und erfahrbar geworden ist, ausgehend, betrachten wir das *Geschenk der Teilhabe am Leben Gottes* (Kapitel II). Danach meditieren wir das *Priestertum Christi*, den Ursprung allen Priestertums in der Kirche (Kapitel III).

Priester sein ist allein in Christus begründet. Nur von Christus empfängt der Priester seine wahre Identität und die Kraft, seinen priesterlichen Dienst für das Heil der Menschen mit Freude zu tun. Das Leben des Priesters kann gelingen, wenn es als *Berufung zur Nachfolge Christi* verstanden und gelebt wird (Kapitel IV).

Eine erneuerte Besinnung auf die *Gnade des Weihesakramentes in unserem Leben* (Kapitel V) kann uns heute helfen, die Kraftquelle unseres Lebenseinsatzes unter dem Zuspruch Gottes zum Heil der Menschen neu zu entdecken, damit diese Gnadenkraft in uns und unserem Dienst wieder fließen und sich entfalten kann. Unser Dienst als Priester wird in dem Maße gelingen und die erhofften und erwünschten Früchte tragen, in dem jeder nach seiner Freiheit und Verantwortung mit der Gnade Gottes zusammenzuarbeiten weiß.

Wir wollen den Ort der Verwirklichung des Priestertums Christi in der *Eucharistie als Quelle, Mitte und Höhepunkt* des christlichen Lebens verankern, in der das gemeinsame und das besondere Priestertum des Dienstamtes in ihrer gegenseitigen Verwiesenheit zur Verherrlichung Gottes gefeiert und gelebt werden (Kapitel VI).

Dic Gnade des Weihesakramentes ist bleibend lebendig im priesterlichen Leben und Tun. Aus seiner Kraft gestaltet der Priester in der Nachfolge Christi im Dienst vor Gott und Menschen seine *pastorale Arbeit* und *sein Leben* (Kapitel VII und VIII). Jeder Priester muss um der Sakramentalität der Kirche willen in seinem Wirkungskreis dafür Sorge tragen, sich selber und seinen priesterlichen Dienst in Wort und Tat nicht zu ›neutralisieren‹ und überflüssig erscheinen zu lassen.

Dieser Dienst ist eine Berufung zur Freude. Aus der Freude

und Liebe zu diesem Amt sorgen alle gemeinsam für das Gelingen des *Mit- und Füreinanders aller im Presbyterium* (Kapitel IX). So wollen wir ermutigen, als Berufene und Gesandte Christi Menschen zu motivieren, auch morgen in den priesterlichen Dienst einzutreten.

Wir wollen in unserer Betrachtung nicht an der Oberfläche bleiben und nur die Symptome behandeln, sondern durch eine spirituelle Vertiefung die Mitte erkennen und uns aus der Mitte allen anderen Fragen zuwenden. Die Frage nach dem Bleibenden und Wesentlichen am priesterlichen Dienst, die Frage nach dem Profil, lässt sich keineswegs rein praktisch-pragmatisch lösen. Hier kann es leicht zu Fehlentwicklungen kommen, die den wahren Standort verdunkeln und Konsequenzen nach sich ziehen, die das Gleichgewicht des Glaubens auch in anderen Punkten erheblich stören können. Die Frage nach der theologischen Bestimmung des priesterlichen Dienstes lässt sich nicht unterdrücken, will man nicht einem reinen Opportunismus oder dem bloßen Notstand erliegen. Früher oder später stellt sich das Problem des Selbstverständnisses und der Legitimation des eigenen Dienstes. Die theologische Bestimmung des Amtes dient sowohl der Selbstvergewisserung des Amtsinhabers wie der legitimen und nötigen Abgrenzung und Unterscheidung anderen Diensten gegenüber.

Nur ein Baum, der in der Tiefe Wurzeln schlägt, kann in die Weite und Höhe wachsen. Sonst pflegen wir nur ein Bonsai-Bäumchen.

I
HERAUSFORDERUNGEN UNSERER ZEIT, HORIZONT UNSERER ANTWORT

DAS SELBSTVERSTÄNDNIS DES Christseins und vor allem des Priesterseins in der Glaubens- und Zeugengemeinschaft der Kirche hängt entscheidend davon ab, wer Gott ist, welche Bedeutung die Person Jesu Christi für die Menschheit hat und welche Rolle der Kirche im Heilsplan Gottes für die Menschen zukommt. Die existenzielle Antwort auf diese Fragen und die damit verbundene Selbstvergewisserung des Glaubens ist die Grundvoraussetzung für einen neuen missionarischen Aufbruch. Diesen Fragen wenden wir uns nun aus unterschiedlichen Perspektiven zu: der Priester und die Frage nach Gott, die Frage nach Christus und die Frage nach dem Verständnis der Kirche.

Der Priester und die Frage nach Gott

Die aktuelle Frage nach dem priesterlichen Selbstverständnis

Als Priester in der gegenwärtigen Umbruchsituation der Kirche zu bestehen, ist eine Herausforderung. Während viel über Strukturen geredet wird, um den Heilsdienst der Kirche zu gewährleisten, darf der Blick auf die Priester als Hauptträger der Seelsorge nicht vergessen werden. Im Gegenteil: In einer Zeit zunehmender theologischer Unsicherheit und gleichzeitig wachsender Arbeitslast, muss um der Botschaft Jesu Willen alles Menschenmögliche getan werden, die Priester als ›Führungskräfte‹ der Kirche menschlich, theologisch, spirituell und strukturell zu fördern und zu stärken. Denn das Gelingen ihres Lebens und Dienstes ist die Voraussetzung für ihr glaubwürdiges Zeugnis.[2]

Der volkskirchlichen Vergangenheit nachzutrauern hilft ebenso wenig wie das ungewisse Warten auf eine blühende Zeit oder eine veränderte neue Gestalt der Kirche. Die Gegenwart muss gestaltet werden in der heutigen Kirche, mit all den Menschen, mit denen wir Kirche Jesu Christi sind. Heute mangelt es nicht an Analysen der gegenwärtigen Krise des Priestertums. Die Schwierigkeiten in der Verwirklichung des priesterlichen Dienstes sind ebenso bekannt wie die gängigen Lösungsvorschläge zu Veränderungen in der Kirche.

Wären diese Veränderungen erreicht, bliebe dennoch die entscheidende Frage nach dem eigenen persönlichen Leben und Dienst als Priester heute bestehen. Was ist der bleibende Inhalt dieses Dienstes? Woran kann ich mich orientieren? Welche Möglichkeiten gibt es zur Verwirklichung des Priestertums Christi, an dem alle Getauften teilnehmen, in der je eigenen persönlichen Lebenssituation?[3] Wie und wo können Priester die bleibende Mitte ihres Dienstes in Zeiten zunehmender Unsicherheit neu entdecken? Die Frage nach der eigenen Identität als Priester in der Kirche muss sich jeder Einzelne stellen, damit er seinen Dienst mit Freude tun kann.

Hinter diesen Fragen steht in Wirklichkeit eine tiefgreifende Auseinandersetzung um das priesterliche Amt in der Kirche. Dabei geht es nicht nur um das priesterliche Dienstverständnis, sondern um die grundsätzliche Frage nach der Gestalt der Kirche, nach Jesus Christus und sogar nach dem trinitarischen Gottesverständnis. Es hat sich eine geradezu paradoxe und widersprüchliche Situation der Amtsauffassung ergeben: Die Bemühungen in Theologie und Pastoral, die vorkonziliare, stark kultisch-rituelle Engführung des priesterlichen Dienstes zu korrigieren, wirken sich heute wie ein Pendelschlag in die entgegengesetzte Richtung aus. Das heute prägende ›moderne Priesterbild‹ läuft eher auf die Engführung eines soziologisch verstandenen Gemeindeleiters zu.

Das Besondere des geweihten Dienstamtes des Priesters nur im ›Vorsteheramt‹ oder im Dienst der ›Gemeindeleitung‹ zu sehen, kann einseitig werden. Zumal nicht alle Priester in der katholischen Kirche Gemeindeleiter sind. Es ist auch vor allem wichtig, dass wir das Leitungsverständnis theologisch und spirituell qualifizieren. Außerdem besteht beim einseitig soziologisch-funktionalen Verständnis des Dienstamtes des Priesters als Gemeindeleiter die große Gefahr, die Kluft zwischen dem Gemeindeleiter und der Gemeinde zu vergrößern, das Miteinander und Füreinander aller Gläubigen zu verdunkeln und das Gegenüber zu betonen. Das theologische Problem bei diesem vorherrschenden Amtsverständnis ist die einseitige ›Horizontalisierung‹ und Funktionalisierung. Das unterscheidend Priesterliche am Amt – die vertikale Ausrichtung auf Gott – wird dabei oft aus dem Blick verloren. Diese Verdunkelung verursacht neue Identitätskrisen bei den Amtsinhabern. Zudem können die Gläubigen das Wesentliche und Eigentliche am priesterlichen Dienst nicht mehr unterscheidend wahrnehmen.

Die in der theologischen Unsicherheit begründete Krise des priesterlichen Selbstverständnisses wird noch verstärkt, wenn sie sich mit normalen menschlichen Schwierigkeiten im Gemeindealltag verbindet. Das damit einhergehende Unbehagen folgt letztlich aus einem nicht geklärten persönlichen Selbstverständnis. Daher bleibt die Suche nach dem stimmigen und zeitgemäßen Priesterbild, was zu einer nicht unwesentlichen psychischen Belastung des Amtsinhabers führt.

Es gibt keinen Grund, die theologische Bestimmung des geweihten Priestertums, zu der sich die Kirche erneut und ausdrücklich auf dem Zweiten Vatikanischen Konzil bekannt hat, infrage zu stellen und anzuzweifeln. Selbstverständlich gab es in den theologischen Formulierungen vieler Jahrhunderte, vor allem in der Verwirklichung des priesterlichen Dienstes bei einigen Amtsinhabern, immer wieder Akzentverschiebungen oder Lücken in der theologischen Gesamtschau. Einzelmeinungen und Diskussionsbeiträge sollten jedoch nicht zu einer grundsätzlichen Verunsicherung führen, auch wenn diese mit den besten Erkenntnissen aus Soziologie und Psychologie verpackt zu sein scheinen.

Die Wahrheit des menschlichen Lebens darf nicht aus dem Auge verloren werden. Zu dieser Wahrheit gehört nicht nur, die geschichtlich bedingten Einseitigkeiten zu erhellen, sondern auch den Mut zu finden, aus einer theologischen Gesamtschau zu einem Perspektivenwechsel zu kommen, der befreit und entlastet. In der heutigen Glaubenssituation ist eine Besinnung auf das Bleibende und Wesentliche am priesterlichen Dienst gefragt.

Die Tragfähigkeit und Tragweite jeder theologischen Bestimmung hängt davon ab, ob sie aus der Mitte des Glaubens kommt, ob sie bei den Priestern heute Identität stiftet und bei ihnen die motivierenden Kräfte freisetzen kann. Polarisierende Forderungen oder Schuldzuweisungen und Vorwürfe führen nicht weiter. Befreiend und Kräfte weckend wirkt vielmehr die Frage an den Herrn der Kirche, wohin er uns führen will, und das Vertrauen darauf, dass er sein Wort wahr macht, alle Tage den Weg der Kirche mitgeht und trägt.

Das Priestersein aus einem neuen Blickwinkel zu betrachten, ist das Gebot der Stunde: von der Verherrlichung Gottes her. Nicht nur Gott zu den Menschen zu bringen, sondern Menschen zu Gott zu bringen gehört zu der Sendung Jesu Christi. Das Priestertum in der Kirche zur Ehre Gottes sollte als Dreh- und Angelpunkt der priesterlichen Sendung, sowohl des königlichen Volkes als auch seiner geweihten Diener werden.

Die Notwendigkeit einer theozentrischen Wende

Ein Blick in die gegenwärtige kirchliche Landschaft weckt den Eindruck: die Einheit der Gottesliebe und der Nächstenliebe zerbricht. Die Grundgebote des Christlichen stehen heute sehr oft beziehungslos nebeneinander. Wir können häufig beobachten: es gibt zu viel Menschliches, dafür zu wenig Göttliches; zu viel Soziales und Gesellschaftspolitisches, dafür zu wenig Spiritualität; zu viel Kirchenkritik, dafür zu wenig Mitdenken und Mitfühlen mit der Lehre der Kirche; zu viel Konzentration auf das Negative und den Mangel, dafür zu wenig Besinnung auf den Reichtum und die Vielfalt der Kirche; zu viel Machbarkeitsdenken und dafür zu wenig Vertrauen auf die Kraft Gottes; zu viel Eigen- und Zeitgeist und dafür zu wenig Heiligen Geist; zu viel Forderungen von Rechten, aber dafür eine große Vergessenheit der eigenen Pflichten zum christlichen Leben und Handeln.

Man braucht nicht unbedingt Kulturpessimist sein, um zu erkennen: Was übrig bleibt, ist nichts anderes als ein soziales Kulturchristentum, abgekoppelt von der Liturgie der Kirche. Damit aber hängt alles im luftleeren Raum, ohne Transzendenzbezug, abgetrennt von der eigentlichen Kraftquelle. Es gilt, mit Gottvertrauen und Glaubensmut diesen Einseitigkeiten und Akzentverschiebungen ins Auge zu schauen und sie notfalls zu korrigieren, um das Ineinander von Göttlichem und Menschlichem wieder in ein Gleichgewicht zu bringen. Ein veränderter Blick auf den priesterlichen Dienst sowie ein veränderter Blick auf Kirche, Gemeinde und Seelsorge sind dringend notwendig.

Der Priester kann, bildhaft gesprochen, sich nur zwischen Himmel und Erde bewegen, den Himmel mit der Erde und die Erde mit dem Himmel in Verbindung bringen, wenn er beides, Himmel und Erde, gut kennt. Die Kenntnis des Göttlichen und des Menschlichen ist unverzichtbar im priesterlichen Dienst. Der Blick in den offenen Himmel hilft uns, die Erde in der richtigen Perspektive zu sehen.

Ohne einen grundlegenden Perspektivenwechsel werden wir die um sich greifende ›kollektive Depression‹ in manchen Teilkirchen (*ecclesia particularis*) nicht überwinden können. Der erste Schritt in dieser Wende ist eine vorbehaltlose, vertrauende Hinwendung zu Gott. Denn wir können ständig analysieren, diagnostizieren, Milieus identifizieren, Schuldzuweisungen machen, Reformvorschläge unterbreiten, uns über die Arbeitslast und den Stress beschweren, den Zeitmangel beklagen. Jedoch werden wir keine tragfähigen Antworten finden ohne eine neue Besinnung auf Gott und seine heilsame Gegenwart in der Kirche.

Die wahre anthropologische Vision ist langfristig nur tragfähig, wenn sie in eine theozentrische Perspektive aufgehoben wird. Es ist an der Zeit, die anthropologische Wende der Neuzeit durch eine theozentrische Fokussierung neu zu qualifizieren. Dem Menschen kann sich Tür und Zugang zum wahren Menschsein öffnen, wenn er sich seines Ursprunges und Zieles bewusst ist. Denn nur wer Gott kennt, kann auch den Menschen und seine wahre Bestimmung richtig verstehen. Ohne Gott gibt es keine Freiheit. Deshalb muss man um der wahren Freiheit willen den Gottesgedanken weiterdenken. Es ist notwendig, den Gottesgedanken mit der modernen Freiheitsgeschichte dialogisch zu vermitteln.

Der notwendige Perspektivenwechsel liegt in einer theozentrischen Wende der Kirche. Nur dadurch können wir die Grundlage aller Erneuerungen schaffen, und sie allein kann eine neue Begeisterung der Kirche und eine notwendige und notwendende missionarische Kraft freisetzen. Nur diejenigen, die sich an Gott wenden, können auch die Kraft finden, sich den Menschen zuzuwenden. Wer bei Gott ist, kann beim Menschen sein. Wer im Dienst Gottes steht, kann auch den Menschen dienen. Nur Gottbegeisterte können langfristig auch Menschen für Gott begeistern. Mit der Begeisterung für Gott kommt eine Begeisterung für seine Kirche. Aber die Grundvoraussetzung dafür ist, dass die Menschen in der Kirche Gott finden. Ohne eine Begeisterung für die Kirche aber kann keiner einen Dienst in der Kirche und im Namen der Kirche sinnvoll tun.

Unser Verständnis, dass wir im Dienst Gottes stehen und am Heilswerk teilnehmen dürfen, kann in uns zu einer motivierenden Kraft werden. Ein Arzt, Sozialarbeiter, Psychologe oder ein Bürgermeister ist auch für die Menschen da. Auch sie stehen den Menschen in den Krisensituationen ihres Lebens bei. Im Grunde genommen können sie auf der humanitären Ebene hervorragende Arbeit für die Menschen leisten. Was unterscheidet dann unser Dasein für die Menschen als Priester von vielen anderen, die auch für die Menschen da sind?

Das Unterscheidende: wir sind für die Menschen da im Namen und Auftrag Gottes. Durch unser erkennbares Dasein für sie wollen wir das Dasein Gottes für die Menschen in Wort und Tat sichtbar und erfahrbar machen. Das Charakteristische im priesterlichen Dienst ist das ausdrückliche und ausgesprochene Handeln im Namen Gottes. Weil Gott da ist, wollen und können wir in seinem Namen bei den Menschen sein.

Der Priester: Zeuge und Diener Gottes

Der Begriff ›Gott‹ ist universal. Die Frage nach Gott ist bleibend aktuell für jeden Menschen, der nach dem Sinn seines Lebens fragt. Der Gottesgedanke verbindet nicht nur religiös fragende Menschen aller Zeiten miteinander, sondern auch Nichtglaubende und Atheisten, denn sie definieren sich gerade durch ihre Ablehnung des Glaubens an Gott und beziehen so auch ihre Identität im Gegenüber zu Gott. Wenn die Frage nach Gott alle Menschen verbindet und solch eine entscheidende Rolle in ihrem Leben spielt, haben wir gute Gründe, den Gottesgedanken in den Mittelpunkt des christlichen Lebens und der theologischen Reflexion zu stellen. Die Gottesfrage ist nicht nur die

Grundfrage der Theologie, sondern der ganzen menschlichen Existenz.

Die Gottesfrage ist die Seele des Glaubens und der Sinnfrage des Menschen. Jede Religion gründet sich auf dieser zentralen Frage. Wenn die Frage nach Gott die entscheidende Rolle im Leben und Tun des gläubigen und religiösen Menschen darstellt, dann muss ihr Einfluss auf das Leben nicht oberflächlich, sondern tiefgreifend sein, nicht teilweise, sondern ganz, nicht gelegentlich, sondern stetig, nicht zusätzlich, sondern bleibend und bestimmend. Mit der Gottesfrage werden wir niemals fertig, deshalb müssen wir ständig Gott suchen. Wir müssen uns um ein im Leben und in der Botschaft Jesu offenbar gewordenes Gott entsprechendes wahres Gottesbild bemühen. Es ist wichtig, gemeinsam auf den Ursprung des Glaubens zu blicken, auf den Gott Jesu Christi und die Selbstoffenbarung Gottes in ihm.

In unserer Zeit ist die Rede von Gott in vielfältiger Weise angefochten und zugleich ganz aktuell. Wir erleben heute eine paradoxe und ambivalente Situation: Bei vielen Menschen verschwindet Gott aus dem Bewusstsein, andere missbrauchen Gott und Gottes Namen für eigene Interessen. Es ist die große Herausforderung unserer Zeit, eine tragfähige Antwort auf die gegenwärtige Ambivalenz zu suchen: Einerseits ist ein neu aufkommendes Interesse an Gott und Religion bei gleichzeitiger Strittigkeit des Gottesbildes angesichts der Pluralität der Religionen zu beobachten, andererseits ein aggressiv missionarischer Atheismus und eine weitverbreitete Gottvergessenheit, eine fortschreitende Säkularisierung der Gesellschaft, verbunden sogar mit einer Selbstsäkularisierung der Kirche.

In der postsäkularen Welt können wir nicht mehr einfach so tun, als ob es Gott nicht gäbe. Heute gibt es wieder Anzeichen dafür, dass das Verlangen nach Transzendenz wächst. Die Sehnsucht der Menschen, der Hunger und Durst nach Transzendenz ist eine große Herausforderung, der mehr Raum geben werden muss. Dabei müssen wir den Menschen einen neuen Zugang zur Dimension des Göttlichen eröffnen und ihnen Verstehenszugänge zum Glauben aufzeigen. Es muss deutlich werden: Der Mensch ist sich selber eine Frage, auf die der dreieine Gott allein die volle und letzte Antwort ist.

Die tragende Antwort auf die gegenwärtige Herausforderung ist weder blinder noch arroganter Fundamentalismus, auch nicht geistloser Traditionalismus, ebenso wenig gleichgültiger, lauer und denkfauler Relativismus. Es gilt zu unterscheiden zwischen den vielen Gottesbildern, die das Bild des wahren Gottes immer wieder überlagern, trüben und verdunkeln. Es ist die bleibende Herausforderung, die Mitte und den Identitätsgrund des christlichen Glaubens immer neu zu entdecken und das Bekenntnis zu Gott als Liebe aus seiner Wurzel heraus zu verstehen und dialogisch verständlich zu machen. Dazu brauchen wir heute nicht nur wissenschaftliche Gründlichkeit, sondern eine zeitoffene, pastoral-missionarische Grundorientierung und eine überzeugte und überzeugungsfähige lebendige Kirchlichkeit. So kann die Kirche jener Raum werden, in dem alle Menschen, die sich für die Gottesfrage interessieren, den lebendigen Gott der Liebe und des Lebens finden können.

Der Priester ist berufen und bestellt, die Gottesfrage immer neu aufzugreifen und über Gott nachzudenken, die Frage nach dem Gott Jesu Christi in unserem Denken und Tun lebendig zu halten und das Zeugnis vom dreieinigen Gott immer wieder neu in den Mittelpunkt der kirchlichen Verkündigung zu stellen. Gemeinsam sollten Glaubenswege und Glaubenszugänge gesucht werden, um Ermutigung und lebendige Kraft zu erfahren, damit der Gott Jesu Christi in unserer Zeit mit Freude und Zuversicht bezeugt werden kann.

Der Heilsdialog zwischen Gott und den Menschen ist Ursprung und Grundlage des ganzen Tuns der Kirche, besonders des priesterlichen. Die Verkündigung ist selbst Dialog, weil sie

Rede von Gott ist, welche aus dem Reden mit Gott entsteht. Eine für die Fragen der Zeit offene dialogische Verkündigung des Glaubens, die der Mitte des christlichen Glaubens, dem Leben der Kirche entspringt, dem Glauben der Kirche dient und zum lebendigen Glauben in und mit der Kirche ermutigt, ist eine dringende Aufgabe. Dazu brauchen wir die Bereitschaft aller, gemeinsam auf den Gott Jesu Christi zu blicken und den Glauben an ihn zu vertiefen und zu verlebendigen. Dabei soll es zuerst und vor allem um den innerkirchlichen Dialog gehen.

Dieser innerkirchliche Dialog darf keine Gruppe ausschließen, sondern muss mit Großmut und Versöhnungsbereitschaft durch einen gemeinsamen Blick auf Gott versuchen, alle zu integrieren. Um der Menschen willen ist es heute mehr denn je wichtig, in neuer und überzeugender Weise vom lebendigen und freimachenden Gott, der die Liebe und das Leben in Fülle ist, zu sprechen. Solches Sprechen von Gott ist ein Dienst am Leben und an der Freiheit der Menschen. So eröffnen wir eine Perspektive der Hoffnung für alle Menschen.

Leidenschaft für Gott ist die treibende Kraft aller kirchlichen Dienste, denn er ist die letzte und endgültige Wahrheit des Menschen und der Welt. Die letzte Sinnerfüllung für den Menschen besteht in der Erkenntnis Gottes: »Das ist das ewige Leben: dich, den einzigen wahren Gott zu erkennen und Jesus Christus, den du gesandt hast« (Joh 17,3).

Die Frage nach Gott steht selbstverständlich im Zentrum der missionarischen Kirche. Wenn heute wieder mehr nach Gott gefragt wird, die Antworten darauf jedoch oft sehr diffus ausfallen, und die Suche nach Gott Menschen nicht unbedingt zur Kirche führt, ist es an der Zeit nach dem ›Warum‹ zu fragen, um so bewusster und freimütiger vom eigenen Gottesverständnis sprechen zu können.

In einer Zeit des Umbruchs, in der sich eine gottvergessene Aufklärung neu zu orientieren beginnt und sich eine in ihren

Grundannahmen erschütterte Moderne an eine neue Offenheit für die Wirklichkeit Gottes herantastet, gilt es, die Zeichen der Zeit zu erkennen und Gott mit ganzer Kraft in den Mittelpunkt kirchlichen Redens und Tuns zu stellen sowie Gott in den gesellschaftlichen Diskurs überzeugend einzubringen.

Wie kann es gelingen, die Kirche als Ort der lebendigen Gegenwart Gottes wieder spürbar werden zu lassen? Hier steht die Frage: »Ist der Herr in unserer Mitte oder nicht?« (Ex 17,7) Erst wenn diese Frage bejaht wird, kann sich eine missionarische Kraft entfalten.

Kein Problem wird wirklich gelöst werden können, wenn Gott nicht in die Mitte der Kirche zurückkehrt. Es bedarf eines neuen Grundvertrauens. In einer Begeisterung für Gott allein kann die Grundlage einer neuen Gestaltungskraft der Kirche liegen.

Gegen alle atheistischen und nihilistischen Strömungen muss eine Kirche, die missionarisch sein will, die Gottesfrage in den Mittelpunkt aller ihrer Aktivitäten stellen. Erste und grundlegende Aufgabe ist es nicht, die weit verbreitete Gottvergessenheit und den aufkommenden aggressiven Atheismus an den Pranger zu stellen, sondern es muss darum gehen, die binnenkirchliche alltägliche Gottvergessenheit zu überwinden. Wir reden zwar von Gott, aber die entscheidende Frage bleibt: Ist Gott für uns eine lebendige Wirklichkeit oder ist er für uns nur eine nichtssagende Worthülse? Rechnen wir tatsächlich mit der Macht Gottes in unserem Dienst? Ist Gott in unserer Mitte erkennbar? Wie kann es gelingen, trotz aller menschlicher Verdunkelung, die Gegenwart Gottes in der Kirche auch für Außenstehende erfahrbar und sichtbar werden zu lassen?

Erst dann können wir selbstbewusst nach außen treten, wenn wir selbst Gott in der Kirche gefunden und erfahren haben. Er ist das ureigene Thema des Kircheseins – mehr als nur ein Begriff, eine existenzielle und erfahrbare Realität, die alles bestimmende

Kraft der Kirche. Deshalb ist zu prüfen, wie die kirchen- und theologieeigene Gottesvergessenheit zu überwinden ist und sich alle Aktivitäten der Kirche von Gott her und auf Gott hin bestimmen lassen. Das einigende Ziel aller und von allem in der Kirche ist Gott.

Ohne Gotteserfahrung können wir jedoch nicht von Gott reden. Diejenigen, die eine existenzielle Gotteserfahrung machen, können diese Erfahrung auch anderen Menschen zugänglich machen; es ist ihnen ein Herzensbedürfnis, von Gott zu erzählen. Um missionarisch sein zu können, muss die Kirche als Ort der Gotteserfahrung erkennbar sein. Die Frage nach einer missionarisch glaubwürdigen Kirche wird sich daran messen lassen müssen, inwieweit diese Sehnsucht nach Gott in ihr sichtbar ist.

Der Grund der Berufung der Christen, wie der Kirche selbst, ist das Zeugnis-Geben für die Gegenwart Gottes. Wir entsprechen unserer Berufung, wenn wir als Kirche dafür Sorge tragen, eine bleibende Sehnsucht nach Gott zu wecken. Die grundlegende christliche Hoffnung sollte immer sichtbar werden: Gott, auf den wir hoffen, wird alle menschlichen Träume überbieten, die Hungernden sättigen und unseren Lebensdurst stillen. Der christliche Glaube gibt eine einzigartige Antwort auf die Frage nach Gott: Gott ist Liebe, er ist der Lebendige, der für uns Sorge trägt, und seine Beziehung zu den Menschen ist von Wohlwollen und Zuwendung geprägt. Er liebt die Seinen mit einer leidenschaftlichen Liebe (vgl. Jes 26,11).

Kennzeichen des priesterlichen Dienstes ist die Aufgabe, Gott immer und überall zu suchen, den Weg zu ihm zu finden und anderen zu zeigen. Denn Gott wird durch Menschen bekannt, die ihn kennen, sich ihm zur Verfügung stellen und für ihn Raum schaffen. Der Weg zu Gott führt immer wieder über Menschen, die schon bei Gott weilen. Er führt durch Begegnungen, die das Nachdenken vertiefen und Gottes Weg mitteilbar machen. Obwohl Gott an unser Versuchen, Gelingen und Scheitern nicht gebunden ist, entspricht es doch der christlichen Verkündigung, dass gerade in der Fraglichkeit des Lebens Gott neu entdeckt werden kann.

Gott wird durch sich selbst bekannt. Er gibt sich zu erkennen in Jesus Christus, der wesenhaft zu Gott gehört und das aktive Sichzeigen Gottes ist. »Wer mich gesehen hat, hat den Vater gesehen« (Joh 14,9).

Zum priesterlichen Dienst als Zeugen Gottes gehört, die Menschen zu ermutigen, Gottvergessenheit und Diesseitsorientiertheit zu überwinden und durch eine radikale Theozentrik die Menschheit zu humanisieren. Trotz aller Schwere und Last müssen die Priester den Menschen eine größere Hoffnungsperspektive vermitteln. Für die priesterliche Führungsaufgabe bietet das Zeugnis des Mose in der Wüste ein allezeit gültiges Beispiel. Es ist der prophetische Dienst des Priesters, dass er die Menschen zu einer größeren Hoffnung führt, einen weiteren Horizont eröffnet und ihnen eine neue Perspektive aus dem Glauben vermittelt.

Das entscheidende Kriterium des priesterlichen Zeugnisses ist, ob die uns begegnenden Menschen bei uns Gottes Gegenwart wahrnehmen. Der Priester soll mit seinem ganzen Leben und durch sein persönliches Engagement ein Mann Gottes sein. Der Priester wird ein Mann Gottes, wenn sein Priestertum nicht nur ein Amt ist, sondern auch zu seiner Gesinnung wird. Er wird überzeugend sein, wenn er als geistlicher Mensch wirklich etwas Innerliches und Göttliches mitzuteilen hat. Es wird immer wichtiger, zuerst mit Gott und dann von Gott zu sprechen. Die übertriebene Beschäftigung mit Methoden und Unterstützungssystemen der Seelsorge kann den eigentlichen Inhalt verdunkeln.

Nur die innere Begeisterung für Gott kann die letzte Motivation und Kraft zum Zeugnis geben. Ohne diese Begeisterung werden die Strukturen und Organisationen kraftlos bleiben. Die

Anziehungskraft kommt nur, wenn erkennbar und erfahrbar wird, dass das priesterliche Tun wirklich etwas mit Gott zu tun hat. Ein reiner Humanismus, ohne den inneren Bezug zu Gott, wird irgendwann kraftlos und mutlos. Ein Zeugnis, in welchem es nicht mehr um den Dienst vor Gott geht, der den Menschen mit dem lebendigen Gott verbindet, ist nicht nachhaltig und überzeugend. Das Zeugnis der Transzendenz wird allerdings nur dann verstanden, wenn es durch wahre Menschlichkeit vermittelt wird.

Priester sein ist nichts anderes, als Zeuge sein für die Anwesenheit Gottes und sein gegenwärtiges Heilshandeln in der Welt. Der christliche Glaube lebt von der Überzeugung, dass die Anwesenheit Gottes real ist. Gott ist, wenn auch in verborgener Weise, in der Welt bereits gegenwärtig. Mit dem Heilswirken Jesu Christi hat das endgültige Heilshandeln Gottes schon objektiv begonnen, aber es ist noch nicht in seiner Fülle subjektiv erfahrbar. Zu Gottes Heilsplan gehört es, das objektive Heil, seine Anwesenheit in der Welt, durch das Wirken der Kirche und den Dienst des Priesters definitiv erfahrbar zu machen.

Um das Leben und den Dienst des Priesters in ihrer tiefen Wahrheit zu verstehen, müssen wir von der alles bestimmenden Frage des religiösen Lebens und Glaubens ausgehen: der Gottesfrage. Denn die Krise des Priestertums hat letztendlich mit der gegenwärtigen Gotteskrise und der daraus folgenden Kirchenkrise zu tun. Wenn wir zuerst auf Gott blicken, wird uns überaus deutlich, dass die letzte Sinnhaftigkeit des Lebens darin besteht, dass wir als Geschöpf Gottes ein von Gott abhängiges Wesen sind. Wir schulden Gott deshalb Ehre und Anbetung, wie schon Benedikt in seiner Regel schön dargestellt hat: »Operi Dei nihil praeponatur.«[4]

Die Kirche findet ihre Existenzberechtigung in der Anbetung Gottes und leitet sich aus dem Auftrag ab, Gott zu verherrlichen. Kirche als Volk Gottes hat von ihrem Wesen her mit der Verherrlichung und Anbetung Gottes zu tun, daher ist der priesterliche Dienst zuerst in der Verherrlichung Gottes begründet. Das erste Gebot ist die Liebe zu Gott, daraus folgt bekanntlich das Zweite.

Selbstverständlich hat die Gottesverherrlichung mit Leben und Lebenshaltung zu tun. Es muss im Leben sichtbar werden, was sich in der Verherrlichung Gottes ereignet. Wir bringen das Leben und die Welt vor Gott zu seiner Verherrlichung und empfangen von ihm die Kraft, unser Leben für die anderen hinzugeben, so dass die Verherrlichung Gottes ganz an ihr Ziel gelangt. So nimmt die Gottesliebe in der Nächstenliebe Gestalt an. Wie Jesus Christus sein ganzes Leben als Verherrlichung seines Vaters ansah, müssen wir unser Leben als Priester in den Dienst der Verherrlichung Gottes stellen (vgl. Joh 17).

In einer säkularisierten Welt, in der Gott verloren zu gehen scheint, und in einer Kirche, die durch Glaubensverdunstung zunehmend selbst säkularisiert und für viele Außenstehende nur noch als ein gottloser religiöser Betrieb erscheint, in einer Kirche, in der und an der das Göttliche nicht deutlich wahrnehmbar oder zumindest verdunkelt ist, wird das glaubwürdige Zeugnisgeben unendlich erschwert. In dieser Umbruchsituation muss sich jeder Priester als Führungskraft der Kirche die entscheidende Frage stellen: Gelingt es mir durch meinen Dienst, Gott zu den Menschen zu bringen und Menschen zu Gott zu führen?

Der Priester ist der Mann Gottes, der Mensch des Glaubens, der Mensch der Kirche, der nicht in erster Linie dazu da ist, die Menschen zu lehren, wie sie die Welt gestalten sollen, sondern er ist der ›Fachmann‹ für die transzendente Dimension des Lebens. Er ist also vor allem der Mann des Gotteswortes. Das Eigentliche des priesterlichen Dienstes ist es, Zeuge einer anderen Welt zu sein, Zeuge Gottes. Der Mensch, der die übernatürliche Wirklichkeit bekräftigt und zeigt, wie man die Heilswirklichkeit erlangen kann. Das Wort Gottes, dessen Zeuge der Priester ist, wird den Menschen erreichen und die Herzen anrühren, wenn es lebendig aus dem Inneren strömt und der Priester selbst als religiöser und spiritueller Mensch von der Hoffnung Zeugnis ablegt. Es geht darum, den uns begegnenden Menschen einen Gotteshorizont zu eröffnen und neue spirituelle und geistliche Perspektiven zu zeigen. Priesterliches Zeugnis ist das Heilszeichen, Zeichen der bleibenden, heilsschenkenden und heilswirkenden Gegenwart Gottes, sichtbares Zeichen seiner Heilssorge.

Der Priester und die Frage nach Christus

Die aktuelle Frage nach dem Profil des Priesters
Ein einheitliches Priesterbild oder ›den Priester in der Einzahl‹ gibt es laut der Umfrage Priester 2000 nur in Büchern.[5] Somit muss jeder Priester sich selber die Frage stellen: Wie verstehe ich meine priesterliche Existenz und meinen priesterlichen Dienst? Gehe ich von den Akzentverschiebungen der Vergangenheit und Zerrbildern des priesterlichen Dienstes aus oder bin ich hin und her gerissen im Wirrwarr der theologischen Meinungen? Die Frage nach dem Proprium des priesterlichen Dienstes ist unausweichlich und unabhängig davon, ob der Priester sich als zeitloser Kleriker, zeitoffener Gottesmann, zeitnaher Kirchenmann oder zeitgemäßer Gemeindeleiter versteht, wie die eben erwähnte Umfrage die Priesterbilder unserer Zeit typologisiert.[6] Trotz der Fülle von kirchlich-lehramtlichen Äußerungen[7] und zahlreicher theologischer Literatur[8] über das Priestertum in der Kirche bleibt zweifellos eine große Unsicherheit sowohl über das königliche Priestertum aller Gläubigen als auch über das Priestertum des Dienstes.

Diese Unsicherheit zeigt sich unter anderem in der Suche nach einem neu zu gewinnenden ›zeitgemäßen Priesterbild‹.

Diese Suche ist aber ambivalent: Ist die Ausgestaltung des Priesterbildes nur der Initiative und Eigenproduktivität der menschlichen Fantasie überlassen oder gibt es eine vom Ursprung der Kirche her vorgegebene theologische Bestimmung des geistlichen Amtes? Die Suche nach dem ›neuen Priesterbild‹ kann unter Umständen auf einer missverständlichen Voraussetzung gründen. Handelt es sich nur um die Frage der zeitgemäßen Gestalt von Leben und Dienst des Priesters in der Kirche, wie sie hier und heute gelebt wird, oder geht es um Züge der bleibenden Wesensgestalt des geistlichen Amtes? Im ersten Fall ist die Notwendigkeit einer Neugestaltung anderer Art als im zweiten. Die Grundzüge des priesterlichen Dienstes sind im Priestertum Jesu Christi vorgegeben. Selbstverständlich werden wir im Blick auf die Geschichte darüber belehrt, dass nicht jederzeit alle Wesenszüge, die zur Wesensbeschreibung des geistlichen Dienstamtes in der Kirche gehören, in gleicher Deutlichkeit verwirklicht wurden. Deshalb wird es zunehmend wichtiger, das Priesteramt Jesu Christi immer tiefer zu verstehen und sich des Wesentlichen am priesterlichen Dienst neu zu vergewissern.

Die Attraktivität des priesterlichen Dienstes kann nicht durch Verdunkelung und Verwischen seiner Konturen gesteigert werden. In einer Zeit, in der die Zahl der Neupriester einen beängstigenden Tiefstand erreicht hat, müssen wir ernsthaft von der Notwendigkeit und dem Schönen des priesterlichen Dienstes reden. Ein Plädoyer für die Profilierung des priesterlichen Dienstes ist gleichzeitig auch eine Einladung zur vollen Entfaltung des gemeinsamen Priestertums aller Gläubigen.

Es gilt, den Mut zur wahren Größe des priesterlichen Dienstes neu zu wecken. Dabei ist es notwendig, zwischen der theologischen Bestimmung des Amtes und seiner Verwirklichung durch den Amtsinhaber in den konkreten geschichtlichen Situationen der Kirche zu unterscheiden. Der priesterliche Dienst wird nicht an Bedeutung gewinnen, wenn wir ständig das Priesterbild durch eine Kritik an irgendeinem ›Zerrbild‹ des Priestertums der Vergangenheit zu demontieren versuchen.

Es gilt auch, zwischen den genuinen Funktionen des Amtes an sich und den Funktionen zu unterscheiden, welche dem Amt im Laufe der Geschichte zugewachsen sind. Es ist wichtig, das Proprium des geweihten Amtes neu zu entdecken. Denn die wesentlichen Funktionen des priesterlichen Dienstes bilden eine untrennbare Einheit und dürfen nicht getrennt voneinander verstanden werden. In der Amtsdiskussion ist es auch notwendig, eine Versöhnung von Sein und Funktion des priesterlichen Dienstes zu erreichen, damit das Amt in seiner ganzen theologischen Fülle in den Blick genommen wird. Nur eine radikale Hinwendung zu Zentrum, Mitte und Ziel des priesterlichen Dienstes kann die heute dringend notwendige Erneuerungskraft für die Evangelisierung freisetzen.

Der gemeinsame, bekennende Blick auf Jesus Christus, den ewigen Hohepriester, kann helfen, die atmosphärischen Störungen in der Kirche aus der richtigen Perspektive zu sehen und zu überwinden. Ein vorurteilsfreier und unbefangener Blick auf das Ganze des Glaubens und die gegenwärtige Glaubenssituation im Sinne der Wahrnehmung der Zeichen der Zeit verlangt nicht nur eine vertiefte Reflexion über das geweihte Amt in der Kirche, sondern auch über den theologischen Sinn des gemeinsamen Priestertums aller Gläubigen. Dies ist nicht nur wegen des Willens Jesu Christi und der von ihm der Kirche eingeprägten Grundgestalt, sondern auch wegen der Selbstvergewisserung und Identitätsfindung aller engagierten ›Mitarbeiter Gottes‹ in der Kirche von größter Bedeutung. Eine solche theologische Standortbestimmung ist nur möglich, wenn wir zur Wurzel des Priestertums der Kirche gehen: zum Priestertum Christi. Denn die allezeit angemessene theologische Bestimmung des Amtes ist schon im Heilsgeheimnis Christi vorgegeben. Es gilt nun zu entdecken, wie das Geheimnis des Priestertums Christi in einer konkreten Zeit Gestalt annimmt, im »ministerium ecclesiasticum« (LG 28).

Jesus Christus, Mitte des priesterlichen Dienstes

Jesus Christus ist der Kern der christlichen Botschaft.[9] Jesus Christus zeigt, wer und wie Gott ist: der sich in Liebe zum Heil der Menschen Hingebende. So wie der Gesandte des Vaters damals seine Jünger aussandte, so sendet er heute alle, die ihn repräsentieren sollen, mit dem Auftrag und der Befähigung, zu verkünden und zu bezeugen, wer und wie Gott ist. Wer Jesus hört und sieht, hört und sieht den Vater (vgl. Joh 3,34; 14,9). Wer heute seinen Repräsentanten sieht und hört, soll Jesus selbst hören und sehen können und in ihm den Vater.

Indem wir auf Christus schauen, werden wir das wahre Gesicht Gottes erkennen, aber auch das wahre Gesicht des Menschen und das wahre Gesicht der Kirche. Nur wenn es heute gelingt, den Menschen eine tiefere Erkenntnis Jesu Christi zu vermitteln, können religiöse Menschen den ›Mehrwert‹ des christlichen Glaubens entdecken und gläubige Christen werden.

Viele Außenwahrnehmungen der Person Christi sind oft unzureichend und unzulänglich. Um eine tiefe und dauerhafte Bindung mit Jesus Christus einzugehen und in seine Nachfolge einzutreten, müssen Menschen eine Begeisterung für Jesus Christus spüren. Das setzt voraus, dass deutlich wird, wer er wirklich ist und was er für uns und die Welt tatsächlich bedeutet. Jesus Christus hat den universalen Heilsanspruch, weil er Gott, der Sohn ist. Darin begründet die christliche Botschaft ihre umfassende Bedeutung für alle Menschen zu allen Zeiten. Die tiefe Erkenntnis seiner Person ist zwar ein Geschenk Gottes, doch muss die kirchliche Erzähl- und Zeugengemeinschaft die notwendige Voraussetzung dafür schaffen, dass Jesus Christus als Sohn des lebendigen Gottes erkannt und bekannt wird.

Wenn wir heute ehrlich und selbstkritisch sind, müssen wir uns eingestehen, dass es in der Frage nach der Identität Jesu Christi keinen Konsens unter Christen und insbesondere bei uns Theologen und Priestern gibt. In diesem Mangel an Konsens liegt wahrscheinlich der tiefste Kern der Glaubenskrise, die wir heute erleben und die sich darin auswirkt, dass Jesus Christus für viele Menschen und selbst für viele Priester weithin nicht mehr die einzige Offenbarung Gottes ist und deshalb auch nicht Gott der Sohn ist. Irgendwie schwebt ein diffuser und undefinierbarer Vorbehalt im Raum gegen das eindeutige, gläubige und überzeugende Bekenntnis zur wahren Gottheit Christi. Wir können den Eindruck nicht einfach von der Hand weisen, dass die in früheren Jahrhunderten weitverbreitete Irrlehre des Arianismus, dass Jesus bloß ein Geschöpf gewesen ist, das nicht zugleich Gott sein kann, heute wieder aktuell geworden ist.

Aber nur wenn Jesus Christus der Sohn des lebendigen Gottes ist, haben wir nicht nur den Grund, sondern auch die Kraft unser Leben in seinen Dienst zu stellen und ihm nachzufolgen. Denn in ihm allein werden wir des Geheimnisses Gottes und des Geheimnisses unseres Lebens inne. Weil Jesus Christus der Sohn des lebendigen Gottes ist und deshalb in ihm Licht und Leben ist, haben wir den Grund, ihn mit vorbehaltloser Freude zu verkünden, und zwar mit der Freude, zu der uns der Engel im Weihnachtsevangelium einlädt: »Fürchtet euch nicht, denn ich verkünde euch eine große Freude, die dem ganzen Volk zuteil werden soll: Heute ist euch in der Stadt Davids der Retter geboren, er ist der Messias, der Herr« (Lk 2,10–11).

Dieses ›Heute‹ ist nach dem christlichen Verständnis keine Vergangenheit, sondern bleibende Gegenwart. Denn wenn wir die heilige Eucharistie feiern, wird Jesus Christus in unserer Mitte ›neu geboren‹, indem er sich in der Gestalt der Hostie so klein macht und uns seine Gegenwart schenkt. Wie die menschliche Geschichte Jesu Christi die Offenbarung der Herrlichkeit Gottes ist, kann der priesterliche Dienst die Offenbarung der Herrlichkeit und Schönheit Gottes in Raum und Zeit für die Menschen werden. Wir können in die Nachfolge Christi treten, in Christi Namen und in seiner Person handeln, weil er nicht nur ein Mensch vor zweitausend Jahren gewesen ist, sondern als Sohn Gottes auch heute noch lebt und heilschenkend wirkt. Wir sind das Werkzeug eines Gegenwärtigen.

Der Rationalismus, der sich in einem großen Teil der modernen Kultur breit macht, bereitet zweifelsohne große Schwierigkeiten für die Gläubigen, an die Gottheit Christi zu glauben. Die historische und irdische Realität des Menschen von Nazaret anzunehmen macht dem heutigen Christen kaum noch große Mühe. Er lässt sich im Gegenteil berühren von den menschlichen Dimensionen an Jesus. Probleme bereitet ihm dagegen eher das Glaubensbekenntnis, dass im Menschen Jesus von Nazaret wirklich Gott selbst als Licht der Welt in der Finsternis den Menschen und der Welt endgültig erschienen ist.

Weil Jesus Christus Gott ist, kann ich mit ihm in einer lebendige Beziehung leben. Er kann in meinem Leben jederzeit heilsam eingreifen. Weil Jesus Christus Gott ist, hat die christliche Botschaft Kraft und Faszination. In der Einmaligkeit und Einzigartigkeit Jesu Christi liegt der tragende Grund allen christlichen Tuns. Wir verkünden nicht uns selbst, sondern Jesus Christus. Menschen kommen zur Kirche, nicht um menschliche Weisheit zu erfahren, sondern die heilende und rettende Botschaft Jesu Christi zu hören. In dem Maße, wie es uns gelingt, Jesus Christus zu zeigen, ihn hörbar und erfahrbar zu machen, werden Menschen die lebendige Gegenwart Gottes, gerade auch in der Kirche, spüren können. Wenn Menschen in Verbindung mit Jesus Christus kommen, in die Freundschaft mit Jesus Christus hineinwachsen, wächst auch eine neue Verbundenheit untereinander und mit der Kirche. Christusverbundenheit schafft Kirchenbindung.

Denn im Mittelpunkt des Glaubens steht kein abstraktes Prinzip, keine gestaltlose Lehre, sondern ein Name und ein Gesicht: Jesus von Nazaret, der Gekreuzigte und Auferstandene. In Christus erkennen wir die Barmherzigkeit Gottes, und diese Erkenntnis befähigt jeden Christen, Zeuge dieser Barmherzigkeit zu sein. Seiner Person kommt eine Unbedingtheit zu, die in seiner Gottesbeziehung wurzelt. Die in ihm aufscheinende Sohnschaft und die sich ihm zuwendende Vaterschaft ist einzigartig und radikal. Die christliche Verkündigung ist ein universales Angebot der Liebe und Verheißung des Heiles. Sie ist eschatologischer und vor-läufiger Dienst an Jesus Christus, dem Auferstandenen, in dem der ganzen Menschheit die Vollendung aller ›fragmentarischen Fülle‹ der Wahrheits-, Heiligungs- und Lebenselemente verheißen wurde. Wir verkünden Jesus Christus als Zeichen des Heiles für alle Menschen, das Licht zur Erleuchtung der Heiden, den Frieden für alle Menschen seiner Huld (vgl. Lk 2,30ff).

Priesterlicher Dienst ist die Vermittlung des Vermittlers. Denn er ist der einzige Vermittler des Heils für alle Menschen; die Kirche selbst bietet das an, was der Herr ihr gibt: »Ich habe vom Herrn überliefert erhalten, was ich euch weitergegeben habe« (1 Kor 11,23a). Ob gelegen oder ungelegen, muss die Kirche den Vermittler allen Heils, Jesus Christus, in den Mittelpunkt all ihres Tuns stellen. Kirchliche Verkündigung, Gottesdienst, und Diakonie sind nur von Christus her verständlich und können nur von ihm her leben. In der Liebe zu Christus liegt die Grundlage aller Erneuerung, Reform und Verlebendigung.

Da der oft zu spürende Mangel an Begeisterung aus einer tiefen Krise des Christusglaubens kommt, ist es von entscheidender Bedeutung, neu zu lernen, auf den ganzen Christus zu schauen. Dabei geht es um nichts weniger, als im Menschen Jesus von Nazaret das Antlitz des Sohnes Gottes selbst wahrzunehmen und in ihm nicht einfach einen – wenn auch sehr hervorragenden und besonders guten – Menschen zu sehen. Dennoch ist es zugleich sehr hoffnungsvoll, dass sich viele Menschen auch außerhalb des Christentums gerade von der menschlichen Dimension Jesu berühren lassen. Hier bieten sich hervorragende Anknüpfungspunkte, die einzigartige Bedeutung Jesu Christi für die Menschheit bekennend zu verdeutlichen.

Ebenso gilt jedoch auch, dass mit dem Bekenntnis, dass Jesus Christus wahrer Gott und wahrer Mensch ist, der christliche Glaube steht und fällt. Denn wenn Jesus nur ein Mensch gewesen wäre, dann wäre er unwiderruflich in die Vergangenheit zurückgetreten; nur unser fernes Erinnern könnte ihn dann mehr oder weniger deutlich in die Gegenwart bringen. Nur wenn er der wahre Gott ist, kann er heute in unserer Mitte heilswirksam gegenwärtig sein. In der heutigen Situation müssen wir alles daransetzen, um die Menschen zur vollen Kenntnis der Wahrheit in Jesus Christus zu führen. Es ist dieses lebendige Christusbekenntnis, welches, freudig miteinander geteilt, dem christlichen Tun zur treibenden Kraft wird.

Der Priester: ›Ikone Jesu Christi‹
In Jesus Christus sind das Göttliche und das Menschliche in einzigartiger Weise vereint, Gott und Mensch sind in einmaliger Weise für immer miteinander in einen Heilsdialog getreten. Der Priester steht im Dienst dieses Dialogs zwischen Himmel und Erde. Es ist die undelegierbare Aufgabe, das Irdische mit dem Himmlischen zu verbinden, trotz aller inneren und äußeren Schwierigkeiten, die damit verbunden sind. Er, Christus, bedient sich als unsichtbar Anwesender gleichsam des Priesters als des sichtbaren Vermittlers seiner einzigartigen Mittlerschaft. Durch uns glaubende und zweifelnde Menschen muss sich die Verbindung zwischen diesen beiden Dimensionen vollziehen: zwischen Göttlichem und Menschlichem, Himmlischem und Irdischem.

Im priesterlichen Leben und Dienst geschieht diese Begegnung, und darauf beruht die Größe und Schönheit des Priestertums. Der Priester muss so mit diesem Bewusstsein unter die Menschen gehen, einzigartiges Zeichen und Werkzeug zu sein, um die Sendung und den Auftrag zu erfüllen, das Göttliche im menschlichen Tun sichtbar und erfahrbar zu machen. Das ist das Wesen der priesterlichen Sendung. Nur wenn wir dieser Sendung entsprechen, sind wir wirklich Zeugen Jesu Christi. Die einigende Mitte aller priesterlichen Dienste ist, zu bezeugen, dass Jesus Christus Heil schenkend und Heil wirkend in der Kirche gegenwärtig ist.

Die Hingabe Christi an den Vater für das Heil der Welt in Wort und Tat heute zu vergegenwärtigen, ist das Eigentliche am priesterlichen Dienst. Es kommt darauf an, die entäußernde Demut des Herrn sich anzueignen, die uns ermöglicht, den lebendigen Herrn zur Sprache zu bringen und ihm eine Gestalt zu geben. Die entscheidende Frage ist, ob wir die Botschaft Jesu hörbar und erfahrbar machen, damit die uns begegnenden Menschen seine Heilssorge erfahren. Der Priester ist in all seinen Diensten ›Ikone Jesu Christi‹ und hält so für die Menschen gegenwärtig, dass die Kirche aus der Gnade hervorgeht und lebt als Zeichen der Gegenwart Gottes in der Welt.

Der Priester als Zeuge und Werkzeug des gegenwärtig handelnden Christus muss immer selbst zurücktreten, damit Christus hervortreten kann. Der priesterliche Dienst gewinnt an Zeugniskraft, wenn alles in seinem Dienst auf Christus zuläuft und die Aufmerksamkeit nicht dem gilt, wie der Priester sich selbst verkündet und produziert, sondern wie er mehr und mehr Christus zum Vorschein bringt. Das Zeugnis Johannes des Täufers (Joh 3,30) ist das Zeugnis des Priesters für Christus.

Zeuge Christi sein im priesterlichen Dienst bedeutet, der Hirtenliebe Jesu Christi eine konkrete Gestalt zu geben und sie in unterschiedlicher Weise erfahrbar zu machen. Die unterschiedlichen Dienste im Namen Jesu Christi, die Verkündigung der Frohen Botschaft, die Heiligung durch die Feier der Sakramente und die pastorale Führung der Gläubigen sind eng miteinander verbunden. Sie stehen in einem wechselseitigen, innigen Verhältnis zueinander, erklären, bedingen und erhellen sich gegenseitig. Denn wenn der Priester das Wort Gottes verkündet, heiligt und leitet er die Gläubigen gleichzeitig. Während er heiligt, verkündet und leitet er auch; wenn er leitet, lehrt und heiligt er. Die Hirtenliebe Jesu Christi ist die alles verbindende Mitte des priesterlichen Dienstes. Sie ist der tragende Grund und die motivierende Kraft für Hingabebereitschaft und pastorale Liebe.

Dieses Verständnis der einigenden Mitte und der gegenseitigen Verwiesenheit unterschiedlicher Lebensvollzüge und Dienste der Kirche ist von zentraler Bedeutung für ein ganzheitliches Verständnis des priesterlichen Dienstes. Denn wenn der Priester hauptsächlich mit der Sakramentenpastoral beschäftigt ist, bleibt er dabei als Zeuge Verkünder des Wortes Gottes und Hirt der Gläubigen. Auch wenn er den Leitungsdienst und die dazugehörenden Verwaltungsaufgaben als Unterstützungssystem für die Verwirklichung der Grundvollzüge der Kirche wahrnimmt, bleibt er Seelsorger und Zeuge.

Ein widerspruchsfreies Priesterbild ist die Voraussetzung für das Gelingen des persönlichen Lebens des Priesters und seines Zeugnisses als Priester in der Pastoral. Nach katholischem Verständnis ist das Dienstamt nur aus dem Priestertum Christi verständlich.[10] Die Zeugniskraft des Priesterseins lässt sich nicht auf seine Einzelfunktionen reduzieren, denn das Priestersein an sich ist schon das lebendige Zeugnis der Gegenwart des in seiner Kirche heilswirkend anwesenden Herrn. Alle einzelnen Elemente der Seelsorge müssen am Priestertum Christi orientiert zu einer inneren Einheit zusammenwachsen.

In seiner Funktion, Christus als Vermittlungsort des Göttlichen und Menschlichen, als einzigen Mittler zwischen Gott und den Menschen sichtbar darzustellen, muss der Priester ein Mensch Gottes und ein Mensch für die Menschen sein. Glaubwürdigkeit und Überzeugungskraft des Priesters wachsen aus der Verbindung beider Bereiche: im Glauben und Vertrauen ganz Gott zugewandt, im Tun ganz und gar den konkreten Menschen zugewandt.

Der Priester steht zugleich im Dienst Gottes und im Dienst für die Menschen, Gott und den Menschen nahe. Die Voraussetzung für eine effektive Mitwirkung an der Sendung Jesu Christi ist eine Seelen- und Willensgemeinschaft mit ihm. Ohne die innere Identifikation mit Jesus Christus und seiner Botschaft ist das priesterliche Zeugnis unglaubwürdig. Das Geheimnis Jesu, in dem Gott wohnt und in dem wir Gott begegnen, muss in der Christusrepräsentanz sichtbar werden. Die Botschaft Jesu muss der Lebensinhalt seiner Zeugen sein, damit sie in seinem Sinne und in seinem Namen handeln können.

Jesus redet mit höchster Kompetenz, weil er aus dem Leben Gottes kommt. Seine Vollmacht ist das Göttliche. Deshalb ist es auch die eigentliche und wesentliche priesterliche Kompetenz, im Namen Jesu Christi in seiner göttlichen Vollmacht zu handeln. Dieses Handeln wird möglich und überzeugend, wenn der Priester auch mit Gott verbunden ist und ›wenn er von Gott kommt‹.

Nur wenn wir die wahre Bedeutung der Inkarnation Gottes für das katholische Selbstverständnis erkennen und daran überzeugend festhalten, können wir den unverzichtbaren Heilsdienst der Kirche erkennen und bejahen. Von dieser Glaubensbejahung hängt konsequenterweise die Bedeutung des katholischen Verständnisses des Priesterseins und des priesterlichen Dienstes ab.

Jesus Christus kann theologisch nicht in den geschichtlichen Jesus von Nazaret und den geglaubten Christus getrennt werden. In der Einheit seiner Person, als der von Maria Geborene, Gekreuzigte, Auferstandene und alle Tage bis zum Ende der Welt

Gegenwärtige, ist er der normativ bleibende Ursprung der Kirche. Nur von Jesus Christus her, in seiner gottmenschlichen Einheit, kann das Unterscheidend-Christliche verstanden werden, nur von ihm her kann die Kirche als Kirche Jesu Christi aufgewiesen werden. Die Existenz und Glaubwürdigkeit der Kirche steht und fällt damit, dass sie Gegenwarts- und Handlungsort, Werkzeug und Zeugin Jesu Christi bleibt, trotz allem Versagen ihrer einzelnen Mitglieder in Wort und Tat. Nur von daher lässt sich auch jenes bleibende Wesen des Priestertums verstehen, denn das Priestertum ist in der inneren sakramentalen Struktur der Kirche tief verankert und existiert für den Aufbau der Kirche.

Der Priester und das Verständnis der Kirche

Die aktuelle Krise katholischen Selbstverständnisses

Die Krise des Priestertums, die wir in manchen Teilkirchen erleben, bedeutet gerade wegen ihrer Tiefe und Schwere auch eine besondere Chance. Deshalb muss man bereit sein, selbstkritisch zu prüfen, ob das priesterliche Dienstamt nicht ungebührlich mit fremden Elementen belastet worden ist, von denen es befreit werden müsste. Dazu müssen wir das Unterscheidende und das Eigentliche dieses Amtes klarer umreißen, in Übereinstimmung mit dem, was Jesus Christus gewollt hat und wie es die lebendige Tradition der Kirche unter der Führung des Heiligen Geistes im Glauben angenommen hat. Um uns der wahren Identität des Priesterseins neu zu vergewissern, tut dieser Perspektivenwechsel not. Wenn wir von Priestermangel, Arbeitslast des Priesters oder von den Einzelfunktionen des Priesters ausgehen, können wir des eigentlichen Sinnes des sakramentalen Priestertums in der Kirche nicht ansichtig werden.

Wir müssen durch eine ganz radikale theologische und spirituelle Vertiefung auf Fragen eine Antwort geben, die seit der

Reformation immer wieder neu aufflammen. Es geht um die grundsätzliche Glaubensentscheidung, das katholische Verständnis der Kirche und ihren Heilsdienst innerlich ohne Wenn und Aber zu akzeptieren.

Es geht weniger um eine Glaubenskrise, als um eine Kirchenkrise, vielmehr eine Krise des katholischen Kirche-Seins. Man denke unter anderem an die Kritik an der Rolle der Kirche und ihrer Dienstämter und an die ständige Infragestellung des Opfercharakters und die einseitige Überbetonung des Mahlcharakters der Eucharistie in den letzten Jahrzehnten. Man kann den Anschein nicht von der Hand weisen, dass die Hauptursache der gegenwärtigen Infragestellung des Priestertums und der damit verbundenen Identitätskrise und Rollenunsicherheit des Priesters darin liegt, dass die von der Reformation kritisierten Dimensionen des katholischen Eucharistie- und des in diesem eingeschlossenen Kirchenverständnisses undifferenziert aufgegeben wurden. Selbstverständlich ist die Einheit der Kirche ein hohes Gut, ja eines ihrer Wesensmerkmale. Deshalb müssen wir die heutigen Fragen und Anfragen in einer großen, ökumenischen Perspektive sehen. Es ist aber kein Dienst an der Ökumene, das katholische Verständnis der Eucharistie und der Kirche nicht klar zur Sprache zu bringen. Ohne ein umfassend katholisches Verständnis der Kirche können wir das katholische Verständnis des priesterlichen Dienstes nicht begreifen.

Es ist von großer ökumenischer Bedeutung, dass wir das Eucharistie- und Kirchenverständnis der Orthodoxie und der Traditionen der zum Teil sehr lebendigen Kirchen des Ostens einbeziehen, denn die Kirche atmet mit ihren »beiden Lungenflügeln«, wie Papst *Johannes Paul II.* mit Nachdruck betont hat. Ihr Sinn für das Heilige, die Schönheit ihrer Liturgie und das Verständnis des kirchlichen Amtes als ›Ikone Christi‹ eröffnen neue Perspektiven für unsere Betrachtung.[11]

Im Kontext der Ökumene sind bekanntlich die Fragen nach Eucharistie, Kirche und Amt neuralgische Punkte. Deshalb dürfen wir uns diesen Fragen nur sensibel und behutsam annähern. Trotzdem können wir nicht anders, als diese Fragen aus der Fülle und Weite der lebendigen Tradition der ganzen Kirche zu betrachten, um eine zum Teil bereits vorhandene Krise des Katholischen zu überwinden. Nur aus einer Stärkung der eigenen Identität durch die Verlebendigung und Vertiefung des Glaubens heraus können wir eine dringend notwendige, gute und weiterführende geistliche Ökumene voranbringen, damit die versöhnte Einheit in der Vielfalt eine Wirklichkeit wird.

Ein ehrlicher Blick zeigt, dass der Priestermangel hauptsächlich ein Symptom und eine Folge der Glaubenssituation der jeweiligen Ortskirche ist. Nur aus praktizierenden und lebendigen Gemeinden können Priester kommen. Die übermäßige Kirchenkritik, auch innerhalb der Kirche, ist nicht gerade hilfreich, das Bild der Kirche attraktiver zu machen. Aus der weltkirchlichen Perspektive der katholischen Kirche kann man feststellen: Der Priestermangel ist dort am stärksten spürbar, wo der christliche Glaube vom liturgischen Leben abgekoppelt wird und so das Christentum nur noch als ein Kultur- und Sozialchristentum erscheint. Um ein engagierter Sozialarbeiter oder ein guter Leiter einer kirchlichen Verwaltungseinheit zu sein, braucht man kein Priester zu werden.

Eine Krise ist immer auch eine Zeit der Entscheidung und Wende. Natürlich ist die heutige Glaubenskrise etwas sehr Ernstes. Dennoch hilft es uns nicht weiter, wenn wir als eigentliche Überbringer der Hoffnung selber in Hoffnungslosigkeit und Resignation verfallen. Die Krise sollten wir zum Anlass nehmen, das Eigentliche zu erkennen und uns auf das Wesentliche zu konzentrieren. Wir sollten uns fragen: Was kann ich in meiner Lebens- und Glaubenssituation und in meinem Dienst tun, um die vorhandenen Schwierigkeiten zu bewältigen, ohne immer darauf zu warten, erst optimale Bedingungen geschaffen zu bekommen. Schließlich sind die Schwierigkeiten dazu da, überwunden zu werden.

Wenn wir hoffnungslos jammern und Schuldzuweisungen machen, dann verraten wir das Fundament des christlichen Glaubens, denn auf Hoffnung sind wir gerettet (Röm 8,24a). Der Priester hat eigentlich allen Grund, Gottvertrauen und daraus folgend einen christlichen Optimismus und eine unerschütterliche Hoffnung auszustrahlen.

Die bedrückende Erfahrung vieler Priester in der Pastoral kann kein anderer besser beschreiben als der heilige *Augustinus*, der Kirchenlehrer im kleinen Milieu des bischöflichen Dechanten und Pastors der zweitrangigen Hafenstadt Hippo Regius. Er, der für jedermann und jedes Anliegen zugänglich war, beschreibt seine Erfahrung als Seelsorger, die erstaunlich unserer heutigen Situation ähnelt. »Wie komme ich dazu, die Leute immer wieder zu langweilen und ihnen lästig zu fallen? Es ist das Evangelium, das mich mit Furcht erfüllt. Niemand kann sich mehr als ich danach sehnen, von diesen Sorgen und Mühen frei zu sein. Denn nichts ist süßer als das Durchforschen der göttlichen Schätze, fern von allem Lärm. Immer wieder predigen, disputieren, erbauen, für jeden bereitstehen – das ist eine schwere Last, ein harter Druck, ein mühseliges Werk. Wer möchte sich dem nicht entziehen? Aber das Evangelium erfüllt mich mit Furcht«.[12] Es ist offensichtlich: Leben und Dienst des Priesters haben nicht nur in unserer Zeit, sondern in jeder Zeit und Generation ihre spezifischen Herausforderungen.

Viele Diskussionen erwecken jedoch oft den Eindruck, als ob die Pastoral heute es nur mit höchst schwierigen Menschen und Dingen zu tun hat und das kirchliche Leben eine große ›untragbare Last‹ und eine einzige Auseinandersetzung mit unangenehmen und schwierigen Fragen darstellt. Angesichts der gegenwärtigen Herausforderungen und manchen Widersprüchen im

Denken und Tun ist nicht Resignation gefragt, sondern das vertrauensvolle Handeln unter der Führung des Heiligen Geistes. Die Menschen erwarten von uns, dass wir einen Zugang zum Geheimnis Gottes ermöglichen und neue Verstehenswege zu Gotteserfahrung und Glauben aufzeigen.

Der Blick in die Geschichte der Kirche kann jedem vor Augen führen, dass wir heute in vielen Teilkirchen in einer der besten Zeiten der katholischen Kirche leben dürfen. Kirche als Zeichen des Reich Gottes ist eine Weltkirche geworden, wo Menschen aller Nationen versöhnt und vereint miteinander die sichtbare Gestalt der Kirche prägen und miteinander die Kirche Jesu Christi leben.[13] Es gab keine Zeit in der Geschichte, wo wir solche Tiefe im theologischen Verständnis der Kirche erreicht haben. Die Gläubigen und die Priester können ohne Weiteres im Miteinander ihren Glauben leben und die Kirche gemeinsam gestalten. Nie haben sich der Kirche so viele Möglichkeiten geboten wie heute, um ihren Heilsauftrag ohne politische Einflüsse und Behinderungen zu erfüllen. So viel Freiheit und Gestaltungsmöglichkeiten innerhalb der Kirche wie heute gab es noch nie in der Kirchengeschichte.

Eine starke Betonung der Identität des Priesters bedeutet keine Verminderung der Würde des gemeinsamen Priestertums aller Gläubigen, denn die Berufung zum Priestersein ist eine Berufung in der Berufung zum Christsein. Im priesterlichen Dienst geschieht nur eine noch zu differenzierende Fokussierung und Verdichtung der Berufung der Kirche, Sakrament des Heils für die Welt zu sein. Die Sendung des Priesters besteht darin, dass er durch seinen Dienst die Bedingung schafft, dass die Menschen im Glauben der Kirche, in der Feier der Liturgie und vor allem in der Eucharistie Jesus Christus selbst begegnen.

Es ist nur eine Selbstverständlichkeit, dass der Priester für die Gläubigen da ist und mit ihnen auch ein glaubender Christ ist. Er ist nicht nur für die Kirchentreuen da, sondern auch für die

Kirchenfernen und alle Menschen guten Willens, die nach Gott suchen.

Die wahre Gestalt der Kirche neu entdecken

Der Weg der Verortung des priesterlichen Dienstes ist nicht in der Abgrenzung zu den Gläubigen zu suchen, sondern im Miteinander und Füreinander aller, die in der Nachfolge Christi als eine Zeugengemeinschaft die Kirche Christi leben wollen. Diese Kirche hält das Heilswerk Christi in der Geschichte wirksam präsent als sein Zeichen und Instrument. So bestimmt die Sakramentalität das Wesen und die Existenz der Kirche. Die Kirche ist nach dem Zweiten Vatikanischen Konzil »in Christus gleichsam das Sakrament, das heißt das Zeichen und Werkzeug für die innigste Vereinigung mit Gott wie für die Einheit der ganzen Menschheit« (LG 1). Die Kirche ist demnach in erster Linie das umfassendste und wirksamste Zeichen für die Vereinigung Gottes in Jesus Christus mit der Menschheit, und daraufhin auch für die Einheit der Menschen untereinander. Denn aus der Einheit mit Gott folgt die Einheit der Menschen untereinander, wie aus der Gottesliebe die Nächstenliebe folgt.

Wenn Kirche Gottes- und Nächstenliebe glaubwürdig miteinander verbindet und daraus Kraft schöpft und dies sichtbar verkündet, gewinnt das Missionarische Gestalt. Dies schlägt sich in Verkündigung und Gottesdienst, ja, im allgemeinen Dienst am Nächsten nieder. Hier erfüllt die Kirche ihren Auftrag und ihre Sendung. Hieraus leitet sich die Forderung ab: »Bleiben wird die Kirche Jesu Christi. Die Kirche, die an den Gott glaubt, der Mensch geworden ist und uns das Leben verheißt über den Tod hinaus« (Joseph Ratzinger).[14]

Nur aus dieser ihrer Mitte kann die Kirche ihr Wesentliches und ihre beflügelnde Kraft finden: im Glauben an den dreieinigen Gott, an Jesus Christus, an den Beistand des Geistes. Dabei muss die Kirche ihre eigentliche Mitte wieder im Glauben und im

Gebet erkennen lernen und die Sakramente als Gottesdienst erfahren. In der Verherrlichung und Ehre Gottes verwirklicht die Kirche ihr eigenes Wesen. Inneres Verständnis und äußere Darstellung gehören zusammen, Authentizität und Glaubwürdigkeit sind wesentliche Voraussetzungen für die Lebendigkeit der Kirche. Dafür die Sorge zu tragen sind die Priester berufen.

Das Heilswerk Christi bleibt durch die Kirche in der Welt und Geschichte präsent, damit alle Menschen am Heil Christi teilnehmen können. Dabei muss das Erscheinungsbild der Kirche weiterhin an Profil gewinnen, indem sie als eine Gemeinschaft erfahrbar und bekannt wird, die zuerst und vor allem Gott sucht und sich bemüht, ihn immer mehr zu lieben. Die Liebe zu Christus, weil er Gott für uns ist, ist der Angelpunkt. Die Kirche lebt von, mit und aus jener Liebe, mit der Christus selbst uns liebt. Insofern sie die bis zum Äußersten gehende Liebe Jesu Christi sichtbar darstellt und wirksam bezeugt, wächst sie immer deutlicher zu einer ihr wesenhaften Gestalt heran.

Ein Leben und Wirken aus einer existenziellen Kirchlichkeit ist besonders für diejenigen, die im Namen der Kirche handeln, eine wesentliche Voraussetzung. Die Kirche als Leib Christi und Christus als Haupt bilden einen Leib, eine Einheit. In dieser Einheit sind die einzelnen Gläubigen mit Christus und untereinander organisch verbunden. Christus nährt und pflegt nicht nur seinen Leib, sondern er liebt seinen Leib, die Kirche (vgl. Eph 5,25–29). Diese biblische Feststellung begleitet zudem auch eine existenzielle Anfrage an jeden gläubigen Christen: Liebst auch du deine Kirche? Nur wer mit der Kirche und in der Kirche lebt, ist zu einer solchen Liebe befähigt. Das Herz der Kirche erkennen wir nur, wenn wir in ihr leben und mit ihr denken. Dann entdecken wir, wie liebenswert sie ist; denn in ihr und mit ihr erkennen wir liebend, was uns in ihr und durch sie geschenkt ist: Gott selbst. Ohne eine Begeisterung für die Kirche von heute kann eine Kirche von morgen nicht entstehen.

Heute stehen wir vor einer großen Herausforderung. Die neue Sensibilität für Gott und die Suche nach dem Sinn des Lebens bringen die Menschen eher selten mit der Kirche in Verbindung. Angesichts dieser Entwicklung gilt es zu fragen: Warum gelingt es der gegenwärtigen Pastoral der Kirche oft nicht, auf diese neue religiöse Suche der Menschen eine tragfähige Antwort zu geben?

Liegt es vielleicht daran, dass wir ›praktizierende Christen‹ kein ansprechendes Zeugnis für eine lebendige Kirche geben? Müssten nicht manche Akzentverschiebungen der Theologie und Pastoral wieder korrigiert werden, damit die Kirche als Ort der Gegenwart Gottes und seines Heils erscheint und so eine neue Attraktivität und Anziehungskraft gewinnt? Wo müssen neue Wege eingeschlagen werden, damit die Sehnsucht nach Gott, der dem menschlichen Leben den letzten Sinn verleiht, in der Kirche erfahrbar und erfüllt werden kann?

Die Kirche kann, will sie ihrem Auftrag treu bleiben, nicht dauerhaft darauf verzichten, Menschen in eine innere und tiefere Verbindung mit sich zu führen. Die Herausforderung liegt dabei in der Überwindung der Diskrepanz zwischen der Religion und der Kirche als Erlebnisort der Religion. Aus der Alternative »Religion ja – Kirche nein« oder »Gott ja – Kirche nein«, muss ein überzeugendes »Gott ja und Kirche ja« werden.

Die Grundvoraussetzung für eine dauerhafte Kirchenbindung ist die Entdeckung der wahren Gestalt der Kirche. Es geht darum, die wahre Bedeutung der Kirche Jesu Christi im Glauben zu erkennen und zu bejahen. Hiermit ist zudem als bleibende Aufgabe die spirituelle Erneuerung der Kirche verbunden. Die Kirche, die vor allem in die Tiefe schreitet, kann dann in die Weite und Breite wachsen. Wenn die Kirche im Herzen der Menschen Wurzeln schlägt, wird sie missionarisch. Dabei stellt sich die entscheidende Frage: Können Außenstehende das Licht Jesu Christi im Angesicht der Kirche leuchten sehen?

Die unverzichtbare Voraussetzung dafür ist, dass ihre Gläubigen ihr Wesen und ihre allumfassende Heilssendung selber tiefer verstehen und gläubig annehmen. So können sie die wahre Wirklichkeit und Bedeutung der Kirche noch eindrücklicher erklären (vgl. LG 1). Dieses Anliegen des Zweiten Vatikanischen Konzils, das Geheimnis und die Gestalt der Kirche Jesu Christi tiefer verstehen zu helfen und sie immer neu überzeugend und erklärend darzustellen, ist der bleibende Verkündigungsauftrag des Priesters.

In unserer geschichtlichen Situation ist es heute mehr denn je wichtig, die innere Gestalt der Kirche zu verdeutlichen. Jede Epoche hat ihre eigenen Herausforderungen und Aufgaben. Für uns besteht diese Aufgabe in der Sichtbarmachung der geistigen Gestalt der Kirche. Erst dadurch kann ein neuer Missionsimpuls entstehen, dass die geistige und spirituelle Gestalt der Kirche zum Vorschein kommt. Aktuell kommt der Mission als einer erklärend und einsichtig machenden Pastoral für ›treue Kirchenferne‹ eine besondere Bedeutung zu. Es gehört zu den großen Herausforderungen unserer Zeit, einem anspruchslos gewordenen Kulturchristentum mit und durch den Geist Gottes zu neuem Leben zu verhelfen.

Es muss der Kirche gelingen, alle ›Säkularisierungsversuchungen‹ in ihrem Inneren zu überwinden und für Gebet, Mystik und Transzendenzerfahrung neu Raum zu schaffen. Wo diese neue Kraft der Innerlichkeit fruchtbar wird, ersteht eine neue sichtbare Gestalt der transformierenden und weltverwandelnden Kraft der christlichen Botschaft. Die Kirche Jesu Christi lebt, wenn wir beten (vgl. Apg 1,12–14), uns ständig dem Wirken des Heiligen Geistes öffnen und aus seiner Kraft die Gestalt der Kirche prägen. So leben wir authentisch und überzeugend die Kirche Jesu Christi in unserer Zeit.

Das Problem der Kirche ist nicht primär die Kritik von außen, sondern die Selbstsäkularisierung und Selbstnivellierung von innen. Die Herausforderung in der Kirche heute ist oft die mangelnde Bereitschaft ihrer eigenen Mitglieder, besonders derjenigen, die die Kirche vor Ort nach außen repräsentieren sollen, sich mit der Kirche zu identifizieren. Wie soll eine neue missionarische Kraft entstehen, wenn das ›Bodenpersonal Gottes‹ unzufrieden ist und im inneren Widerspruch mit der konkreten Kirche lebt? Deshalb ist es notwendig, dass die eigenen Mitglieder ein versöhntes Verhältnis zur Kirche und ihren Strukturen entwickeln. Diese Versöhnung ist nur möglich als ein geistlicher Prozess.

Dies beinhaltet vor allem eine innere, aus der Mitte der christlichen Botschaft kommende Selbstvergewisserung der Kirche. Denn die Plausibilität der christlichen Botschaft hängt wesentlich auch von der Plausibilität der Kirche ab. Die Kirche kann nur anziehend und einladend wirken, wenn die innere Wirklichkeit der Kirche von überzeugten Zeugen glaubwürdig dargestellt und einsichtig gemacht wird.[15] Das Nachdenken über die Gestalt der Kirche kann sich nicht allein auf theologisch-wissenschaftliche Bemühungen beschränken, sondern muss von der Lebens- und Glaubenspraxis der Christen als Ganzes getragen werden. Das Hauptproblem der Kirche ist heute nicht der Mangel an Visionen für ihre zeitgemäße Gestaltung, sondern die Schwierigkeit deren Rezeption durch die ganze Kirche.[16] Die Kirche muss geglaubt, gelebt und in der Praxis der Christen verwirklicht werden. Gemeinsames geistliches Leben ist für die Christenheit auf ihrem Glaubensweg konstitutiv. Wenn die Kirche ihre eigenen Anliegen bis in die Herzen der Menschen und die Bewegungen des Lebens transportieren will, braucht sie eine spirituelle Neuorientierung und klare, aus der Mitte der christlichen Botschaft inspirierte Perspektiven.

Angesichts der vielfältigen gegenwärtigen Herausforderungen sollte es uns darum gehen, diesen Weg aus der Kraft des Evangeliums schöpferisch zu gestalten, ohne sich dabei frustrieren zu lassen und zu resignieren. In dieser Umbruchsituation der Kirche ist unser Augenmerk auf ihre geistliche Dimension zu legen. Denn die Kirche ist Werk und Geschenk des Heiligen Geistes. Der Geist Gottes aber wirkt mit und durch uns. Wenn die Gestaltung der Kirche nicht als ein ganzheitlicher spiritueller Prozess verstanden wird, wird sie sich sehr rasch leerlaufen und kraftlos werden. Nur ein Perspektivenwechsel führt zum ersehnten Ziel. Das Glaubensbewusstsein, dass die Kirche zu dem einen Heilsplan Gottes für die Menschheit gehört, muss vertieft werden und in jedem Einzelnen wachsen. Alle christlichen Lebensvollzüge haben ihren Grund im Wirken des Geistes und bringen nur in Bezug zu ihm die erhofften Früchte. Die Kirche sollte eine im Lebensgeheimnis Jesu begründete und das ganze Leben der Christen bestimmende Herzensangelegenheit werden.

Die Gestaltung der Kirche ist ein geistlicher Auftrag und eine Herausforderung, die sich aus der Wahrnehmung der Zeichen der Zeit ergibt. Die existenzielle Glaubenserkenntnis und die daraus folgende Glaubenspraxis ist die Grundvoraussetzung für das Gelingen des kirchlichen Lebens. Dieser geistliche Prozess birgt in sich ein bisher wenig beachtetes Potenzial, die Kirche im Herzen der Menschen tiefer zu fundieren.

Dieser geistliche Prozess verlangt von jedem eine Weite des Herzens und innere spirituelle Kraft. Es ist selbstverständlich der schwierigere und unbequemere, aber langfristig fruchtbringende Weg. Denn echte Treue zum Herrn und seiner Kirche ist das Entscheidende. In dem Maße, in dem wir in Gemeinschaft mit Christus leben, in seiner Liebe, die uns alle annimmt und reinigt, in dem Maße, in dem wir an der Gemeinschaft Christi teilhaben, können auch wir treu zum Evangelium und gleichzeitig offen für die Herausforderung der Zeit sein.

Die Seele der Kirche ist die Bekehrung des Herzens und die Heiligkeit des Lebens. Das Gebet ist nicht nur ein echter Ausdruck der Bande, durch die die Gläubigen miteinander in der

Gemeinschaft verbunden sind, sondern auch die Verwirklichung der gemeinsamen Berufung aller Christen, Gott zu verherrlichen. Denn in der gemeinsamen Verherrlichung Gottes wird die Kirche nicht nur begründet, sondern immer neu vertieft und auch schon zeichenhaft vollendet. Das geistliche Leben ist eine einzigartige Gelegenheit, die gemeinsame christliche Spiritualität zu vertiefen und das gegenseitige Verständnis und Wachstum der geistlichen Gemeinschaft zu fördern. Die Voraussetzung für das Gelingen des gemeinsamen geistlichen Lebens ist, dass die Christen ihre geistlichen Reichtümer schätzen und sich an ihnen freuen. Dafür die nötige Bedingung zu schaffen ist die Berufung des Priesters.

Wenn wir die Frage nach der Gestalt der Kirche nicht nur strukturell, sondern existenziell stellen, können wir sie in ihrer ganzen Tiefe erfassen und ihrer innerlich gewiss werden. Der dreieinige Gott, der in sich immer schon innigste personale Gemeinschaft ist, wendet sich an seine Schöpfung und stiftet Gemeinschaft. Er lädt jeden Menschen in seiner Einmaligkeit dazu ein, mit ihm und dadurch auch mit anderen Menschen in eine innige, gottgewirkte Gemeinschaft zu treten, die in der Teilhabe am göttlichen Leben für alle die Lebensfülle bedeutet. Weil Gott nie anders wirkt als in der Gemeinschaft der drei göttlichen Personen und weil sein Wirken darum immer auch schon gemeinschaftsstiftend ist, ist die Kirche als Gemeinschaft der Gläubigen keineswegs ein Zusammenschluss von Menschen zur besseren Wahrung und Durchsetzung ihrer Interessen oder zur optimalen Organisation gemeinschaftlicher Veranstaltungen, sondern eines der ersten von Gott in der Welt gewirkten Heilswerke. Durch die zuvorkommende Gnade Gottes gelangen Menschen zum Glauben und finden zu einer neuen Gemeinschaft im Glauben zusammen. Der Glaube selbst und das Leben aus dem Glauben sind Gnadenwirkungen Gottes, und somit erweist sich auch die Gemeinschaft der Glaubenden als ein Gnadengeschenk.

Aus diesem Grund ist die Kirche nichts anderes als die von ihm selbst gewirkte Menschengemeinschaft, sichtbares Zeichen der göttlichen Gnade.

Es bestehen heute tiefere Differenzen im Kirchenverständnis, und sogar die Kirche ist im Grunde genommen ›in sich gespalten‹. Das gilt für die konkrete, sichtbare und gelebte Gestalt und die äußeren Strukturen der Kirche sowie ihrer Ämter und deren theologische Deutung. Das Problem ist, dass die Gläubigen selber nicht wissen, was die Kirche eigentlich ist. Das Bewusstsein von der Kirche, das *Martin Luther* damals in die Worte gefasst hat, es wisse »gottlob ein Kind von sieben Jahren, was die Kirche sei«, kommt heute nicht mehr leicht über die Lippen. Die Kirche als Gemeinschaft der Glaubenden umfasst den Glauben als Ganzen, und sie wird ihrerseits von diesem bestimmt. Das bedeutet, dass Differenzen im Kirchenverständnis nicht darauf allein begrenzt sind und darum in aller Regel auch nicht isoliert bearbeitet und einem Konsens nähergebracht werden können. Vielmehr durchdringt das unterschiedliche Kirchenverständnis nicht nur die ganze Theologie, sondern auch das kirchliche Leben. Deshalb ist ein Konsens über das Verständnis der Kirche von entscheidender Bedeutung. Sein Dreh- und Angelpunkt ist das Bewusstsein, dass die sichtbare Kirche zu dem einen Heilsplan Gottes in Christus für alle Menschen gehört, auch wenn zunächst nicht alle diese Glaubensüberzeugung teilen.[17] Es ist die bleibende spirituelle Aufgabe aller Gläubigen, immer und überall das wahre Wesen und die universale Sendung der Kirche existenziell anzunehmen, erklärend darzustellen und erfahrbar zu machen (vgl. LG 1).

In der Vielfalt von Kirchenbildern und Kirchenmodellen[18] ist es wichtig, sich in einer neuen Weise den Sinn und das Wesen der Kirche existenziell anzueignen. Die Kirche muss heute als Heilsgemeinschaft in ihrer Beziehung zu ihrem Ursprung und in ihrer universalen Sendung sichtbar und erkennbar bleiben. Je mehr wir das Christusgeheimnis deutlich machen, desto mehr wird das Geheimnis der Kirche ersichtlich.[19] Die Suche nach dem vollen Verständnis des Wesens der Kirche muss als ein geistlicher Prozess weitergeführt werden (Walter Kasper).[20] Entsprechend dem ökumenischen Glaubensbekenntnis gehört zum Wesen der Kirche nicht nur ihre Einheit, sondern auch ihre Heiligkeit, Katholizität und Apostolizität. Nur in diesem ganzen Zusammenhang werden die Wahrheit und die Schönheit der Kirche Jesu Christi darstellbar und erfahrbar. Die Voraussetzung ist, dass die Gläubigen die Kirche in ihrer konkreten Gestalt kennen und lieben.

Ohne ein existenzielles und geistliches Eindringen in die wahre Wirklichkeit der Kirche kann keine persönliche Liebe für das Mysterium Kirche wachsen. Diese Liebe allein gibt uns die Fähigkeit, die Gestalt der Kirche realistisch einzuschätzen. Dabei gilt es, das Geheimnis als Ganzes zu verstehen. Akzentverschiebungen durch einseitige Betonung bestimmter Kirchenbilder können die Wirklichkeit der Kirche erheblich verdunkeln und die wahre Gestalt der Kirche entstellen. Das Leitbild der Kirche als Volk Gottes ist ohne den tragenden Grund der Kirche, Leib Christi zu sein, nicht verständlich.[21] Das Leib-Christi-Sein der Kirche ist der Ausdruck der *communio* zwischen Haupt und Gliedern. Die Kirche ist der heilsschaffend-fortlebende Leib Christi und so Ort der Wahrheit und der Rechtfertigung des Menschen.[22]

Die Frage nach der Rolle der Kirche für das Heil ihrer Glieder und damit nach dem Maß ekklesialer Vermittlung ist entscheidend. Wenn die Kirche ein effektives Zeichen und Werkzeug des Heils, ja universales Sakrament des Heils, ist, folgt daraus die Verpflichtung, die kirchliche Heilsinstrumentalität konkret zu verdeutlichen und ihren sakramentalen Charakter stärker wahrzunehmen. Wir müssen alles daransetzen, dass die Kirche als Kirche Jesu Christi in ihrer gottmenschlichen Spannungseinheit sichtbar bleibt. Auf der Suche nach dieser Spannungseinheit darf nicht vergessen werden: Die Kirche entstand von Anfang an nicht primär aus der Frage nach sich selbst, sondern auf die Frage hin: »Ihr aber, für wen haltet ihr mich?« (Mt 16,15). Die Frage nach der Identität Jesu Christi[23], seiner Bedeutung, seiner bleibenden Anwesenheit in der Kirche und seinem Wirken durch die Kirche kann uns ein verbindendes Ziel vorgeben.

Da die *communio* mit Gott und untereinander das eigentliche Wesen des Geheimnisses der Kirche verkörpert und deutlich macht, ist es wichtig, sie als eine spirituelle Gemeinschaft zu entfalten: »Die Kirche zum Haus und Schule der Gemeinschaft zu machen, darin liegt die größte Herausforderung, die in dem beginnenden Jahrtausend vor uns steht, wenn wir dem Plan Gottes treu sein und auch den tiefgreifenden Erwartungen der Welt entsprechen wollen« (Johannes Paul II., *Novo millenio ineunte* 43). Ohne die entscheidende Bedeutung der Kirche für die zeitlichen und vor allem für die ewige Perspektive eines gläubigen Lebens neu zu entdecken, können die Gläubigen die Notwendigkeit der Kirchenbindung nicht spüren.

Christus allein stiftet in seiner Person Gemeinschaft zwischen dem dreieinigen Gott und den Menschen. Er baut seine Kirche als Gemeinschaft der ›Herausgerufenen‹ *(ek-klesia)* auf (vgl. Mt 16,18). Daher wächst mit dem Bekenntnis zu Christus und der Nachfolge Christi auch die Glaubensüberzeugung, dass Christus die Kirche gewollt hat und die Kirche ihren Ursprung seinem Erlösungswerk verdankt. Die Kirche kann es nur als Werk und Gegenwartsort Christi selbst geben. Dafür bürgt der priesterliche Dienst in der Kirche.

Es gibt Göttliches in und an der Kirche, also alles, was ihrem Zweck, die Menschen in die Lebensgemeinschaft des dreifältigen Gottes zu sammeln, dient, ebenso wie Menschliches, das dem Wandel der Zeiten unterworfen ist. Es wird eine ständige spirituelle Aufgabe in der Kirche sein, zwischen dem, was an der Kirche göttlich und unaufgebbar, und dem, was an ihr menschlich und damit abschaffbar oder erneuerungsfähig, reformierbar nach früheren Idealen oder anpassbar an die Erfordernisse neuer Zeiten ist, zu unterscheiden. Dabei bleibt der in der Zeit Mensch gewordene Gottessohn Jesus Christus allein das Kriterium.

Es ist eine Glaubensgewissheit, dass diese Kirche, trotz der Verdunklung ihrer wahren Gestalt durch die Verfehlungen ihrer sündigen Glieder, die apostolische Tradition in Treue gewahrt hat und auch heute noch wahren will. Es gilt, sich immer wieder zu fragen, ob wir wirklich in angemessener Weise all das zum Ausdruck bringen, was der Heilige Geist durch die Apostel der Kirche anvertraut hat. Denn das Treubleiben am apostolischen Erbe macht die Glaubensgemeinschaft zur wahren Kirche Jesu Christi. Aus Treue und Liebe zur Kirche wächst die innere Motivation, die Kirche so zu lieben und zu leben, dass jeder sich innerlich mit ihr identifizieren kann. Die Glaubenskraft, sich zur Kirche zu bekennen, sollte als Gabe und Sendung verstanden werden. Sie beinhaltet eine Verpflichtung, diese empfangene Glaubensgewissheit erklärend erfahrbar zu machen. Das ist ein wesentlicher Beitrag zur Neuevangelisierung heute. Es ist leichter, sich mit einem theologischen Minimalismus zufriedenzugeben, als größere Menschlichkeit und christliche Transparenz zu praktizieren – doch sie werden letztlich zählen.

Die Bedeutung des Kirche-Seins und Kirche-Werdens kann nicht hoch genug eingeschätzt werden. Dabei ist es vor allem wichtig, ein versöhntes Verhältnis zur sichtbaren Gestalt der Kirche und ihren Strukturen zu haben. Wenn wir uns innerkirchlich übermäßig auf Strukturdebatten konzentrieren, werden wir dabei die Botschaft vom Reich Gottes vernachlässigen oder sie zumindest verdunkeln, und die Botschaft wird in Vergessenheit geraten. Die Strukturen der Kirche haben unterstützende Funktion, damit die Botschaft Jesu bestmöglich verwirklicht und verkündet werden kann. Wir dürfen die Strukturen aber nicht mit der eigentlichen Botschaft verwechseln.

Für das Gelingen des priesterlichen Dienstes ist es Grundvoraussetzung, dass in uns das Empfinden echter Liebe, tiefer Ehrfurcht und großer Begeisterung für die Realität der Kirche lebendig bleibt. Die innere Bindung an die Kirche verleiht Tragfähigkeit. Dabei geht es um ein existenzielles Hineinwachsen in eine recht verstandene Kirchlichkeit. Sie bedeutet »nicht Bindung an ein abstraktes Lehrsystem, sondern eine Einbindung in einen lebendigen Traditions- und Kommunikationsprozess, in welchem das eine Evangelium Jesu Christi ausgelegt und vergegenwärtigt wird« (Walter Kasper)[24]. Das Bewusstsein der Zugehörigkeit zur Kirche ist seinem Wesen nach ein kennzeichnendes Element, um priesterlich zu leben. Gerade in der Zugehörigkeit und Hingabe an die Kirche findet der Priester die Quelle für Sinngehalte, für Unterscheidungs- und Aktionskriterien, die sowohl der kirchlichen Sendung als auch dem geistlichen Leben Gestalt geben. Heute bedarf es in Wirklichkeit »eines sensus fidei und eines umfassenden sentire ecclesiam. Dies ist nur durch das Leben in und mit der konkreten Kirche, ihren Gemeinden und Gemeinschaft möglich« (Walter Kasper).[25] Das priesterliche Leben in der Nachfolge Jesu Christi muss die dienende Funktion der Kirche sichtbar machen.

Die Kirche ist dazu berufen, ein heiliges Volk zu sein. Dieses Selbstbewusstsein ist ein Auftrag zur Erneuerung und zum geistlichen Wachstum. Die Erneuerung umfasst das Ganze des christlichen Lebens. Es gilt besonders für uns Priester, die Universalität der Berufung zur Heiligkeit immer mehr zu entdecken und das christliche Leben unter das Zeichen der Heiligkeit zu stellen, und die Notwendigkeit der Heiligung der eigenen Existenz zu einer allgemeinen Überzeugung werden zu lassen. Eine ›Pädagogik der Heiligkeit‹ ist unverzichtbar. Die Aufgabe dieser ›Pädagogik der Heiligkeit‹ besteht darin, alle zu lehren und immer wieder daran zu erinnern, dass die Heiligkeit das Ziel ihrer Existenz bildet. Daher sind in der Kirche alle zur Heiligkeit berufen, gemäß dem

Apostelwort: »Das ist es, was Gott will: eure Heiligung« (1 Thess 4,3; vgl. Eph 1,4; vgl. LG 39).

Das Bewusstsein der Universalität der Berufung zur Heiligkeit erfordert ein Verständnis der christlichen Existenz als Nachfolge Christi, als Gleichgestaltung mit Christus. Es geht darum, sich persönlich in das Ereignis der Gnade Christi einbinden zu lassen. Die Kirche ist *communio sanctorum*, Gemeinschaft der Heiligen, nicht nur Organisation, Institution oder Zusammenschluss von Menschen gleichen Glaubens. In der sichtbaren Gestalt der Kirche muss das Ganze des Heils, wenn auch in vorläufiger Gestalt, sichtbar und erkennbar bleiben. Je deutlicher die göttliche Würde der Kirche als von Gott kommendes Gnadengeschenk ist, umso schmerzlicher wird die Diskrepanz zwischen dem geistlichen Anspruch der Kirche und ihrem tatsächlichen Erscheinungsbild wahrgenommen. Deshalb ist die ständige Erneuerung und Reform der Kirche eine unverzichtbare Voraussetzung. Nur wenn hinter allem Menschlichen das Göttliche an der Kirche immer wieder ausstrahlt, werden Menschen die Sehnsucht nach einer tiefen Kirchengemeinschaft spüren. Es gibt in der Kirche immer wieder Fehlentwicklungen und Defizite in der Verwirklichung des Evangeliums. Deshalb muss die Kirche von innen ständig evangelisiert werden, damit die wahre Katholizität und Apostolizität deutlicher zum Ausdruck kommt.

Die Glaubwürdigkeit der Kirche und der kirchlichen Gemeinschaften hängt davon ab, ob es ihnen gelingt, ihren spirituellen Auftrag deutlich erkennbar zu machen. Die Grundvoraussetzung dafür ist, dass alle Christen persönlich in Leben und Dienst diesen spirituellen Auftrag verwirklichen: Je inniger die Gemeinschaft ist, die sie mit dem Vater, dem Wort und dem Geist vereint, umso inniger und leichter werden sie imstande sein, die gegenseitige Geschwisterlichkeit zu vertiefen. Es ist wichtig, die Zeichenfunktion der Kirche auf das Reich Gottes hin, gerade auch im Unterschied zu ihm, deutlich zu machen.

Dadurch kann die Kirche den Glaubenden die Gewissheit der Teilhabe am eschatologischen Heil vermitteln und selbst schon diesseits der eschatologischen Vollendung Ort der Gegenwart des Geistes sein.

Es ist eine bleibende Anfrage an uns, ob und inwieweit die Kirche auf ihrem Weg durch die Geschichte Ort des eschatologischen Heils ist und faktisch als solcher erfahrbar wird. Die Berufung der Kirche als Zeichen der Zukunft des Reiches Gottes wird in der Geschichte immer wieder aus unterschiedlichen Gründen verdunkelt. Der Verdunklung der Zeichenhaftigkeit der Kirche durch ihre Mitglieder bewusst zu sein, ist und bleibt eine spirituelle Aufgabe. Denn die Macht der Sünde kann das Antlitz der Kirche als eine vom dreifältigen Gott gestiftete Gemeinschaft unendlich entstellen. Immer wieder droht die Gefahr, die Kirche mit allen anderen gesellschaftlichen Gruppierungen zu vergleichen oder gar gleichzusetzen, sie an diesen zu messen und deren Strukturen und Gesetze zu übernehmen.

In diesem Kontext ist von allen Gläubigen eine spirituelle Kraft gefragt, um die Mahnung des Apostels Paulus zu beherzigen: Übernehmt nicht die Schemata dieser Welt und passt euch nicht dieser Welt an, sondern »wandelt euch und erneuert euer Denken« (vgl. Röm 12,2). Auch wenn keine Sünde der Menschen das innere Wesen der Kirche als eine vom dreieinigen Gott kommende Einladung zur Gemeinschaft mit ihm zerstören wird, kann diese innerste Wahrheit derart von den Automatismen dieser Welt überlagert werden, dass sie zuweilen vergessen wird. Wir müssen dem von Christus geschenkten Reichtum entsprechend unser Leben so gestalten, dass das Antlitz der Kirche in ihrer wahren Bedeutung und Schönheit der ganzen Welt aufleuchtet. »Deshalb müssen alle Katholiken zur christlichen Vollkommenheit streben und, ihrer jeweiligen Stellung entsprechend, bemüht sein, dass die Kirche, die die Niedrigkeit und das Todesleiden Christi an ihrem Leibe trägt, von Tag zu Tag geläutert und erneuert werde, bis Christus sie sich dereinst glorreich darstellt, ohne Makel und Runzeln« (UR 4). Nur wenn die gewonnenen Einsichten im Leben und im Glauben der Gläubigen angenommen und verwirklicht werden, dann werden Reformen die erhofften Früchte tragen.

Eines ist notwendig: Eine neue Begeisterung für Gott, die öffnet und zugeneigt macht, verbindet, aufbaut und vollendet. Wenn wir Gott nahe sind, werden wir auch einander nahe und gemeinsam Zeichen und Zeugnis für die Einheit der Menschen sein. Wenn es uns gelingt, die Verherrlichung Gottes als unsere eigentliche Berufung und Sendung neu zu begreifen, wird das christliche Leben eine neue Qualität bekommen. Viele trennende Fragen werden dann in einem anderen Licht erscheinen, und das gemeinsame Ziel wird uns verbinden: »Du hast uns berufen, vor dir zu stehen und dir zu dienen.« Dieses Hochgebet der Kirche ist das Bekenntnis ihrer eigentlichen Existenzberechtigung. Wenn die Christen die spirituelle Tragweite eines der meistzitierten Bibelworte begreifen, wird die Kirche in einer neuen Perspektive erscheinen: »Ihr aber seid ein auserwähltes Geschlecht, eine königliche Priesterschaft, ein heiliger Stamm, ein Volk, das sein besonderes Eigentum wurde, damit ihr die großen Taten dessen verkündet, der euch aus der Finsternis in sein wunderbares Licht gerufen hat« (1 Petr 2,9).

Auf dem Weg zu einer integrierten Sicht des priesterlichen Dienstes
Indem die Verherrlichung Gottes als der einigende Mittelpunkt existenziell ergriffen und gelebt wird, öffnet sich für die Kirche ein neuer Horizont, der Horizont einer spirituellen Kommunikation des Lebens und des Glaubens. Es ist ein Lernprozess, in dem alle Beteiligten sich bereichern und geistig wie geistlich wachsen. Dies kann nur in einer Atmosphäre geschehen, wo eine von Gottes Geist gewirkte Bereitschaft zur persönlichen Bekehrung und Offenheit für die institutionelle Erneuerung vorhanden ist.

In schwierigen Zeiten, wenn nicht nur Priestermangel, sondern auch Gemeindemangel eine erfahrbare Wirklichkeit sind, müssen wir alle gemeinsam auf Christus den ewigen Priester schauen: »Denn in ihm allein wohnt wirklich die ganze Fülle Gottes« (Kol 2,9).

Der Blick auf den ewigen Priester Jesus Christus bietet die nötige Grundlage einer Versöhnung zwischen einer vertikalen Sicht der Amtsauffassung, die die Sendung des Priesters von Jesus Christus und der Priesterweihe her begründet und vorzüglich die sakramentale und sacerdotale Funktion des Priesters betont, und einer mehr horizontal-funktionalen Sicht, die die Sendung des Priesters gemeindebezogen als Dienst der Einheit beziehungsweise als Gemeindeleitung versteht. Eine integrale Sicht des priesterlichen Dienstes muss von Jesus Christus und seinem Heilsmysterium ausgehen.[26] In diesem Dienst muss »das Gott-Menschliche« an Jesus Christus sichtbar und wahrnehmbar bleiben. Nur diese integrale Sicht des Amts kann heute dem Amtsinhaber helfen, sein Amt sinnvoll zu verwirklichen. Jede theologische Bestimmung des Amtes muss dem jeweiligen Amtsinhaber eine Quelle der inneren Kraft erschließen und ihm eine Vision und Perspektive für sein Leben und Wirken als Priester geben.

Alle theologischen Begründungen müssen an Jesus Christus orientiert sein, denn »in ihm sind alle Schätze der Weisheit und Erkenntnis verborgen« (Kol 2,3). Wo und wann immer die Christen Orientierung brauchen, dürfen wir auf die Hoffnung bauen, die der Kolosserbrief treffend zum Ausdruck bringt: »Ihr habt Christus als Herrn angenommen … Bleibt in ihm verwurzelt und auf ihn gegründet und haltet an dem Glauben fest, in dem ihr unterrichtet wurdet! … Gebt acht, dass euch niemand mit seiner Philosophie und falschen Lehre verführt, die sich nur auf menschliche Überlieferung stützen und sich auf die Elementarmächte der Welt, nicht auf Christus berufen« (Kol 2,6–8).

Es gibt nicht nur den zunehmenden Mangel an Priestern, sondern auch einen Mangel an Selbstbewusstsein bei den Priestern, der zur Identitätskrise führt. Priestermangel ist nichts Neues in der Geschichte, aber die Identitätskrise der Priester ist heute alarmierend und lähmend im Leben und Dienst des Priesters. Die Krise des Priestertums, in der wir heute stehen, bedeutet gerade wegen ihrer Tiefe und Schwere auch eine besondere Chance. Es ist ein Angebot der Gnade, wenn wir sie zu erfassen verstehen. Heute haben wir eine unausweichliche Verpflichtung, durch eine ganz radikale, theologische und spirituelle Vertiefung zu prüfen, ob das priesterliche Dienstamt nicht ungebührlich mit fremden Elementen belastet worden ist, von denen es befreit werden müsste. Selbstverständlich müssen wir bereit sein, einige kulturelle Verpackungen des Amtes abzuwerfen. Es kann nur gelingen, wenn wir das Wesentliche und Bleibende an diesem Dienst klar umreißen, in Übereinstimmung mit dem, was Jesus Christus gewollt hat. Dabei müssen wir auch die Führung des Heiligen Geistes in der ganzen kirchlichen Tradition unbefangen ernst nehmen.[27]

Das Priestertum wird nicht erst heute infrage gestellt. Schon der Apostel Paulus musste sein Selbstverständnis als Apostel und seinen priesterlichen Dienst (vgl. Röm 15,16) immer wieder neu begründen, verteidigen und seinen Gemeinden neu bezeugen. Denn hier geht es nicht um irgendein Randthema der Theologie, sondern um die Mitte und das Zentrum des einen Heilsplans Gottes für die Welt. Hier geht es um die innere Gestalt der Kirche Gottes in Jesus Christus.

Angesichts dieser Herausforderung verleihen wir unserem Dienst die nötige Ausstrahlung, wenn wir unser Priestersein immer bewusster und zeugenhafter leben. Die gemeinsame Hinwendung zu Jesus Christus und seinem Evangelium allein kann uns von der Last der Vergangenheit befreien und den Blick erweitern für die Zukunft des Reiches Gottes.

Wichtig ist, dass wir als Priester in der Lage sind, gemeinsam von der Frohen Botschaft Zeugnis zu geben in einer Welt, die davon immer weniger weiß und doch mehr denn je diese Botschaft braucht. Eine Glaubensvertiefung tut uns not, damit wir in der Liebe verwurzelt und auf sie gegründet die Länge und Breite, die Höhe und Tiefe des Reichtums Christi uns existenziell aneignen und daraus neue missionarische Kraft entwickeln, damit die Menschen in der Botschaft Jesu den Sinn ihres Lebens und die Erfüllung ihrer Sehnsucht finden können. Eine solche priesterliche Spiritualität ist das Gebot der Stunde.

Das tragende Fundament, das Gott und Menschen miteinander und die Menschen untereinander verbindet, ist die Liebe. Dass die an Christus Glaubenden in dieser Liebe wachsen, darum bittet der Herr selbst: »Ich habe ihnen deinen Namen bekannt gemacht und werde ihn bekannt machen, damit die Liebe, mit der du mich geliebt hast, in ihnen ist und ich in ihnen bin« (Joh 17,26). Diese Glaubensgewissheit ermöglicht eine ›Ganzhingabe‹ unserer selbst an Jesus Christus.

II
UNSERE TEILHABE AM LEBEN GOTTES

CHRISTLICHE EXISTENZ, die sich als Geheimnis der Teilhabe am Leben Gottes versteht und aus diesem Bewusstsein konsequent lebt, kann das Unterscheidend-Christliche des christlichen Gottesglaubens überzeugend Gestalt werden lassen. Denn der christliche Glaube lebt aus der Gewissheit: Gott, der in sich Liebe ist, beruft den Menschen, an seinem Leben teilzuhaben.[28]

Die gnadenhafte Zuwendung Gottes ist nichts anderes als Teilgabe am Leben Gottes, die Sakramente der Kirche sind nichts anderes als Heilsteilhabe. Die Kirche als *communio* ist geschenkte und empfangene Teilhabe. Das Apostolat und die Sendung der Christen in der Welt sind Teilhabe an der Sendung Jesu Christi. Das priesterliche Dienstamt ist nichts anderes als Teilhabe am Priestertum Christi.

Das ganze christliche Leben ist das Geheimnis der Teilhabe an Gott, und der priesterliche Dienst ist dazu da, Bedingungen zu schaffen, damit diese Teilhabe am Leben Gottes durch den Dienst der Kirche vermittelt und erfahrbar wird.

Die Bedeutung der Teilhabe

Der Teilhabegedanke ist nicht nur ein zentrales Thema der klassischen Metaphysik, sondern eine auch das Lebensgefühl der heutigen Menschen bestimmende Wirklichkeit. Sowohl in der heutigen demokratischen Gesellschaft als auch im Wirtschaftsleben bilden der *Teilhabegedanke und die Partizipation aller Beteiligten* ein Leitmotiv. Nicht zuletzt zeigt sich vor unser aller Augen die Offenheit und Modernität unserer Kirche darin, dass alle Gläubigen an ihrem Leben und an ihrer Gestalt partizipieren.

Die Bedeutung des Begriffs Teilhabe für die christliche Existenz und für die Gestalt und Gestaltung der Kirche ist bei Weitem größer als gegenwärtig angenommen wird. Zum Teilhabebegriff bemerkt *Martin Heidegger*: »Den thematischen Bereich der abendländischen Metaphysik kennzeichnet die Methexis, die Teilhabe des Seienden am Sein.« Was für die Philosophie gilt, gilt mutatis mutandis für den Heilsdienst der Kirche. Dazu *Karl Rahner*: »In gegenseitiger personaler Kommunikation können zwei geistig personale Seiende sich gegenseitig Teilhabe gewähren. Diese erreicht in der Selbstmitteilung Gottes ihren Höhepunkt. Wenn alles aus einem stammt und so an Gott teilhat, und die Entäußerung Gottes, der die Liebe ist, in Gnade und Glorie als Selbstmitteilung Gottes sich vollendet, dann ist verständlich, dass der an sich sehr geheimnisvolle Begriff der Teilhabe (zwei bleiben zwei und sind doch in Teilhabe aneinander eins) ein Schlüsselbegriff der Theologie sein muss.«[29]

Christliche Existenz ist auf endzeitliche Hoffnung hin ausgerichtet: Ihre Grundlage ist Gottes Heilswille, ihre Eckpunkte Auferstehung und Parusie Jesu Christi, ihre bestimmende Kraft der Heilige Geist, ihr gegenwärtiges Ziel die Teilhabe der Glaubenden am neuen Sein und ihr Endpunkt die Verwandlung in eine pneumatische Existenz bei Gott. Denn »die Anteilnahme an der Gottheit ist die wahre Glückseligkeit des Menschen, das Ziel des menschlichen Lebens« (Thomas von Aquin).[30]

Der zweite Petrusbrief bezeichnet die an Christus Glaubenden als »göttlicher Natur teilhaftig« (2 Petr 1,4). Um die mit dieser fast philosophisch anmutenden Formulierung bezeugte und die christliche Existenz begründende Wirklichkeit geht es, wenn wir über Teilhabe (*methexix, participatio*) sprechen. Die

Formulierung »göttlicher Natur teilhaftig« will eine enge Verbundenheit von Gott und Mensch zum Ausdruck bringen. Die Teilnahme an der göttlichen Wesenheit bedeutet für die Gläubigen die Überwindung von Tod und Vergänglichkeit. Im Buch der Weisheit heißt es: »Gott hat den Menschen zur Unvergänglichkeit erschaffen und ihn zum Bild seines eigenen Wesens gemacht« (Weish 2,23).

Gott gibt Anteil an seinem Leben und der Mensch nimmt daran teil. Zur Teilhabe gehört einerseits, von Gott her gesehen, Gottes Selbstmitteilung und andererseits, vom Menschen her gesehen, seine ›Verähnlichung‹ mit Gott, seine ›Vergöttlichung‹. Selbstverständlich kann kein Begriff das eigentlich gemeinte Geheimnis Gottes und des von ihm begnadeten Menschen je völlig in sich fassen. In den theologischen Bemühungen können wir nur jenem Gott begegnen, der sich uns in absoluter Freiheit liebend zugewandt hat. Schon indem er sich der Welt überhaupt offenbart, gibt er ja im weiteren Sinne an sich Anteil. Die Erhabenheit Gottes über alles Weltliche kann dem Menschen nur bekannt werden, wenn sie sich in unserer Welt erfahrbar macht und mitteilt.

Gottes Transzendenz eröffnet sich uns nur in der Immanenz. Aber diese Immanenz ist und bleibt gerade die Immanenz des Transzendenten (vgl. Ex 3,2; 16,10). Die Verborgenheit Gottes ist ständiges Thema eines offenbarungsmäßigen Denkens über Gott geblieben. Für dieses Denken bietet die biblische Botschaft von Gott als Schöpfer und dem Menschen als Geschöpf den Ausgangspunkt. So werden sowohl Gott als auch der Mensch in ihrer Verschiedenheit und in ihrer Gemeinsamkeit ernst genommen. Die Theologie der Teilhabe geht dem biblischen Selbstverständnis entsprechend den mittleren Weg zwischen Monismus und Dualismus: Das Geschöpf, das niemals ›Gott‹ sein wird, hat in der Weise der Teilhabe mit seinem Schöpfer-Gott eine gewisse Ähnlichkeit, eine letzte Gemeinschaft.

»Der ewige Vater hat die ganze Welt nach dem völlig freien, verborgenen Ratschluss seiner Weisheit und Güte erschaffen. Er hat auch beschlossen, die Menschen zur Teilhabe an dem göttlichen Leben zu erheben« (LG 2).

Biblische Bilder der Teilhabe

Das unterscheidend Christliche an dem Teilhabebegriff ist, dass die Teilhabe des Menschen an Gott mit der Person Jesu Christi verbunden ist. Jesus Christus ist die Mitte und der Gegenstand der Erkenntnis der Gläubigen (2 Petr 1,3.8; 2,20; 3,18). Christus verband uns besonders durch die Annahme unserer Menschennatur mit Gott (vgl. 1 Tim 2,5). Er kürzte uns durch die Anteilnahme an unserer Menschheit den Weg ab, der Gottheit teilhaftig zu werden.[31] Durch die Gottheit ist er dem Vater ewig gleich, durch seine Menschheit wurde er uns ähnlich.[32] Indem er an unserer Menschheit teilnahm, machte er uns fähig zur Teilnahme an der Gottheit. Der heilbringende Tausch zwischen Gott und Mensch geschieht vollends in der Inkarnation. Aus ihr lebt letztlich jede Teilhabe. Die Teilhabe des Menschen an Gott lässt sich vom Glauben an die Menschwerdung Gottes nicht lösen.

Das Heilsmysterium Jesu Christi eröffnet durch den Glauben die Möglichkeit der Teilhabe am Leben Gottes, in dieser Zeit in der Gestalt endzeitlicher Hoffnung. Christus schafft ein neues Sein, eine neue Schöpfung (vgl. Gal 6,15). Durch die Teilhabe an Christus entsteht eine neue Gemeinschaft, eine ›Schicksalsgemeinschaft‹. Diese Schicksalsgemeinschaft mit Christus gibt die Kraft zur Auferstehung und die Gleichgestaltung mit Christus im Tod und Leben (vgl. Phil 1,5–6; 3,10).

Die Einleitung zum ersten Johannesbrief beschreibt sehr eindrucksvoll die Wirklichkeit der durch Teilhabe geschenkten *koinonia*: Der Verfasser bezeugt, was er ›gehört und gesehen‹, ja ›betastet‹ hat. Dieses Zeugnis geschieht, damit Absender und Empfänger untereinander ›Gemeinschaft‹ haben. Diese *koinonia* bedeutet mehr als ein gemeinsames Wissen; mehr als eine mitmenschliche Verbundenheit, ja, mehr als eine Gemeinschaft, die sich durch den gemeinsamen Glauben an das Evangelium von Jesus Christus auszeichnet und sich auf diesen Glauben gründet. Der erste Johannesbrief geht weit darüber hinaus: Die *koinonia* erstreckt sich auf die Gemeinschaft mit dem göttlichen Vater und seinem Sohn. Das will sagen: Es gibt eine Lebensgemeinschaft zwischen Gott und Mensch. Sie besteht nicht nur zwischen dem Vater und seinem einziggeborenen und Mensch gewordenen Sohn. Sie bezieht vielmehr den Menschen überhaupt in das Leben mit Gott ein; so ist sie »Teilhabe am göttlichen Leben« (1 Joh 1,1–4).

Es gibt vielfältige Bilder der Teilhabe in der Bibel, wie das *Bild des Mahls*. Das Bild der Mahlgemeinschaft stellt nicht nur eine Form der Mitmenschlichkeit dar, sondern darüber hinaus wird eine sublime Sehnsucht der Menschheit nach der Teilnahme am Göttlichen zum Ausdruck gebracht. Ein bekanntes Bild für eine Teilhabe des Menschen an Gott zeigt die paulinische Lehre vom *Leib Christi*. Die in seinem Leibe zusammengefasste Gemeinschaft der Gläubigen realisiert die neue Lebensform des bei Paulus ganz vertrauten »in Christus«: »Ist der Kelch des Segens, über den wir den Segen sprechen, nicht Teilhabe am Blut Christi? Ist das Brot, das wir brechen, nicht Teilhabe am Leib Christi? Ein Brot ist es. Darum sind wir viele ein Leib; denn wir alle haben teil an dem einen Brot« (1 Kor 10,16–17).

Kaum ein Abschnitt im Neuen Testament dürfte so geeignet sein, eine Theologie der Teilhabe zu demonstrieren, wie das 15. Kapitel des Johannesevangeliums mit dem *Bild vom wahren Weinstock*. Über das paulinische Bild vom Leib und seinen Gliedern hinaus wird sogar die Rolle des himmlischen Vaters mitbedacht: »Mein Vater ist der Winzer.« Wer mit Christus so verbunden ist wie der Weinstock mit seinen Reben, wird von dessen unvergänglicher Lebenskraft so durchströmt, dass er als Mensch durch Teilhabe das ewige Leben in der Gottesgemeinschaft gewinnt. Er wird fähig, darin zu wachsen und Frucht zu bringen.

Die biblische Lehre von der Anteilnahme an der Gottheit und am Leibe des Herrn findet ihren Niederschlag auch in der Liturgie, so dass die lehrende und betende Kirche übereinstimmen: Bei der Gabenbereitung der Eucharistiefeier betet die Kirche. »Wie das Wasser sich mit dem Wein verbindet zum heiligen Zeichen, so lasse uns dieser Kelch teilhaben an der Gottheit Christi, der unsere Menschennatur angenommen hat.« In der Präfation von Christi Himmelfahrt heißt es: »vor ihren Augen wurde er zum Himmel erhoben, damit er uns Anteil gebe an seinem göttlichen Leben.« Im Grunde ist die ganze Liturgie, besonders die Feier der Eucharistie, von dem Teilhabegedanken geprägt und getragen.

»Ein wunderbarer Tausch«

Im zweiten Korintherbrief heißt es: »Denn ihr wisst, was Jesus Christus, unser Herr, in seiner Liebe getan hat: Er, der reich war, wurde euretwegen arm, um euch durch seine Armut reich zu machen« (2 Kor 8,9; vgl. auch den bekannten Christushymnus des Philipperbriefes 2, 5–11, die Parallele Adam-Christus im Römerbrief 5,12–21 und den Hymnus im Epheserbrief 1,7–14). An Christus geschieht etwas ›Herabsetzendes‹, er wird arm! Dafür widerfährt der Menschheit ein Gegenteiliges, sie wird reich. Christus lässt sich in die Armut unserer vergänglichen Welt solidarisch mit uns herab und will reich machen und erheben durch das Geschenk seiner Selbst. Bis in die tiefste Verlorenheit hinein bietet Gott im heilsamen Tausch die Teilhabe seiner selbst. So geschieht eine Anteilgabe und Anteilnahme in der Form des *mirabile commercium*, des wundersamen Tausches, in dem »Gott Mensch wurde, damit der Mensch Gott werde«.

In Jesus Christus ist die einzigartige Einigung von Gott und Mensch. Er ist als Abbild des Vaters Urbild der ganzen Schöpfung. Alle Menschen sind auf ihn hin entworfen und sollen in ihm ihre Vollendung finden. Er ist selbst die »Offenheit«, sowohl bezogen auf den Vater, da die Bereitschaft, für Gott da zu sein, sein ganzes Leben durchzieht und bestimmt (vgl. Joh 4,32; Hebr 10,9), als auch auf die Menschen hin, die »Glieder« seines Leibes (1 Kor 6,15).

Innerhalb des Geschehnisses von Abstieg und Erhöhung Christi verwirklicht sich der ›wunderbare Tausch‹ und damit die Anteilgabe Gottes und die Anteilnahme des Menschen. Dabei steht dem Menschen die empfangende Grundhaltung an: Der Mensch kann als Geschöpf nur empfangen, denn seine Teilnahme an Gott ist als Teilhabe ein freies Gnadengeschenk; und doch soll er in seiner Offenheit auch selbst aktiv sein. Erst das Hinabsteigen des ewigen Gottessohnes, der so – wie zuvor schon Prinzip der Schöpfung – auch Prinzip der Erlösung ist, ermöglicht dem Geschöpf den Aufstieg. Nur durch sein Eingehen in die Schöpfung, durch seine Bereitschaft zur Erniedrigung, gelingt der heilige Tausch. Die Vollendung der Menschen ist das Ziel der Teil-Gabe.[33] »Denn einen wunderbaren Tausch hast du vollzogen: dein göttliches Wort wurde ein sterblicher Mensch, und wir sterbliche Menschen empfangen in Christus dein göttliches Leben« (Missale Romanum, Präfation von Weihnachten III).

Bei diesem Tausch geht es darum, dass die menschliche Natur durch die enge Verbindung mit dem Göttlichen selbst ›vergöttlicht‹ werde (Origenes).[34] Vereinigung, Verbindung, Freundschaft: mit diesen Begriffen sucht *Origenes* das Geheimnis der Gottverbundenheit zu umkreisen, das wir Teilnahme nennen. Bild für die menschliche Teilhabe an Gott ist nach *Origenes* die

Verklärung Jesu. In Jesu Verklärung geschieht zuerst eine »vergöttlichende Verwandlung des Menschen« und des Menschlichen überhaupt.

Die ›Vergöttlichung‹ des Menschen

Der Mensch ist ein Werdender, als Geschöpf ist er unterwegs zur Vollkommenheit seines Schöpfers. Dem endlichen Erdenwesen ist ein unendliches Ziel gesetzt. Sein Anteil ist Gott selbst (vgl. Ps 16,5f). Die vollkommene Gleichförmigkeit des vollendeten Menschen mit der göttlichen Natur ist die höchste Form der Teilhabe am Leben Gottes.

Teilhabe des Menschen an Gott bedeutet sowohl, dass Gott sich ›vermenschlichend‹ herabgelassen hat, als auch, dass er den Menschen ›vergöttlichend‹ zu sich emporzog. Die Vorgänge jedoch, die zum ›Vermenschlichen‹ und ›Vergöttlichen‹ führen, müssen so verstanden werden, dass einerseits Gott in seiner Selbstmitteilung keine Minderung seiner Göttlichkeit erfährt, andererseits aber auch der Mensch durch das Geschenk seiner Teilhabe an Gott sein eigentliches Menschsein nicht aufgibt.

Das Endziel der Menschen ist das vollkommene Glück. Es besteht in der größtmöglichen Verähnlichung mit Gott (*homoiosis*).[35] Die Zuwendung des Menschen zu Gott entspricht der vorausgegangenen Zuwendung der göttlichen Glückseligkeit an den Menschen. Zum anderen benennt sie, von Gott her gesehen, eine Unterscheidung, in der Gott ›Gott‹ bleibt und der Mensch ›Mensch‹. Beide zusammen zeigen erst die Möglichkeiten für eine rechte Teilhaftigkeit an; sie beschenkt den Menschen tatsächlich mit göttlichem Leben, und doch soll sich der Mensch nicht in seinen schöpferischen Ursprung hinein auflösen. Die höchste menschliche Entfaltung und Vollendung als *Bild und Gleichnis des dreifaltigen Gottes* ist zugleich die Vollendung seiner endlichen Freiheit in der unmittelbaren *communicatio* mit dem göttlichen Wesen selbst.[36]

Die Teilhabe des Menschen an Gott ist nicht ein statischer Besitz. Es gibt die Möglichkeit einer Entwicklung und Entfaltung. Selbstverständlich liegt die Initiative bei Gott. Aber wegen der Freiheit des Menschen können wir sagen: In der Heiligung seines Lebens hat der Mensch alles Gottes Teil-gabe zu verdanken und doch bestimmt er das Maß seiner Teil-nahme selbst. Teilhabe will immer auch gelebt werden. Nicht nur ›Einheit‹ und ›Teilhabe‹ gehören also zusammen, sondern zugleich besteht eine Korrespondenz zwischen dem Verhalten des Menschen zu Gott und dem zwischen Menschen und Menschen.

Teilhabe an Gott und Kirche als communio

Der Teilhabegedanke ermöglicht, Gott als dreifaltige *communio* zu verstehen. Der eine Gott ist *communio*. Der eine Gott lebt im Vollzug der Gemeinschaft von Vater, Sohn und Geist. Die Teilhabe im und am Leben Gottes ist der Kern der Trinitätstheologie wie der Communio-Ekklesiologie (Walter Kasper).[37] Die Menschen sollen auf endliche Weise die *communio* des trinitarischen Gottes abbilden und die Befähigung erlangen, einmal für immer an dem Leben Gottes teilzunehmen. Durch die Teilhabe am Leben Gottes entsteht im Prozess der geschichtlichen Verwirklichung die vertikale *communio* mit Gott und die horizontale *communio* untereinander. Wir können diese zwei Dimensionen der *communio* zwar unterscheiden, doch gehören sie auf das Engste zusammen: Die Gemeinschaft mit Gott ist der Urgrund der innergeschöpflichen Beziehungen, und die *communio* untereinander ist die konkrete Weise, wie der Mensch seine *communio* mit Gott lebt, aber der »Weg zur Kommunion der Menschen untereinander führt über die Kommunion mit Gott« (Joseph Ratzinger).[38]

Die durch die Teilhabe am Leben Gottes gestiftete *communio* mit Gott und untereinander ist das Herzstück und Ziel der Selbstoffenbarung Gottes.

Die Teilhabe am Leben Gottes ist nicht nur der Urgrund der Kirche, sondern dadurch findet und vollendet sie ihre Gestalt. Die Kirche kann Abbild der Dreifaltigkeit Gottes sein, insofern der dreifaltige Gott Teilhabe an sich gewährt und in der Kirche präsent ist. So ist Gott in der Kirche und die Kirche ist in Gott. Die Gegenwart des dreifaltigen Gottes bezieht sich besonders auf die Grundvollzüge der Kirche: Liturgie, Diakonie und Verkündigung.

Eucharistie ist das Geschenk der gemeinsamen Teilhabe an Jesus Christus.[39] Die Eucharistie wird *koinonia* genannt und ist auch wahrhaft *koinonia*. Denn durch sie haben wir Gemeinschaft mit Christus und Anteil an seinem Leib wie auch an seiner Gottheit; und gleichzeitig haben wir Gemeinschaft untereinander und sind miteinander vereint. Denn »weil wir von einem Leib essen, werden wir ein Leib und ein Blut Christi und Glieder untereinander; man kann sagen, dass wir Christus einverleibt werden« (Johannes von Damaskus).[40]

Aus der Teilhabe am eucharistischen Christus bleibt die *communio* der Kirche lebendig: »Werdet das, was ihr seht, und empfangt das, was ihr seid: Leib Christi« (Augustinus).[41] Die Kirche entsteht durch die gemeinsame Teilhabe an Gott und dadurch stehen die Glieder untereinander in Gemeinschaft.

Perspektiven für den priesterlichen Dienst

In der Mitte des christlichen Glaubens stehen nicht Ethik oder Moral, sondern der bedingungslos liebende Gott, der den Menschen seine Freundschaft schenkt und sie befähigt, in einer lebendigen Liebesbeziehung mit ihm zu bleiben, damit die Menschen teilhaben an seiner Glückseligkeit. Dadurch entsteht eine Freundschaftsbeziehung zwischen Gott und den Menschen. Die entscheidende Mitte der christlichen Existenz ist die geschenkte, empfangene und gelebte Beziehung zum dreifaltigen Gott. Der aus dieser Mitte Kraft schöpfende priesterliche Dienst kann Glaube und Leben authentisch miteinander verbinden und so glaubwürdig und überzeugend sein.

Der Teilhabegedanke ermöglicht es, das christliche Leben als Lobpreis, als Doxologie zu verstehen. Priesterlicher Dienst, der den Glauben tiefer erschließt, kann jetzt schon an der noch ausstehenden eschatologischen Glückseligkeit teilhaben: Durch unseren priesterlichen Dienst verkünden wir die Botschaft von Gott als Freudenbotschaft, und die Weitergabe dieser Botschaft in Wort und Tat schenkt tiefen Frieden und innere Freude. Solche priesterliche Verkündigung, die den Glauben tiefer verstehen lehrt, soll nicht Glaubensverdruss, sondern Glaubensfreude wecken. Sie bringt gegen Sinn-, Humor- und Hoffnungslosigkeit Licht und damit Freude ins Leben der christlichen Gemeinschaft.

Gottesbegegnung und Gottesgemeinschaft sind der Ort eines sinnvollen priesterlichen Dienstes. Priesterlicher Dienst, der aus der gelebten Gemeinschaft mit Gott seine Kraft schöpft, wird immer lebendig und aktuell bleiben. Solcher Dienst wird Menschen zu Gott führen. So kann der Priester Lehrmeister des Glaubens, des Hoffens und der Liebe sein und so geistlich und geistig Horizonte öffnen. Die Glaubensgewissheit, dass der Mensch in seiner Berufung zur Teilhabe am Leben des dreifaltigen Gottes seine letzte Bestimmung erfährt, kann eine neue Lebendigkeit im christlichen Leben wach werden lassen und eine spirituelle Perspektive für das Leben eröffnen.

III
UNSERE TEILHABE
AM PRIESTERTUM CHRISTI

Jesus Christus ist der Inbegriff des Priesters. Durch Teilhabe an seinem Priestertum haben alle anderen ihr Priestertum. Wenn Priestersein die geschenkte Teilhabe im Priestertum ist, dann ist es von unabdingbarer Bedeutung, dass wir erkennen, wie das Priestertum Christi in seinem gottmenschlichen Personengeheimnis begründet ist und sein Priestertum als bündelnder Ausdruck seiner heilsgeschichtlichen Ämter und Funktionen verstanden werden kann.

In Jesus Christus finden wir den Entwurf und die Erfüllung von alldem, was Priestertum ausmacht. Es gehört zur gemeinsamen theologischen Überzeugung heute, dass das Neue Testament die Bezeichnung *hiereus (lateinisch: sacerdos)* und die davon abgeleiteten Begriffe nur für *Jesus Christus* und für die *Gesamtheit aller Getauften* verwendet. Nicht nur das: Es gibt nur einen einzigen Priester im eigentlichen Sinn: Jesus Christus.

Die Grundlage des Priestertums in der Kirche

Durch das Taufsakrament wird allen Christgläubigen die Teilgabe am Priestertum Christi verliehen. Davon zu unterscheiden ist die Teilnahme am Priestertum Christi durch den Empfang des Sakramentes der Priesterweihe. Diese Unterscheidung in der Teilhabe am Priestertum Christi ist eine ›dem Wesen nach‹ und nicht bloß ›dem Grade nach‹, wie das Zweite Vatikanische Konzil eindeutig beschrieben hat (LG 10), um den qualitativen Unterschied zwischen beiden Weisen der Teilhabe am Priestertum Christi zu bezeichnen. Denn die Teilnahme am Priestertum Christi durch das Weihesakrament ist *keine quantitative Steigerung* der Teilnahme aller Christen am Priestertum Christi, sondern *eine andere Art der Teilhabe.* Die im Weihesakrament empfangene Teilhabe am Priestertum Christi macht dessen Empfänger, die Priester, in keinerlei Weise zu besseren oder höheren Christen. An dieser theologischen Überzeugung festzuhalten, ist von unabdingbarer Bedeutung, um das Miteinander und Füreinander der Christgläubigen und ihren amtlich bestellten Priestern für den Heilsdienst der Kirche in ihrer gegenseitigen Verwiesenheit zu bestimmen und gleichzeitig an der gleichen Würde aller Christen festzuhalten.

Die Kirche als Gemeinschaft der Gläubigen, als das Volk, das Gott zu eigen ist, ist ein königliches Priestertum. Aus dieser Gemeinschaft wiederum sind einige zum Priestertum des Dienstes in der Kirche bestellt und geweiht. Die Frage nach dem Bleibenden und Wesentlichen am Priestertum muss diese unterschiedlichen Bezeichnungen des Priestertums theologisch in Beziehung setzen und im Priestertum Christi ihre Quelle finden.

Das Verbindende und Gemeinsame aller Getauften ist das Priestertum Jesu Christi als des einzigen Priesters. An diesem Priestertum nehmen alle Gläubigen teil (vgl. LG 10; 34; PO 2; KKK 1141). Wenn alles Priestertum in der Kirche Teilhabe am Priestertum Jesu Christi ist, müssen wir uns im Glauben und in der Theologie um ein vertieftes Verständnis des Priestertums Christi bemühen. Denn »aus seiner Fülle haben wir alle empfangen« (Joh 1,16).

Die Ämter Christi können zwar differenziert, aber nicht voneinander getrennt werden, denn die Ämter des Erlösers und Mittlers des Heiles sind in der Wirklichkeit dieselben, wenngleich die Begriffe verschieden sind. Es geht im Grunde genommen um das Geheimnis des menschgewordenen Sohnes Gottes. Das Priestertum Christi integriert alle seine Funktionen als Vermittler zwischen Gott und den Menschen, Himmel und Erde. Jesus Christus ist in seiner Person die Einheit von Gottheit und Menschheit, deshalb kann er das göttliche Heil den Menschen vermitteln. Wenn der Priester Christus repräsentiert, dann kommt in dieser Repräsentation all das zusammen, was Jesus Christus ist. Deshalb ist es von großer Bedeutung, sich stets eine ganzheitliche Sicht des priesterlichen Heilsdienstes vor Augen zu halten. Weil in Jesus Christus alle Funktionen in Einheit zu sehen sind, können wir nicht die Frage stellen, ob Verkündigung, sakramentaler Dienst oder Hirtendienst die erste Aufgabe ist, sondern der Heilsdienst des Priesters integriert alles in seinem priesterlichen Dienst. Der priesterliche, sakramentale Heilsdienst beinhaltet gleichzeitig Verkündigung und Hirtendienst.

Nur aus dieser Mitte, die das Gottesvolk und seinen Hohepriester Jesus Christus innerlich verbindet, kann das Füreinander und Miteinander aller Gläubigen und ihrer Priester als Sakrament des Heils in der heutigen Welt erscheinen. So wird die Kirche als Zeichen und Werkzeug des Heiles heute wieder an Attraktivität und Ausstrahlung gewinnen, damit ihr Zeugnis für Gott in der Welt glaubwürdig bleibt. Heute können wir die wahre Identität des Priestertums nicht in Abgrenzung, sondern nur in Beziehung zu Jesus Christus und im Miteinander aller Gläubigen im Hinblick auf das gemeinsame Ziel der christlichen Existenz gewinnen. Das ›Priesterliche‹ sowohl am königlichen Priestertum der Gläubigen als auch am Priestertum des Dienstes sollte mehr in den Mittelpunkt der aktuellen Diskussion rücken.

Dazu bedarf es zunächst einer intensiven theologischen und spirituellen Neubesinnung auf das Priestertum Christi, das viel mehr umfasst als das, was gewöhnlich als Priesteramt Christi bezeichnet wird. Denn nur aus der Fülle und Tiefe des Personengeheimnisses Christi kann das Verhältnis von gemeinsamem Priestertum und geweihtem Amt richtig in den Blick kommen. Auf diese Weise können viele auseinanderstrebende Tendenzen überwunden werden, um eine *spirituelle Stärkung sowohl des gemeinsamen königlichen Priestertums aller Gläubigen als auch des Dienstamtes des Priesters* zu erreichen. Die theologische Klärung der Gemeinsamkeiten, aber auch der Wesensunterschiede von gemeinsamem und besonderem priesterlichen Dienst in ihrer Zuordnung und gegenseitigen Verwiesenheit ist von drängender Bedeutung, nicht nur für das Miteinander der Mitarbeiter Gottes innerhalb der Glaubensgemeinschaft, sondern auch für das Erscheinungsbild und die Außendarstellung unserer Kirche.

Es gibt selbstverständlich keine Vorherrschaft des Dienstpriestertums zulasten des gemeinsamen Priestertums, weil beide in je spezifischer Weise am Priestertum Christi teilnehmen. »Der Unterschied, den der Herr zwischen den geweihten Amtsträgern und dem übrigen Gottesvolk gesetzt hat, schließt eine Verbundenheit ein.« Unter allen Gläubigen waltet doch »eine wahre Gleichheit in der allen Gläubigen gemeinsamen Würde und Tätigkeit zum Aufbau des Leibes Christi« (LG 32). Wir sollten daher keine künstlichen Gegensätze zwischen Amt und Charismen, zwischen Priestern und Laien aufbauen. Um den gemeinsamen Ursprung im Priestertum Christi zu erkennen, wollen wir seine zentrale Bedeutung im Zeugnis der Heiligen Schrift in den Blick nehmen.

Das Priestertum Christi im Zeugnis der Evangelien und des Paulus

Im Herzen der biblischen Heilsordnung steht das Priestertum, das Gott zunächst prophetisch in Israel aufgerichtet hat, um es erneuert in seiner Fülle und Tiefe in Jesus Christus zu vollenden.[42] Das Opfer und die Mittlerschaft des Alten Testaments waren tatsächlich Hinführungen zu dem einzigartigen Opfer, der einzigartigen Mittlerschaft Christi (vgl. die Zusammenschau von Lev 16 und Hebr 8,1–10). Allerdings erfährt das Priestertum in Jesus Christus eine Vertiefung, Erneuerung und Vollendung. Die ganze Ordnung des Opfers und des Priestertums in der Heilsgeschichte läuft auf Jesus Christus hin, gewinnt in ihm neu Bestand und strömt von ihm aus.

In Jesus Christus ist die Wahrheit, die alleinige Wahrheit des Opfers, des Altars, des Priestertums und des Tempels verwirklicht (vgl. Hebr 10,5).[43] Christus ist Priester und Opfer durch den Schwur und das Wollen Gottes, aber auch Kraft seines Wesens als Gott und Mensch in hypostatischer Union, das ihn wesentlich zum Mittler bestimmt, denn er vereinigt in seiner Person beide Partner des Neuen Bundes, Gott und den Menschen.

Es war aber ein langer Glaubensprozess, um die Tiefe des Priestertums Christi zu begreifen. Das Priestertum Christi war für das Neue Testament insofern neu, als Jesus nach dem jüdischen Gesetz nicht Priester sein konnte, weil er zu keiner priesterlichen Familie gehörte. Nach dem mosaischen Gesetz war der Dienst am Kult streng einem von Gott auserwählten Stamm vorbehalten und man konnte nur in erblicher Nachfolge Priester werden.[44] Deshalb ist selbstverständlich, warum Jesus niemals Anspruch auf eine Funktion im jüdischen Priestertum erhob. Sein Dienst wies in eine andere Richtung als das alte Priestertum.

Der priesterliche Dienst des Alten Testaments war wesentlich auf ein System ritueller Aussonderung gegründet (vgl. Lev 21; Ex 25,1–31,17). Der Priester musste den profanen Raum verlassen und ins Heiligtum eintreten. Weil er trotz seiner Weihe ein irdischer Mensch blieb, war es ihm nicht möglich, gänzlich in die göttliche Welt einzugehen. Er musste deshalb ein fehlerloses Tier als Opfer darbringen, das umgewandelt als Rauch zum Himmel aufstieg (vgl. Gen 8,20–21; Lev 1,9.17; 16,13f).

Jesu Handeln war niemals rituelles Handeln dieser Art. Sein Tun setzte eher die Tätigkeit der Propheten fort. Er ging gegen eine äußerliche rituelle Auffassung der Religion vor (vgl. Mt 9,10–13; 15,1–20). Jesus lehnte es ab, die Heiligung nach der herkömmlichen Weise zu verstehen. Er setzte seinen Widersachern das durch den Propheten Hosea verkündete Wort Gottes entgegen: »Barmherzigkeit will ich, und nicht Opfer« (Mt 9,13; 12,7; vgl. Hos 6,6). So ergreift er Partei gegen das System des Rituals der Aussonderung und orientiert sich nach der entgegengesetzten Seite, die Gott ehren will durch Ausübung der Barmherzigkeit. Das Trachten nach ritueller Reinheit wird abgeschafft, um einer Dynamik der Versöhnung und der Gemeinschaft Raum zu geben.

Auch der Tod Jesu war kein Opfer im alten rituellen Sinn des Wortes. Die Opferriten bestanden aus einem feierlichen Akt am heiligen Ort; der Tod Jesu dagegen war der Tod eines Verurteilten (vgl. Dtn 21,23; Gal 3,13), obwohl das Ereignis von innen her eine ganz andere Bedeutung hatte: Jesus ging so weit, »sein Leben herzugeben als Lösegeld für viele« (Mk 10,45). Er starb »für unsere Sünden« (1 Kor 15,3; Röm 5,6–8).

Diese Tat der ›Barmherzigkeit‹ entsprach dem Verlangen Gottes, der »Barmherzigkeit und nicht Opfer« wollte (Mt 9,13). All diese Unterschiede machen begreiflich, warum in der ersten Zeit der Kirche niemand daran dachte, Christus Priester oder Hoherpriester zu nennen. Denn offensichtlich entsprachen weder die Person Jesu noch sein Handeln noch sein Tod dem Bild, das man sich damals vom Priestertum machte.

Aber im Laufe der Zeit stand die Christenheit vor einem Dilemma: Wenn Jesus Christus wirklich die Erfüllung und Vollendung des im Alten Testament Angekündigten ist, dann musste das Geheimnis Jesu Christi auch in seiner priesterlichen Dimension dargestellt werden, denn diese nimmt im Alten Testament einen breiten Raum ein. Deshalb unterzieht der Verfasser des Hebräerbriefes den alten Kult im Lichte seines Glaubens einer strengen Analyse, die zur Unterscheidung zwischen dem grundlegenden Entwurf des Priestertums und seiner konkreten Verwirklichung führte.[45] Der alttestamentliche Entwurf hatte zweifellos seine Gültigkeit, aber die Verwirklichung erwies sich wegen der menschlichen Unzulänglichkeit als mangelhaft.

Im Neuen Testament gibt es kein anderes Priestertum, als das von Jesus Christus ausgeübte, das alle früheren Priestertümer in religionsgeschichtlichem Sinne in sich erfüllt, indem es sie übersteigt. Vom Priestertum Christi ist im Neuen Testament dort die Rede, wo in einer mehr oder weniger typologischen Sicht von seinem Opfer als seiner Selbsthingabe die Rede ist.[46] In der Person Jesu Christi ist sein Priestertum mit seiner Opferhingabe unabdingbar verbunden. Dahin gehören die Wendung im ersten Korintherbrief: »Als unser Paschalamm ist Christus geopfert worden« (1 Kor 5,7), die Erwähnungen des Blutes Christi (Mk 14,24; Röm 3,25; Eph 1,7), die Ausdrücke, in denen das »für uns« wiederkehrt (Röm 5,8; 2 Kor 5,21; 1 Joh 3,16), der Hinweis im Johannesevangelium: »Seht das Lamm Gottes, das die Sünde der Welt hinwegnimmt« (Joh 1,29).

Die Typologie des Osterlammes kehrt in der Apokalypse wieder: »Du wurdest geschlachtet und hast mit deinem Blut Menschen für Gott erworben aus allen Stämmen und Sprachen, aus allen Nationen und Völkern und du hast sie für unseren Gott zu Königen und Priestern gemacht« (Offb 5,9–10). Der erste Johannesbrief stellt Jesus, den Gerechten, als die Sühne für die Sünden dar, nicht nur für unsere Sünden, sondern auch für die ganze Welt (1 Joh 2,2).

Das Opfer Christi besteht in seiner Selbstdarbringung: Jesus Christus hat sich dahingegeben für unsere Sünden (vgl. Gal 1,4; 2,20). Diese Selbstdarbringung wird besonders verdeutlicht im Bild des guten Hirten, das an das Bild vom Gottesknecht anknüpft (Joh 10,11; Joh 17,19). Die Liebe Christi, der sich für seine

Kirche hingibt, drückt sich deutlich in seinem Opfer aus: »Liebt einander, weil auch Christus uns geliebt und sich für uns hingegeben hat als Gabe und als Opfer, das Gott gefällt« (Eph 5,2). In dieser Verbindung zwischen Opfer und seiner Sendung wird das Geheimnis des Priestertums Christi offenbar. Die Worte, durch die Jesus im Evangelium seine Sendung als der ›leidende Gottesknecht‹, auf dem der Geist ruht, beschreibt, bestätigt diese Gewissheit durch ihre zuinnerst priesterliche Bedeutung.

Jesus hat seinen einen Auftrag von der Prophezeiung des Gottesknechtes her verstanden (Jes 52,13 – 53,12). Von hier aus ist er der darbringende Priester und das dargebrachte Opfer, das die sündige Menschheit mit Gott versöhnt. Beim letzten Abendmahl bezeichnet sich Jesus ausdrücklich als den Knecht, der einen Neuen Bund und darin ein neues Gottesvolk stiftet: »Das ist mein Blut, das Blut des Bundes, das für viele vergossen wird« (Mk 14,24). Der Opferakt, als Inbegriff der Liebe, schließt so das Leben in sich; er drückt die vollkommene Gabe seiner selbst an den Vater aus, zugunsten aller, damit sein Vater die gesamte Menschheit an seinem Geist der Liebe teilnehmen lasse. So wird das ganze Menschenleben zur kultischen Darbringung an Gott.

Das Johannesevangelium stellt Jesus als den Hohepriester dar (vgl. Joh 17): die Gliederung des hohepriesterlichen Gebetes scheint in der Tat derjenigen des Gebetes am Großen Versöhnungstag (Jom Kippur) zu entsprechen, an welchem der Hohepriester, den Namen Gottes aussprechend, zuerst für sich selbst, dann für die Priester und schließlich für das ganze Volk betet.

Die Bedeutung des Priestertums Christi wird noch deutlicher, wenn er mit Vorliebe Psalm 110 auf sich anwendet, worin der Messias zugleich als König und als Priester nach der Ordnung des Melchisedek auftritt. Da die ganze Verkündigung Jesu in der Ankündigung seines Todes und seiner Auferstehung gipfelt, die vorgebildet werden in seinen königlichen Machttaten (Wunder, Dämonenaustreibung, Heilungen), können wir annehmen, dass sein ganzer eschatologischer Dienst, in der Gegenwart des Heiligen Geistes gewirkt, priesterlich ist. Ist er doch derjenige, den der Vater geweiht und in die Welt gesandt hat und der von ihm den Auftrag erhalten hat, sein Leben dahinzugeben (Joh 10,17–18).

Aus der bisherigen Überlegung wird der innere Zusammenhang zwischen der Sendung Jesu und seiner Opferhingabe deutlich, wie auch die Gegenseitigkeit seiner Beziehungen. Das Opfer gibt seiner Sendung die Weihe, indem sie sie als diejenige des Gottesknechtes bestimmt, während die Aufgabe, die Frohbotschaft zu verkünden und die Zeichen des Reiches zu vollbringen, sich im Opfer vollendet, in der Versöhnung aller Menschen durch sein Blut und in ihrer wiedergewonnenen Einheit mit Gott und untereinander durch seine Hingabe am Kreuz (Eph 2,11–22).

Die vielfältigen Dimensionen des eschatologischen Heilsdienstes Jesu Christi vereinen sich im Bild des *Guten Hirten*. Dadurch offenbart sich in der Person Jesu Christi, wie tief und endgültig Gott selbst sich als der Hirte seines Volkes erweist (Ez 34,1–24). Alles in seiner Sendung ist bedingt durch eine fürsorgende Liebe, die in die Intimität einer lebendigen Kommunion einführt (Joh 10,14–16). Die Lebenshingabe des Guten Hirten bildet den Höhepunkt seines *prophetischen* Werkes: es ist das letzte, für die Wahrheit abgelegte Zeugnis, das die ganze vorausgegangene Verkündigung zusammenfasst und verbürgt. So wird in seinem Priestertum sein Prophetenamt integriert. Auch stellt seine Selbsthingabe seine *königliche Freiheit* dar, die die Macht hat, Leben zu geben und wieder an sich zu nehmen (Joh 10,17–18): vor Pilatus bezeugt er sich selbst als König und Zeuge der Wahrheit (Joh 18,36–37). In seiner Selbsthingabe verwirklicht Jesus als der Gute Hirt schließlich den Kult »im Geist und in der Wahrheit« (Joh 4,25): Sein Lebensopfer ist der vollkommene und freie Gehorsam gegenüber dem Willen des Vaters (Joh 10,18).

Das *Priestertum Christi* ist durchweg in seiner Sendung als der geliebte Sohn des Vaters begründet. Ausdrücklich wird das Heilswerk Christi als ›Priestertum‹ im Hebräerbrief des Neuen Testamentes meditiert.

Das Priestertum Christi im Zeugnis des Hebräerbriefs

Der Hebräerbrief will in einer kritischen Glaubenssituation der frühen Kirche seine Adressaten ermahnen und ermutigen, am überlieferten Glaubensbekenntnis festzuhalten (Hebr 2,1–4; 5,11 – 6,20). Er tut dies, indem er die Bedeutung und bleibende Tragweite des stellvertretenden Sühnetodes Christi und seiner Selbsthingabe herausstellt. Die Einheit von Christologie und Soteriologie ist für das Verständnis des Hebräerbriefes grundlegend; denn eben dadurch, dass es der Sohn Gottes selbst ist, der als der menschgewordene Jesus wirklich den Tod erleidet, schafft dieser auch ein für alle Mal eine endgültige, ewige Versöhnung und Erlösung, welches das gesamte alttestamentliche Opfer- und Priestertum, und damit auch das Opferwesen der Religionsgeschichte überhaupt ›aufhebt‹, das heißt ablöst und erlöst.

Für unsere heutige Diskussion bleibt es bemerkenswert: Der Hebräerbrief behandelt die frühchristliche Krisensituation äußerster Glaubensgefährdung nicht an Symptomen, sondern geht auf die Glaubensgrundlage selbst zurück, um von dieser Basis aus die Krise zu bewältigen. Seine Hauptthemen sind deshalb die christliche Erlösung und der Glaube. Wenn wir heute – wie der Hebräerbrief – von der Mitte des Glaubens, nämlich von Christus, Kirche und Eucharistie, ausgehen, werden wir auch den Sinn des priesterlichen Heilsdienstes neu verstehen lernen.

Dem Hebräerbrief dient als Schriftgrundlage vor allem Psalm 110, der in der Ausprägung der nachösterlichen Erhöhungs-Christologie neben Psalm 2 von Anfang an eine maßgebliche

Rolle gespielt hatte: Der Herr hat geschworen und nie wird es ihn reuen: »Du bist Priester auf ewig nach der Ordnung Melchisedeks« (Ps 110,4). Diese Aussage macht der Verfasser zum Ausgangspunkt für seine Hohepriester-Christologie. Schon in der Einleitung wird auf diese Thematik hingewiesen, wenn es vom »Sohn« heißt: »Nachdem er die Vergebung der Sünden bewirkt hatte, setzt er sich zur Rechten der erhabenen Majestät« (Hebr 1,3). Wenn im Folgenden jedoch der Ausdruck ›Hohepriester‹ aufgenommen wird anstelle des einfachen Priesters, dann deshalb, weil der Verfasser des Briefes ausdrücklich auf das Jom-Kippur-Ritual von Levitikus 16 zurückgreift, in welchem der Hohepriester die zentrale Rolle spielt. Er will damit die Erfüllung des Priestertums in Christus deutlich zum Ausdruck bringen: Mit dem Sühne-Tod Jesu am Kreuz ist das alttestamentliche Sühneritual aufgehoben. Das eschatologische Hohepriestertum Jesu bedeutet dann grundsätzlich das Ende allen kultischen Priestertums, was genauso ernst gemeint ist wie die Aussage im Römerbrief: »Christus ist das Ende des Gesetzes zur Gerechtigkeit für jeden, der da glaubt« (10,4). Der eigentlich christliche Jom Kippur, seine eschatologische Vollendung, besteht gerade in der von Christus vollbrachten Erlösung.

Das Hohepriestertum Christi setzt nicht nur die Menschwerdung des Sohnes von Ewigkeit her voraus, sondern auch das irdische Dasein Jesu. Denn dieses ist für sein Priestertum geradezu unerlässlich. Die Christen haben den einen Hohenpriester, der den Himmel durchschritten hat, Jesus, den Sohn Gottes (Hebr 4,14). Dieser kann mit unseren Schwachheiten mitfühlen, weil er in jeder Hinsicht wie alle Menschen versucht und in allem uns gleich geworden ist, die Sünde ausgenommen. Damit erfüllt er eine der wichtigsten Voraussetzungen des hohepriesterlichen Dienstes. Christus braucht deshalb auch kein Opfer für die eigenen Sünden darzubringen (Hebr 5,3). Er erfüllte in seiner eigenen Person die für das Opfer notwendige kultische Integrität.

An erster Stelle erscheint als die Aufgabe des hohepriesterlichen Dienstes das Darbringen von Opfern und Gaben für die Sünden (Hebr 5,1), dagegen ist das Opfer Christi einzigartig in seiner besonderen Qualität und daher auch einmalig, ewig und unwiederholbar. Er hat sich ein für alle Mal dargebracht (Hebr 7,27). Der Sohn Gottes wird kraft seiner Menschwerdung bis in sein Leiden und Sterben hinein mit uns Menschen solidarisch, ausgenommen die Sünde, und verleiht der Solidarität damit eine neue Qualität. Denn auf diese Weise wird Jesus zum Anführer unserer Rettung, der viele Söhne zur Herrlichkeit Gottes führt (Hebr 2,10).

Jesus Christus ist *das Ende von Opferwesen und Priestertum*, weil er selbst sowohl die vollkommene Opfergabe als auch der vollkommene Hohepriester ist. Er ist Opfer und Priester zugleich, der deshalb auch die tiefsten Sinn-Intentionen des gesamten Opferkultes des Alten Testamentes und aller Religionen realisiert und erfüllt. Er bringt gleichsam zur letzten Vollendung, was im Grunde die tiefste Sehnsucht in allen Opfern der Menschheit ausmacht: die Herstellung von Heil als endgültig bleibender Versöhnung mit Gott. Aus diesem Grunde ist Christus der »Mittler eines neuen Bundes« (Hebr 9,15). So erfährt das Opfer eine letzte, radikale Personalisierung.

Der Hebräerbrief versteht die kultische Integrität bei Christus zugleich als eine moralische Integrität. Damit führt der Verfasser die beiden Elemente *Kult und Ethos zu einer inneren Einheit in Christus* zusammen. Das ›Sich-Selbst-Darbringen‹ ist ein Akt der Freiheit Jesu: »Darum spricht Christus bei seinem Eintritt in die Welt: Schlacht- und Speiseopfer hast du nicht gefordert, doch einen Leib hast du mir geschaffen; an Brand- und Zündopfern hast du kein Gefallen. Da sagte ich: Ja, ich komme – so steht es über mich in der Schriftrolle –, um deinen Willen, Gott zu tun« (Hebr 10,5–7). »Aufgrund dieses Willens sind wir durch die Opfergabe des Leibes Jesu Christi ein für alle Mal geheiligt« (10,10). Damit wird klargestellt: Die Selbsthingabe des eigenen Leibes und Lebens ist die *vollkommene Verwirklichung der Intention der Opferkritik der Propheten im Alten Testament,* und es kann keine andere Möglichkeit kultischer Versöhnung mit Gott mehr geben. Es gibt nur noch eine Form des Opfers, das Opfer des Lobes. »Durch ihn [Christus] lasst uns Gott allzeit das Opfer des Lobes darbringen, nämlich die Frucht der Lippen, die seinen Namen preisen« (Hebr 13,15). Bei dieser Aussage können wir nicht anders, als an das eucharistische Dankgebet zu denken.

Nach dem Hebräerbrief hat Christus das vollkommene Opfer in seiner Selbsthingabe an den Willen des Vaters verwirklicht. Deshalb ist er der Mittler des neuen Bundes (Hebr 9,15). Dieses Priestertum, begründet auf der Transzendenz seiner Gottessohnschaft, fasst die Qualitäten des Königs und des Propheten in sich. Das Priestertum des Neuen Bundes enthält somit in der Breite seines Vermittelns die verschiedenen anderen Vermittlungen, vor allem die der Propheten und der Könige des Volkes. Man muss stetig die *Gesamtheit und innere Einheit dieser Mittlerämter* vor Augen haben, wenn man sich ein tiefes Bild vom Priestertum Christi machen will, das die Grundlage für eine integrierte Sicht des priesterlichen Dienstes ist, der durch die Christusrepräsentation in der Kirche verwirklicht wird.

Das Priestertum Christi ist der vollkommenste Heilsdienst. Der Dienst dessen, der das vom Vater gewollte Heilswerk vollbringt, indem er sein Leben als Opfer für die Menschheit hingibt. Das Priestertum des Gottesknechtes, des Guten Hirten, der die Gemeinschaft versammelt und auch erbaut, indem er ihr Gottes Ruf hörbar und erfahrbar macht und ihr die Wahrheit und das Leben schenkt. Diesem Dienst des Sohnes Gottes für das Heil der Welt werkzeuglich zu dienen, ist der Sinn des durch das Sakrament des Weiheamtes übertragenen Priestertums.

Aus unseren bisherigen Überlegungen wird deutlich: Das Priestertum Christi, das in dessen Selbsthingabe sichtbar wird, integriert alle Offenbarungsfunktionen seines Lebens und aller seiner Ämter. Das Gesamtbild des Priestertums Christi zeigt die Wahrheit der Worte: »Du bist Priester auf ewig nach der Ordnung des Melchisedek« (Ps 110,4), denn das Priestertum Christi beinhaltet die Einheit von Opferndem und Opfergabe und damit auch seine Bedeutung als Mittler des Heils Gottes an die Menschen und der Hingabe der Menschen an Gott. Christus ist Priester und Mittler in seiner Menschwerdung, Priester und zugleich Opfer am Kreuz, Erlöser und Priester in den Sakramenten und in den Gnadengaben, Priester in Ewigkeit in der Vollendung des Opfers im Himmel.

Die dramatischen Ereignisse, bei denen das Leben Jesu und damit sein ganzes Werk und die Offenbarung seiner Person auf dem Spiel stand, sind Gegenstand seines Opfers geworden. In Tod und Erhöhung Christi ist die Menschheit verwandelt worden, indem die Welt ein für alle Mal objektiv erlöst worden ist. Er hat die Beziehung zu Gott und die Beziehung zu den Menschen zur Vollendung gebracht und so die untrennbare Verbindung dieser beiden Beziehungen in der Tiefe seiner Person besiegelt. Dadurch wurde er zum vollkommenen Mittler. Im Opfer Christi wird jegliche Trennung zwischen Volk und Priester, Priester und dargebrachtem Opfertier, Opfertier und Gott abgeschafft. Aufgehoben ist der Abstand zwischen der dargebrachten Opfergabe und Gott, denn Jesus ist eine Opfergabe »ohne Makel«, und er hat in vollkommener Weise das umwandelnde Wirken des Geistes Gottes ermöglicht (Hebr 9,14). Im in Jesus Christus begründeten Neuen Bund sind alle Gläubigen »teilhaftig des Heiligen Geistes« (Hebr 6,4), des »Geistes der Gnade« (Hebr 10,22). Alle sind eingeladen Gott näherzukommen.

Aber aus eigener Kraft und mit eigenen Mitteln kann der Mensch nicht zu Gott kommen. Er ist radikal auf die Mittlerschaft Christi angewiesen. Der Zutritt zum Heiligtum ist nur möglich auf dem »neuen und lebendigen Weg« (Hebr 10,20), der nichts anderes ist als seine verherrlichte Menschheit. Christus hat ein unvergängliches Priestertum: »Darum kann er auch die, die durch ihn vor Gott hintreten, für immer retten; denn er lebt allezeit, um für sie einzutreten« (Hebr 7,25). Durch den ewigen Hohepriester geschieht die christliche Gottesverehrung, die sich in einer Gemeinschaft von Gläubigen verwirklicht, die ihren »Vorstehern« gehorchen. Diese Vorsteher vergegenwärtigen die Mittlerschaft Christi als die Mittlerschaft des glaubwürdigen und barmherzigen Hohepriesters (Hebr 2,17; vgl. 13,7.17).

Die neue Gestalt des Priestertums in Christus

In Jesus Christus hat die Bedeutung des Priestertums eine solche Tiefe erfahren, dass es eine völlig neue Gestalt bekam. Christus ist nicht nur das Priesteramt zu eigen, sondern er ist auch der alleinige und einzige Priester im vollen Sinn des Wortes. Denn er allein hat den Menschen den Weg erschlossen, der zu Gott führt und sie untereinander vereint (vgl. LG 1). Mit Jesus Christus ist Gottes ›eschatologischer‹ Bund aufgerichtet (vgl. Hebr 8ff; 10,16). So sind Priestertum und Priesterdienst Jesu Christi unüberholbar und unabdingbar in der Welt. In seinem Priestertum ist sein Propheten- und Hirtenamt schon eingeschlossen. Denn der Hohepriester ist immer auch »der treue Zeuge« (Offb 1,5) und »der gute Hirt«, der sein Leben für seine Schafe lässt (Joh 10,11ff). Er ist Apostel des Vaters. Der Vater hat seinen eingeborenen Sohn als Sühnopfer und als Heiland in die Welt gesandt, damit die Welt durch ihn gerettet werde (Joh 3,17). Das Priestertum ist die vollkommene Aussage und treffende Bezeichnung der Heilsfunktion des absoluten Heilsbringers Jesus Christus.

In seinem Abschieds- oder Hohepriesterlichen Gebet gibt Jesus Rechenschaft über seine Sendung und erklärt sich bereit zur Rückkehr zum Vater. So wird das Vollenden des Werkes Christi mit seiner Sendung durch den Vater und deren Anerkennung durch die Jünger innerlich verbunden (Joh 17). Zu seiner priesterlichen Sendung gehört wesentlich die Verherrlichung Gottes: »Ich habe dich auf der Erde verherrlicht und das Werk zu Ende geführt« (Joh 17,4). So wie das Priestertum der Vorzeit auf dieses verwiesen hat und verweist, so kommt nun alles Priestertum des Neuen Bundes von diesem her und muss sich von ihm her verstehen. Nur im Lichte des Priestertums Christi kann das Priestertum der Kirche und der priesterliche Dienst überhaupt sinnvoll verstanden und realisiert werden.

Das Priestertum Christi hat Bekenntnischarakter, bezogen auf das Gesamtleben Jesu. Es kommt nicht nur auf einzelne Worte Jesu an, sondern auf all das, was er tat und war. Nur in dieser Ganzheit konnte das Priestertum Jesu in all seinen Momenten und Aspekten als die alles vereinende Mitte seiner Person bekannt werden. Von der vollen Erlösung des Menschen kann nur dann gesprochen werden, wenn in Jesus Christus in unverkürzter Weise Gott und Mensch vereint sind. Die Identität des christlichen Daseins und des priesterlichen Dienstes hängt von der Identität des ›Gott-Menschen‹ Jesus Christus ab. Deshalb müssen wir die Unbefangenheit und Unmittelbarkeit des Christusmysteriums wieder neu entdecken. Die Größe Jesu Christi als absoluten Heilsbringer offenzuhalten, das ist die priesterliche Würde des priesterlichen Volkes. Hier geht es um die beiden Dimensionen seiner Sendung: den Abstieg Gottes zu den Menschen, indem Christus zu den Menschen kommt und ihnen gegenübertritt, und den Aufstieg der Menschen zu Gott, indem Christus den Menschen zu Gott führt. Christus bringt in seiner ganzen Hingabe die Menschheit vor den Vater. Das ist der Weg der Verherrlichung Gottes in der Welt. Die in seiner Sendung zum Vorschein kommenden Dimensionen müssen auch in der Verwirklichung des Priestertums Christi in der Kirche sichtbar scin: Gott zu den Menschen bringen und die Menschen zu Gott führen.

Die vollkommene Verherrlichung Gottes und die Heiligung der Menschen als Werk Christi bilden eine Einheit in der Verwirklichung des Priestertums Christi. Sie verwirklicht sich heute in der Liturgie der Kirche. Die Erhabenheit und Fülle des Priestertums Christi wird nur dann verständlich, wenn wir die Tiefe der Liturgie begreifen, in der der auferstandene Christus selber gegenwärtig ist und wirkt. Denn die Liturgie der Kirche ist die vorauskostende Teilnahme an der himmlischen Liturgie. Diese eschatologische Dimension muss in der Verwirklichung des Priestertums Christi offenbleiben, sowohl durch das königliche Priestertum aller Gläubigen als auch durch das besondere Priestertum des Dienstes. Die Zentralität der Verherrlichung Gottes muss heute nicht nur in der Amtsdiskussion, sondern auch im Gemeindeverständnis und im Verständnis von Christsein und Kirchesein überhaupt neu entdeckt werden. Denn sowohl der Grund der Berufung als auch die Existenzberechtigung des priesterlichen Volkes ist das Zeugnisgeben für die Herrlichkeit Gottes.

Das gemeinsame königliche Priestertum

Der Ursprung des gemeinsamen königlichen Priestertums der Gläubigen ist das Priestertum Christi (vgl. LG 10 und LG 34). Durch den Empfang des Taufsakramentes nehmen alle Christen am Priestertum Christi teil. Das Neue Testament spricht von einer geistigen und wahren priesterlichen Eigenschaft, die Christus wesenseigen ist und allen Gliedern seines Leibes mitgeteilt wird (vgl. Hebr 10,22). Was einem Einzelnen für alle gegeben ist, wird nun auf alle ausgedehnt und allen mitgeteilt: Christus ist der einzige Tempel, die Gläubigen sind Tempel mit ihm; Christus ist der einzige Priester, die Gläubigen sind Priester in und mit ihm. Weil wir einen Hohepriester haben, der sein Amt im Himmel mit königlicher Würde ausübt, sind wir selbst Könige und Priester (vgl. Hebr 8,1–13; Offb 3,21; Hebr 10,19–22). Das Geschenk des königlichen Priestertums ist dem neuen Volk Gottes, der Kirche, gegeben, und es ist als eine theologische Kategorie zu verstehen, die die besondere Zugehörigkeit aller Gläubigen zu Gott bezeichnet.

Das gemeinsame Priestertum hat im Hinblick auf das Selbstverständnis und den Vollzug christlicher Existenz fundamentalen und universalen Rang. Dieses Priestertum bildet gleichsam die Basis für das gesamte Tun und Lassen eines Christen, für seine aktive Teilnahme am Leben und Tun in der Kirche, für sein Zeugnis, für die Ausrüstung mit dem Glaubenssinn, für die Gnade des Wortes, für die volle, bewusste und tätige Teilnahme an den liturgischen Feiern, für die Teilnahme am prophetischen Dienst in der Welt, für den missionarischen Einsatz der Weitergabe des Glaubens (vgl. LG 12,35; SC 14, AA 10, AG 15). Diese keineswegs erschöpfende Aufzählung der vielfältigen Möglichkeiten des Christseins illustrieren zur Genüge sowohl die Grundlagenfunktion wie auch die Anwendungs- und Verwirklichungsmöglichkeiten des theologischen Gedankens vom gemeinsamen königlichen Priestertum.

An diesem Priestertum erhalten die Glaubenden in der Wiedergeburt der Taufe und in der Salbung mit dem Heiligen Geist Anteil. Denn die Taufe ermöglicht uns allen, mit unserem Hohepriester zum wahren Allerheiligsten Zugang zu haben.[47] In der Taufe erhält der Christ Anteil am Priestertum Christi. »Alle bezeichnen wir als Priester, weil sie Glieder des einen Priesters sind« (Augustinus).[48] Diese Teilhabe ist die eigentliche Grundlage und Voraussetzung für das Leben und Glauben der Christen in der Welt. Sie ist die fundamentale Heiligung und Grundberufung der Glaubenden, die eine christliche Heiligkeit in verschiedenen Verhältnissen und Aufgaben des kirchlichen Lebens für die Menschen darstellt und erfahrbar macht. Die Verbindung des gemeinsamen Priestertums mit der Taufe als Grund- und Initiationssakrament erweist deren fundamentale Bedeutung für das Christsein. Das gemeinsame Priestertum ist auf die Kirche als Ganzes, auf alle und jedes ihrer Glieder bezogen. Es nimmt alle und jeden auf seine Weise in die Pflicht und die Verantwortung sowohl dem gemeinsamen Herrn gegenüber wie auch füreinander und miteinander. Diese Gemeinsamkeit und Einheit verbindet das Priestertum der Gläubigen mit den Wurzeln des Christseins überhaupt: mit Gott, Kirche, Glaube, Taufe. Angesichts dieser Überlegungen ist die Weckung eines lebendigen Taufbewusstseins und einer zeitgemäßen kirchlichen Spiritualität des Taufpriestertums die dringende und notwendige Aufgabe heutiger Theologie und Pastoral.[49]

Das königliche Priestertum aller Gläubigen wird konstituiert durch die sachlich untrennbare Einheit von Taufe und Glaube, die den Christen Anteil an Christus als dem Hohepriester gibt, also ihre Existenz »in Christus« (2 Kor 5,17) begründet. Mit der Rede von diesem geistigen Priestertum aller Gläubigen wird das Christsein im Blick auf die Beziehung zu Gott und zum Mitmenschen beschrieben: Im Blick auf die Beziehung zu Gott wird gesagt, dass alle Christen durch Jesus Christus freien, direkten Zugang zu Gott haben (vgl. Hebr 10,19f) und dazu aufgerufen sind, sich Gott als »lebendiges Oper« (Röm 12,1) hinzugeben. Die Christen bilden »das wahre hohepriesterliche Volk Gottes« (Justin der Märtyrer)[50], dessen hauptsächliches Opfer die Darbringung des eigenen Lebens ist.

Im Blick auf die Beziehung zum Mitmenschen wird gesagt, dass alle Christen durch Jesus Christus beauftragt sind, einander Zeugnis vom Glauben zu geben, in der Fürbitte füreinander einzutreten, in der Diakonie einander zum Leben zu ermutigen. Die Rede vom allgemeinen Priestertum ist Ausdruck der gemeinsamen Sendung aller Christen: Gott zu ehren und den Nächsten zu lieben, Gottes- und Menschendienst leidenschaftlich miteinander zu verbinden. Denn Verherrlichung Gottes und Taten der Nächstenliebe sind Grundpfeiler des christlichen Lebens.

Alle Christgläubigen jeglichen Standes oder Ranges sind zur Fülle christlichen Lebens und Vollkommenheit berufen. »Zur Erreichung dieser Vollkommenheit sollen die Gläubigen die Kräfte, die sie nach Maß der Gnadengabe Christi empfangen haben, anwenden, um, seinen Spuren folgend und seinem Bild gleich gestaltet, dem Willen des Vaters in allem folgsam, sich mit ganzem Herzen der Ehre Gottes und dem Dienst des Nächsten hinzugeben« (LG 40). Nur wenn wir zu dieser einfachen, aber elementaren Mitte des christlichen Lebens – Ehre Gottes und Dienst am Nächsten – zurückfinden, wird der tiefere Sinn des christlichen Lebens und des ›Kircheseins‹ ersichtlich und unsere innerkirchliche Diskussion eine neue Qualität und Richtung bekommen. Die Kirche wird nur dann Zeichen des Heils sein, wenn sie als die Gott verherrlichende Gemeinschaft erkennbar bleibt.

Das königliche Priestertum ist ein Privileg und zugleich eine Verpflichtung. Dieses Priestertum ist auf die Aufgabe hingeordnet, Zeugnis für Gott abzulegen (vgl. 1 Petr 1,9). Es ist bedauerlich, wie wenig die wahre Würde und Schönheit des königlichen Priestertums aller Gläubigen in der theologischen Diskussion um das geweihte Amt zum Tragen kommt. Stattdessen wird der Versuch unternommen, das gemeinsame Priestertum als ›basisgemeindliche Opposition‹ gegen das Amt zu interpretieren und dadurch das geweihte Amt des Dienstes zu nivellieren. Auf Dauer können wir jedoch nur aus der Mitte des Glaubens gemeinsam im Miteinander und Füreinander das Profil und die wahre Schönheit sowohl des gemeinsamen als auch des besonderen Priestertums erkennen. Das Priestertum des Dienstes ist nicht als Konkurrenz zum königlichen Priestertum zu sehen, sondern in dessen Dienst und als eine echte Bereicherung.

Im Gegensatz zu jener fiktiven Spaltung zwischen Priestern und Laien[51] gibt es in der Kirche eine theologische Klarheit über die Sendung aller Christen, die es zu entdecken gilt, um sie für alle fruchtbar werden zu lassen (vgl. Johannes Paul II., *Christifideles laici*). Würde und Sendung aller Christgläubigen dürfen nicht in Trennung und Abgrenzung gewonnen werden, sondern aus der Mitte der christlichen Botschaft. Das Zweite Vatikanische Konzil hat unmissverständlich jede Trennungsperspektive überwunden, wenn es die Laien als »die Christgläubigen« bezeichnete, »die, durch die Taufe Christus einverleibt, zum Volk Gottes gemacht und des priesterlichen, prophetischen und königlichen Amtes Christi auf ihre Weise teilhaftig, zu ihrem Teil die Sendung des ganzen christlichen Volkes in der Kirche und in der Welt ausüben« (LG 31). Die Teilhabe am Priestertum Christi durch die Taufe sollte jedoch nicht als ein Parallelamt[52] neben dem geweihten Dienstamt missverstanden werden (vgl. Johannes Paul II., *Christifideles laici* 23). Wenn wir die tiefere Wirklichkeit des allgemeinen und gemeinsamen Priestertums der Getauften und die darin enthaltene seinshafte Qualität bedächten und ernst nähmen, wäre die Kritik, welche sich gegen ein sogenanntes Zwei-Klassen-Christentum richtet, gegenstandslos.

Mit der Würde des Priestertums aller Getauften ist keine äußerliche Ehrenbezeichnung gemeint, sondern der seinsmäßige Sachverhalt, dass das Leben eines Christen im Leben Gottes, in seiner Gnade und Liebe grundgelegt ist. Alle sind berufen, eine Familie Gottes zu werden, in der wahre Gleichheit in der gemeinsamen Würde und Tätigkeit zum Aufbau des Leibes Christi waltet. Das neue Volk, das Gott sich in Jesus Christus gebildet hat, wird nach Art des Volkes Israel mit königlicher Würde, priesterlicher Stellung und Heiligkeit ausgestattet. Was das Priestertum betrifft, so entspricht es jetzt noch mehr als für Israel im Sinai der Berufung, dem Herrn in einzigartig privilegierter Weise nahe zu sein.

Es ist von großer Bedeutung für die innerkirchliche Diskussion, daran festzuhalten: Die Rede vom Priestertum aller Gläubigen im Neuen Testament hat nichts mit der innerkirchlichen Organisation, mit Ämtern oder Diensten zu tun, sondern nach innen mit der Beziehung des ganzen Volkes zu Gott und nach außen mit der Sendung aller Getauften, von Gott Zeugnis zu geben für alle Menschen (vgl. Ex 19,6; 1 Petr 2,9). Nur in diesem Kontext können wir die Bedeutung der Sakramentalität der Kirche verstehen, in Christus Zeichen und Werkzeug für die innigste Vereinigung mit Gott und für die Einheit der ganzen Menschheit zu sein (vgl. LG 1).

Es wäre eine große Verarmung der Kirche, wenn die wahre Wirklichkeit und Tiefe der Berufung und Sendung durch die Taufe verdunkelt wird: Die Christgläubigen »sind von Gott gerufen, ihre eigentümliche Aufgabe, vom Geist des Evangeliums geleitet, auszuüben und so wie ein Sauerteig zur Heiligung der Welt gewissermaßen von innen her beizutragen und vor allem durch das Zeugnis ihres Lebens, im Glanz von Glaube, Hoffnung und Liebe, Christus den anderen kund zu machen« (LG 31; *Christifideles laici* 15). Das königliche Priestertum ist auf den Auftrag hingeordnet, Zeugnis für Gott zu geben, welches das geheiligte und priesterliche Volk vor den Menschen abzulegen hat. In der Taufe und in der Firmung wurzelt das gemeinsame Priestertum der Glaubenden und damit die aktive Teilnahme aller Getauften und Gefirmten an der Sendung der Kirche.[53]

Das Zweite Vatikanum lenkt noch vor der Erörterung des Weihepriestertums den Blick auf das »heilige Priestertum« der Getauften und unterstreicht dessen priesterlichen Charakter, der sich vor allem darin beweist, dass die Gläubigen »kraft ihres königlichen Priestertums an der eucharistischen Darbringung« mitwirken »und ihr Priestertum im Empfang der Sakramente, im Gebet, in der Danksagung, im Zeugnis eines heiligen Lebens, durch Selbstverleugnung und tätige Liebe« ausüben (LG 10).

Weil das königliche Priestertum aller Gläubigen wie das besondere Priestertum der geweihten Amtsträger seinen Ursprung im Priestertum Christi hat, sind sie beide einander zugeordnet. Daraus lässt sich ableiten, dass sie einander dienen und befruchten. Sie sind Teile einer Ganzheit, die bei Preisgabe oder auch nur bei Minderung des einen Teils auseinanderfallen würde.

»Wenn also in der Kirche nicht alle denselben Weg gehen, so sind doch alle zur Heiligkeit berufen und haben den gleichen Glauben erlangt in Gottes Gerechtigkeit (vgl. 2 Petr 1,1). Wenn auch einige nach Gottes Willen als Lehrer, Ausspender der Geheimnisse und Hirten für die anderen bestellt sind, so waltet doch unter allen eine wahre Gleichheit in der allen Gläubigen gemeinsamen Würde und Tätigkeit zum Aufbau des Leibes Christi. Der Unterschied, den der Herr zwischen den geweihten Amtsträgern und dem übrigen Gottesvolk gesetzt hat, schließt eine Verbundenheit ein, da ja die Hirten und die anderen Gläubigen in enger Beziehung miteinander verbunden sind. Die Hirten der Kirche sollen nach dem Beispiel des Herrn einander und den übrigen Gläubigen dienen, diese aber sollen voll Eifer mit den Hirten und Lehrern eng zusammenarbeiten. So geben alle in der Verschiedenheit Zeugnis von der wunderbaren Einheit im Leibe Christi: denn gerade die Vielfalt der Gnadengaben, Dienstleistungen und Tätigkeiten vereint die Kinder Gottes, weil ›dies alles der eine und gleiche Geist wirkt‹ (1 Kor 12,11)« (LG 32).

Die Wesensverschiedenheit der Dienste bei gleicher Dignität in der übernatürlichen Berufung aller zur Heiligkeit ist in der Tiefe der von Christus im Heiligen Geist gewirkten Heilsordnung verankert.

Das Priestertum des geweihten Dienstamtes

Im Lichte unserer Überlegung über das Priestertum Christi können wir im Hinblick auf das Priestertum des Dienstes festhalten: Was wir heute als Priestertum des Dienstes bezeichnen, das Priestertum der »Diener des Neuen Bundes« (2 Kor 3,6), besteht nur als spezifische Fortsetzung des eschatologischen Priestertums Jesu Christi. Das geweihte Amt hat Ursprung, Grund und Legitimation in Person und Sendung Jesu Christi. »Denn einen anderen Grund kann niemand legen als den, der gelegt ist: Jesus Christus« (1 Kor 3,11). Das Priestertum hängt von dem Heilsplan Gottes und dem Geheimnis Christi und seiner Kirche ab. Im Zentrum des Heilsplans Gottes steht Jesus Christus in seinem Geheimnis der Menschwerdung für die Erlösung der Welt. Zum ganzen Geheimnis Christi gehört sowohl seine Göttlichkeit, wie sie der Glaube der Kirche bekennt, als auch die Realität und die Kraft seiner menschlichen und historischen Dimension. Wir müssen ihn darstellen als den von der Kirche geglaubten, verkündeten und gefeierten Christus. Er ist der Verkünder und Verwirklicher des Reiches, Gründer seiner Kirche. Er ist der lebendige Christus, der in seiner Kirche und in der Geschichte wirkmächtig gegenwärtig bleibt und handelt. In seinem Dienst müssen die beiden Dimensionen seiner Sendung unbedingt erkennbar sein: Gott zu den Menschen zu bringen im Heilsdienst und Menschen zu Gott zu führen zur Verherrlichung Gottes.

Der priesterliche Dienst besteht darin, wie Jesus Christus Repräsentant der Erlösung zu sein. Aus dem Glauben an die Erlösung durch ihn und dem Wissen um die Nähe Gottes in unserem Tun können wir Zeichen der Nähe Gottes für die Menschen sein. Das Unterscheidende am Priestersein liegt gerade darin, dass in all dem, was der Priester tut und was der Priester tun muss, diese Nähe Gottes spürbar und erlebbar bleibt.

Christusrepräsentation bedeutet eine sichtbare Vergegenwärtigung. Diese Vergegenwärtigung ist aber *keine Vertretung eines Abwesenden,* sondern ein Sichtbar-werden-Lassen des anwesend wirkenden Christus. Hier geht es nicht um eine naturalistische Darstellung, also weder um eine Darstellung in der Art einer Fotografie noch in der Art einer möglichst naturgetreuen Nachahmung durch einen Schauspieler. Vielmehr handelt es sich um eine Abbildung, die das Charakteristische des repräsentierten Christus vor allem durch symbolische Elemente und Züge sichtbar macht. Sie bezieht sich auf den auferstandenen und erhöhten Herrn, der zur Rechten des Vaters sitzt und wiederkommen wird, also auf den eschatologischen Christus. Der Priester repräsentiert Christus als ewigen Priester, der mit seinem ein für alle Mal dargebrachten Opfer in Ewigkeit beim Vater für uns eintritt. Grundlegend ist, dass der Priester als Mensch den menschgewordenen Sohn Gottes repräsentiert und dass durch Wort und Handeln des Priesters deutlich wird, dass alles auf Christus bezogen ist und dieser selbst unsichtbar durch ihn handelt.

Das durch das Sakrament der Weihe übertragene Priestertum des Dienstes können wir nur von seinem unerlässlichen Kern her bestimmen, nicht aber von seinen oft wünschenswerten, oft vorhandenen, doch nicht immer gleichen Ausgestaltungen her. Das Herz und die Mitte dieses Dienstes ist und bleibt die eucharistische Vollmacht.[54]

Denn in der Eucharistiefeier wird das Priestertum Christi in seiner ganzen Tiefe und Fülle sichtbar. Die Eucharistiefeier ist der zentrale Ort der Verwirklichung des königlichen und des besonderen Priestertums. Hier geschieht die höchstmögliche Verherrlichung Gottes in der Welt.[55] Die Verherrlichung Gottes ist die sinngebende Mitte des Priestertums.

Das Proprium des priesterlichen Dienstes

Darum kann *nicht in erster Linie die Gemeindeleitung*[56] das Proprium des priesterlichen Dienstes sein, sondern *die Verherrlichung Gottes durch die Darbringung des Opfers Christi.*[57] »Durch den Dienst der Priester vollendet sich das geistige Opfer der Gläubigen in Einheit mit dem Opfer des einzigen Mittlers Christus, das sie mit ihren Händen im Namen der ganzen Kirche bei der Feier der Eucharistie auf unblutige und sakramentale Weise darbringen, bis der Herr selbst kommt. Darauf zielt das Dienstamt der Priester, und darin findet es seine Vollendung. Denn ihr Dienst, der in der Verkündigung des Evangeliums seinen Anfang nimmt, schöpft seine ganze Kraft aus dem Opfer Christi. So soll durch ihn ›die ganze erlöste Gemeinde, die Versammlung und Gemeinschaft der Heiligen, durch den Hohepriester als allumfassendes Opfer Gott dargebracht werden, durch ihn, der auch sich selbst in seinem Leiden für uns dargebracht hat, damit wir der Leib des so erhabenen Hauptes wären‹. Das Ziel also, auf das Dienst und Leben der Priester ausgerichtet sind, ist die Verherrlichung Gottes des Vaters in Christus. Diese Verherrlichung besteht darin, dass die Menschen die in Christus vollendete Tat Gottes bewusst, frei und dankbar annehmen und in ihrem ganzen Leben kundtun. Ob die Priester sich darum dem Gebet und der Anbetung hingeben, ob sie das Wort verkünden, das eucharistische Opfer darbringen und die übrigen Sakramente verwalten oder den Menschen auf andere Weise dienen, immer fördern sie die Ehre Gottes und das Wachstum des göttlichen Lebens im Menschen. All dies entströmt dem Pascha Christi, des Herrn und erfährt seine Vollendung bei dessen glorreicher Ankunft, wenn er selbst das Reich Gott dem Vater übergeben hat« (PO 2).

Aus der Sicht des Konzils ergibt sich von selbst: Die Rede sowohl vom königlichen Priestertum aller Gläubigen als auch vom priesterlichen Dienst erhält ihre Existenzberechtigung aus dem

Ziel der Ehre Gottes, des Vaters, in Christus. Die ganze christliche Existenz muss von diesem Ziel her und auf dieses Ziel hin verstanden werden. Die gesamte Pastoral und Seelsorge sind Mittel zur Erreichung dieses Zieles.

Selbstverständlich war es sinnvoll und in weitem Maße notwendig, die eucharistische Vollmacht durch die Teilnahme an anderen bischöflichen Vollmachten[58] reicher auszustatten und voller und differenzierter auszugestalten. Diese Ausgestaltung kann unterschiedliche Gesichter haben und verwirklicht sich in unterschiedlichen Bereichen. Aus der eindeutigen Lehre des Konzils ist heute von großer Bedeutung für das Selbstverständnis und die Ausübung des priesterlichen Dienstes festzuhalten: Wenn der Priester für den Menschen da sein will, kann er das nur so sein, wie Christus der ewige Hohepriester: zuerst für Gott und von Gott her für die Menschen. Anders kann der katholische Priester, der sich als Christi Repräsentant versteht, seinen Dienst nicht tun. An Christus können wir ablesen, dass es eine eigene, unmittelbare Gottesbeziehung des Menschen gibt, die die erste Aufgabe des priesterlichen Volkes und des Priesters ist. Die verschiedenen Funktionen des priesterlichen Dienstes stellen sich dann als die Ausfaltung des einen einzigen Amtes Christi dar, des Hohepriesteramtes. Behandelt und betrachtet man auch jede Funktion im Einzelnen, so muss man sie doch in ihrer lebendigen Einheit sehen, in der sie ihren Ursprung hat, und in ihrer gemeinsamen Zielsetzung: dem Aufbau des Leibes Christi zur Verherrlichung Gottes.

Es ist die Aufgabe der Priester, darauf zu achten, dass diese verschiedenen Formen ihrer Amtsausübung tatsächlich mit der kirchlichen Sendung als Ganzer verbunden bleiben und die innere Einheit dieser Sendung zu verbürgen. Das Dienstamt des Priesters vereint in sich *Vollmacht* und *Diakonie*. Die bleibende Gegenwart Jesu Christi in seiner Kirche sichert dem Dienstamt die *Vollmacht*, die in der Gestalt der *Diakonia* verwirklicht wird.

Priester im Dienst der Communio

Es scheint, dass wir heute dieses gemeinsame Ziel aus den Augen verloren haben und einen unbegreiflichen Widerspruch in der Diskussion über den priesterlichen Dienst zugrunde legen. Aus Fehlentwicklungen und Akzentverschiebungen der Vergangenheit werden heute bipolar-dualistische Konfliktmodelle aufgebaut: sazerdotales Kultpriestertum gegen Gemeindeleitung, christologisch begründetes Amt gegen pneumatologisch begründete Charismen; christogenes Amt gegen ekklesiogene Dienste; Amt als ›nur gegenüber‹ der Gemeinde gegen Amt als Funktion der Gemeinde.

Diese Konfliktmodelle haben keine theologische Grundlage, auch wenn die vorgetragene Argumentation ›hochtheologisch‹ erscheint. Die Einseitigkeit muss früher oder später in eine theologische Sackgasse führen. Ausbrechen können wir aus ihr nur, indem die Einseitigkeiten erkannt werden und wir neu zur Mitte unseres Glaubens zurückfinden. Wenn die Kirche Zeichen und Werkzeug für die innigste Vereinigung mit Gott wie für die Einheit der ganzen Menschheit sein will, dann kann dieser am meisten zitierte Konzilssatz nicht einseitig auf horizontale Strukturfragen der Kirche hin ausgelegt werden, um eine ›soziologische Communio-Theorie‹ zu entwickeln. Denn die tragende *communio* ist in erster Linie die persönliche Gottesbeziehung des Menschen. Nur aus dieser innigen Gemeinschaft der Gläubigen mit Gott entsteht die *communio* untereinander. Ziel der Einheit ist die Gemeinschaft mit dem dreifaltigen Gott. Christus als Hohepriester ist im Heiligen Geist der Vermittler dieser trinitarischen Einheit.

Kirche als Sakrament des Heils in Christus entfaltet sich in zweifacher Weise: vertikal und horizontal. Im priesterlichen Dienst als Repräsentation Jesu Christi und der Kirche muss die vertikale und die horizontale Dimension, die Beziehung zu Gott und den Menschen, sichtbar bleiben. Die vertikale Verbindung ist die Bedingung für den äußeren Aufbau der Kirche. Der priesterliche Dienst, als Stellvertretung des hohepriesterlichen Handelns Christi, schafft die realen Bedingungen dafür, dass die Kirche sich auf ihre Vollendung hin als Teilhabe an der *communio* mit und in der Dreifaltigkeit Gottes entwickeln kann.

Horizontale Entwicklung findet statt im Aufbau des Leibes Christi. Diese Entwicklung geschieht auf eine mit der vertikalen unzertrennlich verbundenen und dennoch wesentlich verschiedenen Weise: durch die Einheit aller Menschen untereinander. Diese Einheit soll durch die Liebe verwirklicht werden. Voraussetzung ist die Liebe Gottes zu den Menschen, die diese auch untereinander verbindet. So kann sich die trinitarische Einheit vollenden sowohl in der Aktualisierung und im Aufbau der Kirche als auch durch die Bezeugung der göttlichen Menschenliebe im alltäglichen Leben der Menschen. Der von Gott aufgetragene Aufbau der Kirche ist bezogen auf die trinitarische Einheit. Die Kirche soll aus den irdischen Gegebenheiten in die himmlische Sphäre übergehen, in die intimste Einheit mit der Heiligsten Dreifaltigkeit. Diese Einheit ist der Kirche bereits in der Gnade durch die Vermittlung des Geistes geschenkt. Priesterlicher Dienst besteht darin, die gnadenhaft gebundene trinitarische Einheit zu fördern und so zum Aufbau der Kirche beizutragen.

Nur der Transzendenzbezug, die zielbestimmende Einheit mit Gott, die letztendlich in der Liturgie und Gottesverehrung ihren höchsten Ausdruck findet, macht die Communio-Ekklesiologie tragfähig. Eine Amtstheologie, die nur aus dem Blickwinkel der Strukturfragen geführt wird, kann die theologische Begründung des priesterlichen Dienstes nicht liefern. Die herrschende theologische Meinung will dagegen aus dem Priester einen Moderator oder Animateur seiner Gemeinde machen. Die meisten Gläubigen aber wollen ihn als ›Priester‹ erleben, nicht als

Gemeindeleiter. Und dies ist umso ausgeprägter, je mehr die Christen von der sogenannten ›Kerngemeinde‹ entfernt sind. Die Überbetonung des Leitungsdienstes birgt in sich die Gefahr, dass die Gemeindeleiter bewusst oder unbewusst, gewollt oder ungewollt bürokratische Funktionäre werden. Wenn das Amtsverständnis einseitig auf die Gemeindeleitung beschränkt wird, kann die christologisch-apostolische Begründung des Amtes nicht zum Vorschein kommen. Ohne die christologischen und sakramentalen Elemente des Priestertums wird das Amt in eine organisatorische und technische Funktionalität entarten. Dann wird das Amt primär eine soziologische Größe ohne spirituelle Gestalt.

Priester wollen letztendlich keine Funktionäre sein. Wenn dieser ›pastoraltheologische‹ Widerspruch nicht erkannt wird, werden wir den Priestern ihre Identitätsgrundlage entziehen. Wenn als das oberstes Prinzip der Seelsorge eine als Kollektiv verstandene Gemeinde gesehen wird und die Gemeindeleitung als Proprium des priesterlichen Dienstes erklärt wird, ist der Weg, aus den Priestern Gemeindemanager zu machen, nicht mehr weit. Ein Perspektivenwechsel tut not. Es gilt, das ortsgebundene Gemeindeverständnis im Lichte der Praxis der alten Kirchen neu zu bedenken: Die Grenzen der Gemeinde wurden durch die Teilnahme an der Eucharistieversammlung bestimmt und nicht umgekehrt. Nicht ein gemeindezentriertes Priesterbild, sondern ein christuszentriertes Gemeinde- und Amtsverständnis ist theologisch tragfähig.

Wenn die heutigen Diskussionen über den priesterlichen Dienst nicht bereit sind, den theologischen Widerspruch einzusehen, kann die letzte Legitimation des priesterlichen Dienstes theologisch nicht einsichtig gemacht werden. Wenn theologische Gewissheiten und Plausibilitäten nicht mehr gelten, dann ist die Tür weit offen für einen soziologischen Darwinismus, wo man mit Rollenunsicherheiten und Konfliktlösungen die nötige

Energie für die Seelsorge und Evangelisierung verliert. Aus Gottesbeziehung und Glaubensweg wird dann ein gottloser religiöser Betrieb, aus Vollmacht wird Macht, aus Hirtendienst wird Leitung und aus Berufung wird Beruf.

Der Priester wird dann »gedehnt und gestreckt, hin und her gerissen und schließlich innerlich zerrissen, nimmt physisch und psychisch Schaden« (Franz Kamphaus).[59] Die Einseitigkeiten in der Theologie heute führen zur pastoralen Überforderung und machen aus dem Priestertum des Dienstes ein Priestertum des Stresses. Es muss dringend verhindert werden, dass das Priesteramt zunehmend unpriesterlich wird.[60]

Der priesterliche Dienst als ›Fortführung‹ der Heilssendung Christi steht im Kreuzungspunkt der Vertikalen und der Horizontalen. Damit ist er zentral für die Bewegung Gottes auf den Menschen zu, die ihrerseits die Rückbesinnung des Menschen auf Gott hin fordert und einschließt und ausdrücklich von dieser Vertikalen aus die Menschen hinreichend ausgestattet in ihre horizontale, mitmenschliche und weltliche Aufgabe entlässt. Der priesterliche Dienst verhindert, dass alle grundlegenden Heilstaten Gottes von den Menschen als eine vergangene, immer gründlicher vergehende, immer uninteressanter werdende Angelegenheit zurückgelassen werden. Sie sind nicht nur als historischer Ausgangspunkt immer aktuell, sondern als gegenwärtig wirkmächtige Taten Gottes, die unser heutiges geschichtliches Dasein unmittelbar grundlegen und zu einem christlichen machen. Der Priester ist dazu ausersehen, diese Präsenz, die immer eine ›Umkehr‹ zu den Ursprüngen, einen Aufblick aus der Horizontalen in die Vertikale fordert, in den Menschen wachzuhalten. Diese Erinnerung an die wesentlich offenbarungsbedingte Verfasstheit christlicher Existenz ist oft prophetisch und deshalb für viele Menschen störend und ärgerlich. Aber es wird immer Menschen guten Willens geben, die sich für diese unbequemen Zeichen dankbar zeigen werden, die seine Notwendigkeit verstehen, die sich durch dieses Zeichen hindurch »mit Gott versöhnen lassen«, was eigentlich der Zweck des priesterlichen Daseins ist (vgl. 2 Kor 5,10–20).

Priester sein in Treue zu Christus

Die Besinnung auf das Priestertum Christi bietet die Grundlagen für eine zeitgemäße Spiritualität des Lebens und Dienstes des Priesters. In seiner Zeit hat es schon das Zweite Vatikanische Konzil im Dekret über Dienst und Leben der Priester in prophetischer Weise aufgegriffen. Das Konzilsdekret spricht über die Herausforderung, die die Priester im pastoralen Alltag zu bewältigen haben, nämlich zerrissen durch die Fülle ihrer oft sehr verschiedenen Aufgaben die innere Einheit ihres Lebens zu wahren. Zwischen den vielen Aktivitäten, die ein Priester heute zu erledigen hat, hin- und hergerissen, fühlt er sich innerlich leer, verliert die Freude an seinem Dienst, der schließlich nur noch als Last erscheint. Angesichts dieser schwierigen Erfahrungen lädt das Konzilsdekret die Priester ein, diese Herausforderung im tiefen Bewusstsein der Einheit mit Christus zu bewältigen: Christus, der schwache Menschen in seine Nachfolge beruft, befähigt den Priester durch das Weihesakrament, in seinem Namen zu handeln, und ermutigt ihn zugleich, durch die Erfüllung des priesterlichen Dienstes den Weg zu einem gelingenden Leben zu finden.[61] Die prophetische Ermutigung des Zweiten Vatikanischen Konzils für die Priester, die Tag für Tag im pastoralen Alltag die Last der Seelsorge tragen, in Jesus Christus die alles einigende Mitte ihres Lebens und Dienstes zu finden, ist bleibend aktuell.

Die Priester, »die in sehr vielen Verpflichtungen ihres Amtes verstrickt und von ihnen hin und her gezogen werden, können nicht ohne Ängstlichkeit fragen, wie sie mit der äußeren Handlungsweise ihr inneres Leben noch in Einklang zu bringen vermögen. Diese Einheit des Lebens kann weder eine rein äußere Ordnung der Werke des Dienstes noch allein die Praxis von Frömmigkeitsübungen – so sehr sie auch zu ihrer Förderung beiträgt – bewirken. Die Priester können sie aber erreichen, wenn sie in der Ausübung ihres Amtes dem Beispiel Christi des Herrn folgen, dessen Speise es war, den Willen dessen zu tun, der ihn gesandt hat, um sein Werk zu vollenden. In der Tat: um eben diesen Willen des Vaters in der Welt durch die Kirche beständig zu erfüllen, handelt Christus durch seinen Diener. Darum bleibt er immer Ursprung und Quelle für die Einheit ihres Lebens. Die Priester werden also ihrem Leben eine einheitliche Linie geben, wenn sie sich mit Christus vereinigen im Erkennen des väterlichen Willens und in der Hingabe für die ihnen anvertraute Herde. Indem sie so die Rolle des guten Hirten übernehmen, werden sie in der Ausübung der Hirtenliebe selbst das Band der priesterlichen Vollkommenheit finden, das ihr Leben und Handeln zur Einheit bringt … Dies kann aber nur erreicht werden, wenn die Priester selbst in das Mysterium Christi durch das Gebet immer tiefer eindringen … Die Treue gegenüber Christus kann nämlich nicht von der Treue gegenüber seiner Kirche getrennt werden. Die Hirtenliebe erfordert also, dass die Priester, um nicht ins Leere zu laufen, immer in enger Verbindung mit den Bischöfen und mit den anderen Mitbrüdern im Priestertum arbeiten. Wenn sie auf diese Weise handeln, werden die Priester die Einheit des eigenen Lebens in der Einheit der Sendung der Kirche selbst finden und so mit ihrem Herrn und durch ihn mit dem Vater im Heiligen Geist geeint werden, so dass sie mit Trost und überreicher Freude erfüllt werden können« (PO 14).

Die priesterliche Existenz nährt sich vom Willen des Herrn, seinen Heilsdienst schwachen Menschen als seinen Werkzeugen anzuvertrauen und sie in seine Hingabe hineinzunehmen, die sakramental in der Gestalt der Kirche bleibend verankert und verbürgt ist. Die bleibende und tragende Mitte der priesterlichen

Existenz kann nur dort deutlich werden, wo sie ausdrücklich von Jesus Christus her und auf ihn konzipiert wird. Wie der Vater seinen Sohn in die Welt gesandt hat, in seinem Namen zu handeln, sendet Christus den Priester, in seinem Namen zu handeln.

Die Berufung zur Nachfolge Christi ist die Grundlage und Voraussetzung des Priesterseins.[62] Aus dieser grundsätzlichen Berufung, die allen Diensten und Funktionen vorausgeht, entsteht eine besondere Beziehung zu Christus und seiner Kirche. Deshalb ist es von grundlegender Bedeutung für eine priesterliche Spiritualität, das Priestersein zuerst und vor allem als eine *besondere Berufung zur Nachfolge Christi* zu verstehen. Bevor wir uns auf einzelne priesterliche Dienste und Funktionen konzentrieren, sollten wir über das Leben in der Nachfolge Christi als unsere Antwort auf unsere besondere Berufung nachdenken. Wie Jesus Christus auf Gott hin bezogen ist, so auch alle, die in seiner Nachfolge und in ihm Priester sind.

Wenn der Priester Christus zum Maß seines Lebens und Dienstes macht, wird deutlich, worin die eigentliche Priorität des priesterlichen Dienstes besteht. Jesus Christus stellt sein eigenes Dasein in den Dienst der Verherrlichung des Vaters (vgl. Joh 17,4). In seiner Nachfolge Christi stellt der Priester sein Dasein in den Dienst der Verherrlichung Gottes. Wie Christus sein Leben zur Ehre seines Vaters gelebt hat, soll auch der priesterliche Dienst zur Verherrlichung Gottes geschehen. Der Dienst des Priesters als Dienst am gemeinsamen Priestertum aller Getauften erfährt seine höchste Verwirklichung in der Verherrlichung Gottes. Denn das Leben des Priesters ist zutiefst »gottesdienstlich«. Das Weiheamt ist dazu da, die Gläubigen dazu anzuleiten, ihr Leben Gott aufzuopfern, »als Opfer, das Gott gefällt« (Eph 5,2).

Der Auftrag und die Sendung des Priesters erfordert die vollkommene Treue zu Christus und innige Einheit mit ihm. Priester sind berufen, ›Freunde Christi‹ zu sein. Die Treue des Priesters wächst aus der innigen Freundschaft mit Christus und wird dadurch möglich, dass wir bei ihm in seiner Liebe bleiben. In Christus sein heißt, seine Kraft in uns aufzunehmen, um in seinem Namen handeln zu können und so reiche Frucht zu bringen. Es geht darum, die Kraft Christi in uns fließen und in uns lebendig werden zu lassen.

Nur in dieser lebendigen Freundschaft mit Christus kann der Priester seine Sendung, ›Gesandter Christi‹ zu sein, verwirklichen. Im ganzen Leben geht es um eine Einübung in die Freundschaft mit Jesus. Dadurch werden die eigene Lebensentscheidung und der eigene Lebensentwurf an der Gestalt Jesu ausgerichtet, die die Gestalt der Liebe Gottes in der Geschichte ist.

Unsere Treue zu Christus ist überhaupt möglich, weil der Herr in seiner Lebenshingabe seine Treue zu uns erwiesen hat und er zu seiner Sendung und seinem Heilswerk treu ist. Christus gibt uns Anteil an seiner Sendung und sagt uns seine Treue zu. Gott festigt uns in der Treue zu Christus (vgl. 2 Kor 1,21). Als Priester leben und handeln wir aus der Treue Christi zu uns. Weil er immer treu zu seinen Dienern steht, können wir Christus treu sein, ihm dienen und in seinem Namen heilsam handeln.

Wenn der Priester von Christus lebt, kann er die Menschen zu Christus führen. Die Berufung und Sendung des Priesters gewinnt in Christus ihre spirituell prägende Gestalt und ihr spezifisches Profil. Mit Christus, innerlich mit ihm verbunden, können wir das Bedrängnis der Welt besiegen (vgl. Joh 16,33), vertrauensvoll in die Zukunft schauen und in seiner Kraft in ihm Priester sein. Wir können unseren Weg als Priester gehen, ohne matt zu werden (vgl. Jes 40,31).

Aus der gelebten lebendigen Christusbeziehung heraus entwickelt und verwirklicht sich die gelingende Gestalt des Priesterseins. In Christus finden wir das einigende, tragende und ermöglichende Fundament des vielfältigen pastoralen Handelns, wenn es uns gelingt, glaubend, hoffend, liebend und vor allem betend in das Geheimnis Christi immer tiefer einzudringen.

In Christus allein finden wir den Sinn unsres Lebens als Priester. In Christus allein finden wir die Kraft, uns in der täglichen Ausübung des priesterlichen Dienstes zu heiligen. Wenn der Priester von innen her von Christus durchdrungen ist, kann er auch Menschen zu Christus führen. Wenn der Priester auf diesem Weg bleibt, kann er viele Menschen zur Heiligkeit führen und ein Pädagoge der Heiligkeit sein, Reiseführer für die Menschen auf ihrem Weg zur christlichen Vollkommenheit.

Von der sicheren Hoffnung, dass in uns die Kraft Christi wirksam ist, beseelt und getragen, werden wir Werkzeuge in den Händen des Herrn, um seine Herrlichkeit und Liebe allen Menschen sichtbar und erfahrbar zu machen. Wenn das Wort Gottes, Jesus Christus, in uns Gestalt annimmt und in uns lebt und zu einer Quelle des Segens, des Trostes und der erneuerten Hoffnung wird, werden wir den Menschen, die uns begegnen, helfen, Jesus Christus zu »sehen« und zu »berühren«. Tief verwurzelt in Christus, kann der Priester dazu beitragen, dass die Negativität der Welt durch die Kraft der christlichen Hoffnung verwandelt und überwunden wird, und so Zeuge der christlichen Hoffnung sein.

Treue zu Christus heißt auch die Treue zur Kirche, denn das Haupt und der Leib bilden eine untrennbare Einheit. Im Namen Jesu Christi handeln heißt auch, im Namen des ganzen Christus, des Hauptes und des Leibes, zu handeln. Aus der gelebten Treue zu Christus im pastoralen Alltag erwächst der Mut zur Unterscheidung der Geister; der Mut, zu erkennen, was zu tun und was zu lassen ist. Auch der Mut, die Einladung Jesu an seine Jünger zu hören, bei ihm zu verweilen, eine Zeit lang ›nichts‹ zu tun, um sich zu erholen und neue Kraft zu schöpfen (vgl. Mk 6,31).

IV
BERUFUNG ZUM PRIESTERSEIN
IN DER NACHFOLGE CHRISTI

IM MITTELPUNKT DER christlichen Botschaft steht Gottes unbedingter Heilswille und seine rettende Zuwendung zu den Menschen, die allem Tun und Glauben des Menschen vorausgehen und es ermöglichen. Die christliche Existenz ist deshalb die vertrauende Antwort auf den göttlichen Verheißungszuspruch. Weil Gottes Zuspruch unbedingt gilt, dürfen wir uns von Gott vorbehaltlos angenommen wissen. Wir dürfen einander Gottes Verheißungen zusagen und uns von ihnen herausrufen lassen. Was im christlichen Leben für alle grundlegend ist, gilt in besonderer Weise für das Leben des Priesters in der Nachfolge Christi.

Der Ruf Gottes und die Antwort der Menschen

Zum Verständnis der priesterlichen Existenz gehören zwei grundlegende Momente: der Ruf Gottes und die Antwort des Menschen.[63] Ein gläubiges Leben vollzieht sich wesentlich in der Beziehung des Hörens und Antwortens: Auf den von Gott empfangenen Ruf gibt der Mensch mit seinem Leben Antwort. Denn ohne den Ruf Gottes ist eine Entscheidung für den priesterlichen Dienst nicht möglich. Der Ruf geht von Gott aus. Er trifft den Menschen und fordert ihn ein. Die zentrale Sinngebung des berufenen Lebens ist der Augenblick der Identität zwischen göttlichem und menschlichem Ja.

Eine Lebensentscheidung wurzelt wesentlich in der göttlichen Berufung. Berufung ist der Urboden und Ermöglichungsgrund jeder Entscheidung. Diese Begegnung stiftet eine dynamische Beziehung und eine lebenslange ›Partnerschaft‹ zwischen Gott und dem Menschen, die im radikalen Bewusstsein der Angewiesenheit auf Gott gelebt wird. Nicht der menschliche Wille, sondern die göttliche Gnade steht im Mittelpunkt unserer Überlegung. Der Akzent liegt mehr auf dem Ruf Gottes als auf der Antwort des Menschen. Es geht hier um die Konzentration und Verlebendigung der Gnadendimension des priesterlichen Lebens.

Unsere Antwort auf den Ruf Gottes ist schon eine Entscheidung für eine größere Berufung. Wir lassen unsere kleinen Möglichkeiten hinter uns und vertrauen auf die größeren Möglichkeiten Gottes. Jede umfassende Lebensentscheidung ist dann ein Akt des Glaubens und Vertrauens. So können wir sagen, dass die Lebensentscheidungen Glaubensentscheidungen sind. Die Lebensentscheidung wächst aus dem Wunsch nach einer Lebenshingabe an Gott. Dieser Wunsch nach Hingabe muss ein kirchliches und apostolisches Gepräge haben. Die Lebensentscheidung ist von dem Wissen getragen, dass Gott einen Menschen ruft und sein Leben in seiner Gnade verankert und es bestimmt.

In unserer Zeit gibt es einen Konsens darüber, dass die Lebensentscheidungen, welcher Art auch immer, zur ›Selbstverwirklichung‹ der Person führen sollen. Der Mensch muss sich entscheiden, indem er das eine wählt und vieles andere lässt. Er kann dabei nicht unendlich weiter probieren. Er muss unter den vielen Möglichen wählen, damit sein Leben gelingen kann.

Entscheidungen haben selbstverständlich Prozesscharakter und präzisieren sich im Vollzug selbst. Das gilt vor allem für Lebensentscheidungen, die einen Handlungsrahmen abstecken, der als Interpretationsschlüssel für die gesamte noch ausstehende Entscheidungsgeschichte ihres Trägers Geltung beansprucht. Die Reife einer Lebensentscheidung steht selbstverständlich nicht am Anfang einer Entscheidung, sondern am Ende einer Reihe lebenswichtiger Entscheidungen und Erfahrungen. Die einmal getroffene Entscheidung an sich kann ihre Dauerhaftigkeit nicht garantieren, sondern nur den festen Willen zum Ausdruck bringen, sich auf einen Wachstumsprozess einzulassen und auf die Entfaltung der Gnade Gottes im Leben zu vertrauen.

Es ist unsere christliche Überzeugung, dass das Leben eines jeden Menschen, in jedem Fall und vor jeder Form von Entscheidung, geschenkte Liebe ist und dass in dieser Liebe bereits ein berufungsbezogener Plan verborgen ist. Schon der Schöpfungsakt Gottes hat die Dynamik eines Anrufs, eines Rufs ins Leben. Der Mensch tritt ins Leben ein, weil er geliebt ist, weil er gedacht und gewollt ist (vgl. Jer 1,5; Jes 49,15; Gal 1,15). Unser Leben ist das Meisterwerk der schöpferischen Liebe Gottes und ist in sich selbst ein Anruf zur Liebe. Es ist eine empfangene Gabe, die von ihrer Natur her danach strebt, selbst wieder geschenkte Gabe zu werden. Die Liebe ist unsere ursprüngliche und grundlegende Berufung.

Der christliche Glaube sieht den Sinn des menschlichen Lebens in seinem Bezug zum dreifaltigen Gott. Das Geheimnis des Vaters, des Sohnes und des Heiligen Geistes begründet die gläubige Existenz des Menschen als einen Ruf zum Leben in Heiligkeit und zur sich selbst schenkenden Liebe. Die Dreifaltigkeit ist in sich ein geheimnisvolles Geflecht von Ruf und Antwort. Im Innersten dieses ununterbrochenen Liebesdialogs findet der Mensch nicht nur seine Herkunft, sondern auch seine Bestimmung und seine Zukunft.

Jesus Christus ist der wahre Entwurf des Menschseins. In einzigartiger Weise verbindet er den Ruf Gottes und die Antwort des Menschen in seiner Person. Er ist zugleich der hörbar gewordene Ruf Gottes und die gelebte Antwort, die sichtbar und erfahrbar geworden ist. Jesus ist darum Urbild und Ursakrament der gott-menschlichen dialogischen Beziehung. Die Bedeutung einer das Ganze des Daseins ergreifenden und übersteigenden Ausrichtung von Lebensentscheidungen ist im Leben Jesu verdichtet wahrnehmbar. Im Licht Jesu Christi können wir deshalb erkennen, dass das Leben nicht nur als eine Siegesgeschichte, sondern auch und vor allem als Leidensgeschichte zu verstehen ist.

Die christliche *memoria passionis* nimmt die Erfahrung des Scheiterns sehr ernst. Zugleich hält sie an der Hoffnung auf das endgültige Gelingen des Lebens unerschütterlich fest. Denn für den christlichen Glauben ist die wahre humane Erfüllung nichts anderes als die Nachfolge Jesu Christi und das Streben nach einem Leben aus seinem Geist der Liebe.

Nachfolge Christi und personale Lebensentscheidung

Gottes zuvorkommende Gnade steht am Anfang der Weggemeinschaft von Gott und Mensch und beruft alle zur Heiligkeit und Vollkommenheit. Die Initiative kommt von Gott. Die Gnade Gottes geht nicht nur allem entscheidenden Tun des Menschen voraus, sondern ermöglicht es überhaupt. Die Gnade kommt stets und auf jeden Fall dem Menschen zuvor, von der ersten Glaubensäußerung bis zum höchsten Grad der Heiligung. Diese zuvorkommende Gnade Gottes ist universal allen Menschen verfügbar und zugleich ›kooperativ‹, das heißt auf die Offenheit der Mitarbeit und Glaubensentscheidung der Menschen angewiesen.

Die priesterliche Berufung, die eine Lebensentscheidung verlangt, kommt von Gott. Es gilt für alle: »Nicht ihr habt mich erwählt, sondern ich habe euch erwählt ...« (Joh 15,16). Es ist wichtig daran zu denken, dass Nachfolge vor allem eine lebendige

Beziehung zu dem Gott ist, der das Leben und die Liebe ist. Selbstverständlich werden sich aus dieser gelebten Beziehung zwischen Gott und Mensch ganz bestimmte und unaufhebbare Handlungsgrundsätze ergeben. Aber die Beziehung zu Gott ist zunächst und vor allem ein zum Leben befähigender Austausch.

Gott schenkt Anteil an seinem Leben, und es wird uns als Gnade gegeben durch Christus im Heiligen Geist. Deshalb geht es im christlichen Glauben um das ›Leben in Christus‹. Unsere Lebensentscheidungen sollen uns helfen, dieses Leben in Christus zu ermöglichen, zu erkennen und zu vertiefen. Liebe verträgt sich schlecht mit Gesetzlichkeit. Liebe will Kreativität, Spontaneität, den lebendigen Fluss. Deswegen sprechen wir von ›evangelischen Räten‹, von einem Leben, das nicht von ›Gesetzen‹ geprägt ist, sondern vom freien Eingehen auf den Willen Gottes aus Liebe zu ihm.

Wir sind es gewohnt, einen Unterschied zwischen ›Gebot‹ und ›Rat‹ zu machen. Evangelische Räte sind keine Gesetze, die immer und überall gelten, sondern eben Räte. Das heißt, sie appellieren an das freie Verhalten des Menschen, die unterschiedlichsten Situationen im Geist der Bergpredigt und der Seligpreisungen zu erspüren und das zu tun, was das Leben in Fülle am meisten hervorbringt. »Nicht mehr ich lebe, sondern Christus lebt in mir« (Gal 2,20). Die Praxis der evangelischen Räte ist in der geistlichen Tradition des Christentums der Weg zur Vollkommenheit, auf dem das natürliche Ich sterben und Gott im Menschen erwachen kann. Wir können unsere wahre Identität finden, nicht im eigenen Ego, sondern im Anderen, in Gott. Auf diesem Weg werden wir dann Ort der Epiphanie der Gnade Gottes.

Der Weg der evangelischen Räte soll also zur inneren Freiheit führen und zu einer größeren Verfügbarkeit für den Dienst am Reich Gottes. »Wer sein Leben verliert, wird es gewinnen« (Mt 10,39; 16,25 par). Leben erwächst aus der Lebenshingabe. Die Kraft zur Nachfolge kommt dabei nicht aus der menschlichen

Leistung und Stärke, sondern von Gott. »Das Schwache in der Welt hat Gott erwählt, um das Starke zuschanden zu machen« (1 Kor 1,27).

Das Leben nach den evangelischen Räten ist gelebtes Zeugnis für die Größe und Schönheit Gottes. Es ist Zeichen und Zeugnis des gelebten Gottvertrauens. In Treue und Wahrhaftigkeit mit dem Einsatz des eigenen Lebens stehen wir für die Glaubwürdigkeit und Verlässlichkeit des Evangeliums ein. Leben nach den evangelischen Räten ist die gelebte Demut des Geschöpfes vor seinem Schöpfergott und ein unverzichtbares geistliches Zeichen für die gelebte Nachfolge Christi und für die vollständige Hingabe an Gott. Der geistliche Wert dieses Zeichens wird daher ansichtig, wenn es als ein eschatologisches Zeichen verstanden wird, das nicht durch allgemeine Nützlichkeitserwägungen erklärt werden kann; Ehelosigkeit kann nur um des Himmelreiches willen sinnvoll gelebt werden (Mt 19,12).

Wenn Nachfolge im priesterlichen Leben als eine radikale Bindung an Jesus Christus verstanden wird, muss ich erkennen, wer dieser Jesus Christus ist. In wessen Nachfolge stehe ich? Die Frage nach der Identität Jesu Christi ist also entscheidend für meine Identität und Identitätsfindung in seiner Nachfolge. Die Frage: »Wer bin ich?« ist die Frage: »Wer bist du, Herr?«[64]

In der Nachfolge Jesu im Glauben geht es um das Leben, das Gott uns schenken und ermöglichen will und durch die Sakramente weckt und stärkt. Nur als die Auswirkung der von Gott geschenkten Gnade kann ein Mensch ausdrücklich sein Ja zu Jesus Christus sprechen und sich auf einen Weg der Nachfolge begeben. Nur durch die Kraft der Gnade Gottes kann der Mensch sein Ja erneuern und vertiefen, und kann dieses Ja zu einer lebenstragenden Grundentscheidung heranreifen.

Mit dem Empfang des Weihesakramentes gibt es eine mehr oder weniger reflektierte Entscheidung, der Anfang einer dynamischen Partnerschaft zwischen Gott und diesem Menschen.

Dabei besteht die Notwendigkeit, sich die einmal getroffene Lebensentscheidung immer wieder im Alltag des Lebens und Dienstes persönlich anzueignen und sie zu vertiefen. In der Kraft des empfangenen Sakramentes gilt es, sich auf Gottes bleibende Führung zu verlassen und sich für den Prozess zu öffnen, in eine lebenstragende Grundentscheidung hineinzuwachsen. Je mehr diese Grundentscheidung immer neu bewusst eingeübt und schöpferisch ausgestaltet wird, desto mehr wird das Leben in der Nachfolge Christi reicher und schöner werden.

Wo die Berufung selbst als eine Entscheidung für eine personale Bindung und ausschließlichen personalen Dienst verstanden wird, kann man von einer lebenslangen Bindung sprechen. Um diese lebenslängliche Bindung zu erklären, hat die theologische Tradition von einem unauslöschlichen Prägemal (*character indelebilis*) als notwendiger sakramentaler Wirkung von Taufe, Firmung und Weihesakrament gesprochen.

Die theologische Aussage über den sakramentalen ›character‹ bringt die lebenslange Zugehörigkeit zu Christus und die bleibende Zusage seiner Gnade zum Ausdruck, damit die mit diesen Sakramenten verbundene Lebensentscheidung in der Nachfolge Christi gelingen kann. Das Prägemal heiligt uns und macht uns Gott wohlgefällig: »Durch die Wiedergeburt und die Salbung mit dem Heiligen Geist werden die Getauften zu einem geistigen Bau und einem heiligen Priestertum geweiht, damit sie in allen Werken eines christlichen Menschen geistige Opfer darbringen und die Machttaten dessen verkünden, der sie aus der Finsternis in sein wunderbares Licht berufen hat (vgl. 1 Petr 2,4–10)« (LG 10).

Die Sakramente geben allen Empfängern die Gnade und befähigen sie auf unterschiedliche Weise, ihre Berufung zu leben. Um das zu verwirklichen, schenkt die sakramentale Gnade eine besondere mystische Vereinigung mit dem Leib Christi und eine Bereitschaft, in der Kirche zu sein und zu leben. Durch den

Empfang der Sakramente kommt der Gläubige zu einer objektiven neuen Beziehung zu Christus. Das Entscheidende dabei ist die bleibende Treue Christi zum betreffenden Menschen, unabhängig von der mehr oder weniger großen Treue vonseiten der Menschen. Die Entscheidung Gottes für uns ist unwiderruflich. Sie ist der bleibende und ermöglichende Grund, dass der Mensch überhaupt fähig ist, eine Lebensentscheidung zu treffen.

Durch den Empfang des Weihesakramentes erhält der Priester eine besondere Zugehörigkeit zu Christus, eine neue qualitative Existenzweise in der Nachfolge Christi. Er ist berufen und befähigt, eine bestimmte Sendung zu erfüllen, und hat es sich zur Aufgabe gemacht, die Umstände und entscheidenden Chancen seines Lebens zum Wachstum in der Heiligkeit zu nützen. Gottes Kraft führt zu einer Verstärkung des eigenen Tuns, zu immer neuen schöpferischen Versuchen, der Entfaltung von Leben zu dienen. Wir haben wahrscheinlich noch viel zu wenig Ahnung von dieser Dynamik. Es ist nicht vorherzusehen, mit welcher alles in seinen Bann ziehenden Kraft die Entfaltung unseres Lebens in der Nachfolge abläuft. »Niemand kann zu mir kommen, wenn nicht der Vater ... ihn zu mir zieht« (Joh 6,44). Wer die Liebe tut, wird immer mehr diese Dynamik der Neuschöpfung erleben und erkennen. Dabei ist es wichtig, dass jeder in sich selbst diese neue Kraft entdeckt im »Hinübergehen ins Leben« (1 Joh 3,14). Die sakramentale Kraft ermöglicht uns in Liebe die Augen zu öffnen, um die Neuschöpfung zu erleben.

Priesterliche Existenz als sakramental begründetes Leben

Die Berufung zur Liebe zielt auf eine Antwort nach dem Plan Gottes. Ruf und Antwort der Liebe werden im Sakrament zusammengedacht und gefeiert. »Alle Sakramente sind, darin der Eucharistie gleich, Heilshandeln Gottes in Jesus Christus am kirchlich Glaubenden; sie sind differenziert nach Weisen dieses Heilshandelns, die primär nicht durch die allgemeinmenschlichen soziologischen Situationen und Verhältnisse des Glaubenden, sondern durch Weisen der Heilszuwendung Christi, welche Weisen seines menschenförmigen Lebens sind, besondert werden« (Hans Urs von Balthasar).[65]

Durch den Empfang des Sakramentes wird der Mensch mit seiner Geschichte am Plan Gottes beteiligt. Er wird sich dadurch des eigenen Ich, der eigenen Person, seiner Berufung und des von Christus für einen jeden gebahnten Weges bewusst, den er im Leben zu gehen hat. Alle Sakramente sind Zeichen des Glaubens und im persönlichen Glaubensleben des Menschen verwurzelt. Sie haben ihren ›Sitz im Leben‹ in der persönlichen Nachfolge des einzelnen Menschen. Die Gnade des Sakramentes ist eine spezielle »göttliche Hilfe zur Verwirklichung des Zweckes des Sakramentes« (Thomas von Aquin).[66]

Im sakramentalen Leben spielt die differenzierte Lebens- und Glaubensbiografie eine entscheidende Rolle. Jeder muss seine je eigene Geschichte als Gottes Geschichte mit sich selbst lesen lernen und so sich in das Heilsgeheimnis Jesu Christi hineinführen lassen. Jesus Christus heiligt und heilt unsere konkrete Lebenssituation. Er bringt seine Liebesgeschichte mit uns voran. Der Empfang des Sakramentes bedeutet für den Menschen die persönliche Beteiligung am Plan Gottes bis zum ewigen Leben und die Kraft für die treue Antwort auf die eigene Berufung. Die Taufe verwirklicht die allen Menschen gemeinsame Berufung, mit Christus und in ihm miteinander vereint zu werden. Von dieser außerordentlichen Würde und Freiheit aus wird uns in einer genau bestimmten Begegnung der zu durchlaufende persönliche Weg gewiesen, der stets mit den Sakramenten als Hilfe versehen ist. Der Sakramentenempfang ist somit auch persönliche Beteiligung am Plan Gottes für uns; darin leben wir den Ruf nach, den Gott an uns richtet. Wer das Sakrament empfängt, führt eine persönliche, unmittelbare Begegnung mit Christus herbei, kommt dadurch mit der letzten Wahrheit des Menschen in Beziehung und wird ihrer teilhaftig. Das Sakrament schenkt uns den Sinn und das Ziel unseres Lebens, indem es uns in den Plan einbezieht, den Gott für uns gefasst hat, und der uns so aus existenzieller Einsamkeit herausfinden lässt. Zudem bietet es uns die Chance, frei und selbstverantwortlich zu leben. Wer das Sakrament empfängt, tritt freien Willens in einem konkreten Zeichen mit Christus in Gemeinschaft und empfängt seine Gnade.

Die menschliche Freiheit ist eine wesentliche Voraussetzung zur Teilhabe am christlichen Mysterium, das uns im sakramentalen Zeichen zur Gemeinschaft mit Christus beruft. In bewusster, voller Zustimmung geht der Mensch zu Gott, so wie umgekehrt sich dieser uns völlig frei und unentgeltlich schenkt. Wer das Sakrament empfängt, lebt seiner eigenen Freiheit nach im Entschluss, in engerer Bindung an Christus sein Leben zu verwirklichen, den er als Weg, Wahrheit und Leben erfahren hat.

Die Sakramente sind nicht nur ein punktuelles Handeln an einem entscheidenden Knotenpunkt des Lebens, sondern eine neue dynamische Beziehung zu Gott, die eine Lebensentscheidung gnadenhaft verdichtet und stärkt. Die Entscheidung zur lebenslangen Nachfolge ist integrierender Bestandteil eines Sakramentes selbst. Denn das Sakrament ist nicht bloß liturgischer Vollzug, sondern ein Prozess, ein langer Weg, der alle Kräfte des Menschen, Verstand, Wille und Gemüt einfordert. Der Sakramentenempfang ist nur der Beginn einer lebenslangen dynamischen Beziehung zu Gott. Am Anfang des Lebens- und Glaubensweges wirkt Gott. Dieser Anfang ist die Grundlage und Ausgangspunkt eines lebenslangen Weges. Das Wirken Gottes im Sakrament muss sich im Glauben und Leben der Menschen noch auswirken. Das Wachsen auf dem Glaubensweg, das heißt die existenzielle Realisierung dessen, was im Sakrament geschehen ist, ist selbst noch einmal nur durch die dauernde Gnadenwirkung Gottes möglich. Die Gnade Gottes begleitet den angestoßenen Lebens- und Glaubensweg, und nur in seiner Kraft kann die Lebensentscheidung zur vollen Entfaltung kommen. Die den Sakramenten geschenkte Gnade bestimmt, prägt und begleitet schöpferisch diesen neuen Lebensweg.

Diese gnadenhafte Weggemeinschaft will nicht nur jeden Tag aufs Neue, als Geschenk, angenommen sein, sondern ist ein ständiger Ruf zur Entäußerung und Hingabe. Sakramente sind also nicht so sehr Höhe- und Endpunkte auf dem Lebensweg, sondern vielmehr Ausgangspunkte für einen evangelisierend-mystagogischen Lebensweg. Stufenweise wachsen wir in die Gemeinschaft am Heiligen hinein, in das Mysterium, das ein Leben vor Gott immer schon ist.

Als Glaubensentscheidung zur Nachfolge Christi braucht die Lebensentscheidung die sakramentale Konkretheit. Die im Glauben getroffene Lebensentscheidung ist sakramental, das heißt sie lebt von dem, was der Mensch nicht selber gibt, sondern von dem, was er von Gott empfängt. Durch diese Entscheidung lässt sich ein Mensch von Gott die nötige Kraft zur Verwirklichung und zum Gelingen seines Lebensprojektes schenken. Das Geschenk Gottes schließt sowohl den Anspruch an den eigenen Willen des Menschen als auch die Gnade und Kraft zu seiner Verwirklichung mit ein. Denn zum christlichen Leben, wie auch immer es gelebt wird, gehören zwei Komponenten: einerseits das Handeln Gottes, andererseits das Mithandeln des Menschen, der in der stillen Führung Gottes frei wird zu sich selbst.

Herr, was soll ich tun?

Wie kann ein Christ den Ruf Gottes hören, entdecken und als den Willen Gottes für sich und seine Lebensgeschichte begreifen? Die Frage des vor Damaskus zu Boden gestürzten Saulus »Herr, was soll ich tun?« (Apg 22,10) ist von fundamentaler Bedeutung für einen Menschen, der darauf vertraut, dass Gott einen Plan, eine sinnhafte Ordnung für sein Leben bereithält. Wie oft fragen wir uns wie Saulus: Herr, was soll ich tun? Denn Gottes Rufe sind nicht starr und schablonenhaft, sondern ins Unendliche abgestuft und lebendig, vor allem weil er auf die Mitwirkung der Menschen zählt. Der Ruf Gottes kann objektiv noch schwach sein: »Ein leises Anpochen, ein erster Versuch der Liebe Gottes mit einem Menschen. Gott kann wollen, dass dieser sich allmählich in die Antwort einübe. Er kann seinen Ruf wie einen Sonnenstrahl durch die Nebel scheinen lassen, sichtbar vielleicht nur an einer Aufhellung im Gewölk, das sich nicht vollends lüftet. Er kann die Nebel sich wieder verdichten lassen, damit der Mensch sich an jene Stunde der Helligkeit zurückerinnere und von ihr aus weiter bete und suche« (Hans Urs von Balthasar).[67]

Obwohl man sich hierbei mit direkten und eindeutigen Antworten nicht leichttut, muss man doch auf Kriterien zurückgreifen und aufmerksam machen können, die zur Entscheidungsfindung beitragen, zumal wenn hierbei die Weichen für das ganze Leben gestellt werden. Aber nicht nur an einmaligen Entscheidungspunkten des Lebens ist es notwendig, den Willen Gottes zu erfragen; dies ist vielmehr eine lebenslange Aufgabe, zumal der Plan Gottes keineswegs wie nach einem Drehbuch abläuft, sondern offensichtlich auch menschliche Freiheitsentscheidungen mit einbezieht und somit entsprechend variabel ist.

Das priesterliche Leben als Sakrament für die Welt

Als dauerhafte und endgültige Lebensentscheidung öffnet sich jede Berufung in einer dreifachen Dimension: in Beziehung auf Christus ist jede Berufung »Zeichen«; in Beziehung zur Kirche ist sie »Geheimnis«; in Beziehung zur Welt ist sie »Sendung« und Zeugnis für das Reich.

Berufung als Zeichen: Jede Berufung ist Zeichen, ist eine besondere Art, das Antlitz Christi zu zeigen. »Die Liebe Christi drängt uns« (2 Kor 5,14). Jesus wird so zum Beweger und entscheidenden Vorbild jeder Antwort auf die Anrufe Gottes. Das Zeugnis eines Lebens der vollständigen Hingabe an Gott und an die Brüder und Schwestern in der Nachfolge des Erlösers ist beredter Ausdruck der liebenden und Heil bringenden Gegenwart Christi in unserer Welt. Insofern das Gott-Menschliche in unserem Lebensentwurf sichtbar wird, ist unser Leben ein ›Sakrament‹ für die Welt. Das im Vertrauen auf Gott entworfene Lebensprojekt ist ein Zeichen für die Welt. Er hat die anziehende Kraft, die zum Glauben an Christus führt. Der Sinn jeder Berufung zur Nachfolge ist es, inmitten der Lebenswirklichkeit von etwas ganz Anderem Zeugnis zu geben, eine andere Wirklichkeit ins Spiel zu bringen und zu vermitteln. Es soll sichtbar werden, dass wir hier Fremdlinge sind, die auf die andere Wirklichkeit hoffen und die motiviert sind, sich für die jetzige Zeit einzusetzen, weil wir wissen, dass das Jenseitige schon jetzt ins Diesseitige hereinstrahlt.

Berufung als »Geheimnis«: In Beziehung zur Kirche ist jede Berufung ein Geheimnis, das in der Freiheit des Geschenks seine Wurzel hat. Ein Ruf Gottes ist ein Geschenk für die Gemeinschaft, zum allgemeinen Nutzen, in der Dynamik der vielen Dienste. Dies ist möglich in Fügsamkeit gegenüber dem Geist, der die Kirche wie eine ›Gemeinschaft von Gaben‹ sein lässt und im Herzen des Christen die *Agape* hervorbringt; nicht nur als eine Ethik der Liebe, sondern auch als eine tiefgehende Struktur der Person, die gerufen und fähig gemacht ist, in einer Haltung der Dienstbereitschaft und in der Freiheit des Geistes in Beziehung mit anderen zu leben.

Berufung als »Sendung«: Jede Berufung ist schließlich in Beziehung zur Welt eine Sendung. Die Sendung, die wir von Jesus empfangen, ist begründet in der Sendung, die Jesus selbst vom Vater empfangen hat und nun fortwährend in seiner Kirche und durch sie ausübt. Sie ist in Fülle gelebtes Leben, da sie für andere gelebt wird wie das Leben Jesu, und die deshalb auch Leben stiftet: Das Leben bringt Leben hervor. Aufgrund der Lebensentscheidung erhalten wir eine Sendung, von der Heiligkeit Zeugnis zu geben und daran zu erinnern, dass wir alle aufgerufen sind, heilig zu werden. Hier gründet also die innerste Teilhabe jeder Berufung am Apostolat und an der Sendung der Kirche, die Keimzelle des Reiches ist. Berufung und Sendung sind zwei Seiten derselben Medaille. Sie beschreiben die Gabe und den Beitrag eines jeden zum Plan Gottes, nach dem Bild und Gleichnis Jesu.

Zum Gelingen der Lebensentscheidung

Es ist selbstverständlich, dass die Menschen vor Lebensentscheidungen und lebenslangen Bindungen Angst haben. Wir brauchen heute einen vertrauenden und wachen Blick dafür, dass Lebensentwürfe und Lebensentscheidungen immer gefährdet sind, bruchstückhaft bleiben werden und dennoch immer in Gottes Hand liegen. Aus diesem Wissen heraus tagtäglich vertrauend und tastend den Weg zu gehen, kostet unendlich viel Kraft und Mut. Es ist keine leichte Aufgabe, einer nach reiflicher Überlegung getroffenen und im sakramentalen Handeln der Kirche begründeten und gestärkten Lebensentscheidung in der Nachfolge Christi treu zu sein.

Mit Blick auf die ungebrochen große Sehnsucht der Menschen nach Treue und lebenslanger Bindung bei gleichzeitiger Erfahrung geringer Tragfähigkeit von Lebensentscheidungen heute ist es wichtig, die Kraftquellen der christlicher Existenz neu zu entdecken, damit Lebensentscheidungen so verstanden und gelebt werden können, dass sie den berechtigten Erwartungen der Menschen nach Selbstentfaltung und Dauerhaftigkeit entsprechen. In allem bleibt die entscheidende Frage, ob wir unsere Lebensentscheidung und die daraus folgende Konsequenz eher als eine Last denn als eine Gnade empfinden. Eine Gnade darf man schenken und empfangen, eine Last muss man sich selbst aufladen.

Das Gelingen und die Lebbarkeit christlicher Lebensentwürfe und das Einlösen getroffener religiöser Entscheidungen werden davon abhängig sein, ob sie in Beziehung zu Gott gelebt werden. Sie werden nur gelingen, wenn sie als Partnerschaft zwischen Gott und den Menschen verstanden und im Horizont der Gnade gelebt werden. Es geht darum, dass wir nicht auf unsere eigene Willenskraft und Stärke gründen und vertrauen, sondern auf die Gnade Gottes, auf seine liebevolle und allmächtige Vorsehung, auf die Kräfte, die von Christus und von seinem gegenwärtig handelnden Geist geschenkt werden. Der in der Gnade lebende Mensch hat seine Lebensausrichtung, sein Lebensgesetz von innen heraus durch die Verbindung mit Christus. Christus selbst ist in ihm das Lebensgesetz, in das er durch die Sakramente hineingenommen ist. Der Kern der Nachfolge Christi ist nicht äußere Nachahmung, sondern das Leben aus der innersten Gnadenverbundenheit mit ihm.

Die lebendige und Leben spendende Wurzel einer Lebensentscheidung ist die Gemeinschaft mit Christus, die wachsende Liebe zu ihm und die Lebensvertrautheit mit ihm. Nur aus der Perspektive des Glaubens und im Vertrauen auf die zugesagte Gnade Gottes lassen sich Lebensentscheidungen angesichts der

zunehmenden Flexibilisierungstendenz christlicher Lebens-
entwürfe als Berufung leben. Das Hineingenommensein in die
Mysterien, die sakramental gefeiert werden, gibt entscheidende
Beweggründe zur Verwirklichung einer Lebensentscheidung:
»Der Geist selber bezeugt unserem Geist, dass wir Kinder Gottes
sind. Sind wir aber Kinder, dann auch Erben; wir sind Erben
Gottes und Miterben Christi, wenn wir mit ihm leiden, um mit
ihm auch verherrlicht zu werden. Ich bin überzeugt, dass die
Leiden der gegenwärtigen Zeit nichts bedeuten im Vergleich zu
der Herrlichkeit, die an uns offenbar werden soll« (Röm 8,16–18).

Eine Lebensentscheidung kann nur gelingen, wenn wir das
Nicht-Ganz-Sein, das Unvollständig-Bleiben, das Abgebrochen-
Sein im menschlichen Leben wahrnehmen und uns ihm im
Vertrauen auf die bleibende Kraft Gottes zu stellen versuchen.
Eine wahrhaft christliche Spiritualität ist unverzichtbare Vor-
aussetzung für das Gelingen einer Lebensentscheidung: die
Bereitschaft zur persönlichen Umkehr, die Erfahrung von wah-
rer Kirche, die gelebte Nachfolge des Herrn im Dienst an den
Brüdern und Schwestern. Eine neue Selbstvergewisserung der
geschenkten Kraft und Gnade und die Besinnung auf Gottes bleibende Treue können bei uns neue Kräfte freisetzen. Der Empfang der Sakramente der Versöhnung und der Eucharistie ist ein
neuer Vertrauensbeweis der Gotteskraft. Die Gnade Gottes kann
Ängste überwinden helfen und gebrochene Biografien heilen.

Die Nachfolge Christi ist letztlich eine Gnade, ein Ineinander
von unserem menschlichen Bemühen und göttlichen Wirken.
Sie ist der Versuch, in der alltäglichen Wirklichkeit das zu leben,
was im Leben und Wirken Jesu sichtbar geworden ist: die Liebe
Gottes, die Christus in seiner menschlichen Selbstentäußerung
als Demut und Armut vorgelebt hat.

Die Nachfolge Christi ist eine Schule des Lebens, in der wir
das Geheimnis der wahren Freude lernen können. Diese besteht
darin, sich vom Herrn, der uns berufen hat, geliebt zu fühlen,

sich selbst und anderen zum Geschenk zu machen und einander in Christus gern zu haben.

Wir können eine lebenslange Bindung an Christus eingehen, nicht weil wir rein menschlich dazu fähig wären, sondern weil er uns treu ist. Die geschenkte Treue, seine Treue zu mir gibt mir die Kraft, auch durch Umwege zur Vollendung zu kommen. Ich darf darauf vertrauen, dass mein Leben gelingen wird, weil der lebendige Gott mit mir geht. Die biblische Josefsgeschichte ist ein eindrucksvolles Beispiel dafür: Immer wieder betont der Erzähler dieser Geschichte, dass das Leben von Josef gelingt, weil der lebendige Gott mit ihm ist (vgl. Gen 37–50).

V
LEBEN AUS DER KRAFT DES WEIHESAKRAMENTES

DURCH DEN EMPFANG des Weihesakramentes erhält der Geweihte Anteil am Priestertum Christi und dadurch ist er bestellt und befähigt, Jesus Christus zu repräsentieren und in seinem Namen zu handeln. Aus eigener Kraft ist diese Christusrepräsentation dem Menschen nicht möglich. Die Gnade des Weihesakramentes bewirkt eine Gleichgestaltung mit Christus, verleiht dem Priester die innere Befähigung, Christus zu repräsentieren, drängt dazu, sich im Leben zu entfalten, und verlangt einen Lebensstil, der Christus und seiner Botschaft entsprechend ist. Die Christusrepräsentation wird nur dann glaubwürdig, wenn der Priester aus der Bewegung der Hirtensorge und der Pro-Existenz Christi heraus handelt.

Die Weiheliturgie

In der Weiheliturgie bekennen wir vor Gott und der ganzen Gemeinde unsere Bereitschaft, Gott und den Menschen zu dienen: »Ich bin bereit.« Diese Bereitschaftserklärung ist ein existenzielles Bekenntnis vor Gott, dass er uns befähige, in seiner Gnade unseren priesterlichen Dienst zu tun.

Der priesterliche Dienst nimmt seinen Anfang im Weihesakrament. Dieses Sakrament hat eine prägende Bedeutung für das Leben und den Dienst des Priesters. Die Weiheliturgie enthält eine Fülle von wertvollen theologischen Orientierungshilfen und spirituellen Impulse für das Gelingen unseres Lebens und Dienstes als Priester heute. Bei der Feier der Priesterweihe bekundet der Priester vor dem Bischof und vor allen Gläubigen seine Bereitschaft unter der Leitung des Bischofs sein Amt im Sinne Christi und der Kirche auszuüben.

»Bist du bereit? – Ich bin bereit!«, so haben es die Generationen von Priestern vor uns gesprochen, so sprechen es heute die Weihekandidaten bei der Priesterweihe, und so werden es künftig kommende Priester sprechen. Diese Bereitschaftserklärung »Ich bin bereit – Ich verspreche es« verbindet in besonderer Weise die Priester als Presbyterium untereinander. Diese grundsätzliche Bereitschaft zum Dienst für Gott und an den Menschen im Auftrag der Kirche wird im Weihesakrament besiegelt und bestätigt, nachdem der Anruf Gottes und die Berufung dazu vorausgegangen sind. »Mit dem Beistand des Herrn und Gottes Jesus Christus, des Erlösers, erwählen wir diese unsere Brüder zu Priestern.« Als sakramental Befähigter und vom Bischof Beauftragter geht der Priester lebenslang diesen Weg der Dienstbereitschaft.

Die Bereitschaftserklärung und das Versprechen der Weihekandidaten, wie es die Weiheliturgie vorgibt, kann als ein sich entfaltender Hintergrund zum priesterlichen Profil dienen. Es hat einen herausfordernd verbindlichen und öffentlichen, fragenden Charakter und steht somit auch in einem besonderen zuordnenden Zusammenhang zu allen anderen pastoralen kirchlichen Diensten. Die Liturgie der Priesterweihe entfaltet in Schritten die wesentlichen Akzentsetzungen eines priesterlichen Profils, das die priesterliche Existenz prägt und erfüllt.

Öffentlichkeit – Zuverlässigkeit – Leitung
In der ersten Frage wird auf einen lebenslangen, erfüllenden und zu erfüllenden priesterlichen Dienst verwiesen. Diese Bereit-

schaft, konsequent seinen Dienst als Priester lebenslang, öffentlich und zuverlässig zu tun, ist eine der wichtigen Voraussetzungen zum priesterlichen Dienst. Die Bereitschaft dazu basiert auf der Zuverlässigkeit, mit der sich der Weihekandidat dazu verpflichtet, als Mitarbeiter des Bischofs und unter der Führung des Heiligen Geistes die ›Kirche Gottes am Ort‹ mit Umsicht zu leiten. Diese pastorale Leitung besteht darin, dass wir Menschen seelsorglich so begleiten, dass sie zu Gott finden. Wir tragen auch die Sorge für die Einheit der Gläubigen untereinander und für ihre Einheit mit der Ortskirche und mit der Universalkirche.

Dienst am Wort – Verkündigung –
Darlegung des katholischen Glaubens
Priesterlicher Dienst ist zuallererst ›Verkündigung des Evangeliums‹, der Dienst am Wort und die Darlegung des katholischen Glaubens, die den Gläubigen dazu verhilft, ihr Leben in ihm zu verankern. Dieser fordernde Dienst soll in Gewissenhaftigkeit erfüllt werden. Eine ganzheitliche theologische Ausbildung und eine menschliche und spirituelle Kompetenz dienen daher notwendigerweise diesem Dienst am Wort. Der Dienst am Wort bedeutet vor allem die Verkündigung des Wortes Gottes im Sinne der Kirche.

Mysterien Christi – Sakramente der Eucharistie und der Versöhnung
In besonderer Weise werden in der Bereitschaftserklärung aus den Mysterien Christi die Sakramente der Eucharistie und der Versöhnung angesprochen. »Durch den Dienst der Priester vollendet sich das geistige Opfer der Gläubigen in Einheit mit dem Opfer des einzigen Mittlers Christus, das sie mit ihren Händen im Namen der ganzen Kirche bei der Feier der Eucharistie auf unblutige und sakramentale Weise darbringen, bis der Herr selbst kommt. Darauf zielt das Dienstamt der Priester, und darin findet es seine Vollendung. Denn ihr Dienst, der in der Verkün-

digung des Evangeliums seinen Anfang nimmt, schöpft seine ganze Kraft aus dem Opfer Christi« (PO 2). »Am meisten üben sie ihr heiliges Amt in der eucharistischen Feier oder Versammlung aus, wobei sie in der Person Christi handeln und sein Mysterium verkünden« (LG 28). Der Reichtum der kirchlichen Überlieferungspraxis kennt das Feiern, das zum Lobe Gottes und zum Heil seines Volkes ehrfurchtsvoll vollzogen wird. In der Eucharistie und Buße werden gemeinsam hervorgehoben: Danksagung (Lob Gottes) und Versöhnung (Schuldvergebung). Beide zugleich sind in den Mysterien Christi zentral verankert. Nur Versöhnte können Versöhnung stiften.

Das aufgetragene Gebet aus der Schrift – Beten

Das uns als Priestern gemeinsam aufgetragene Gebet bezieht sich auf das Erbarmen Gottes für die uns anvertrauten Menschen und macht deutlich, dass wir ihnen nicht aus eigener Kraft dienen. Der Priester ist und bleibt mit allen Gläubigen zusammen ein auf Gott angewiesener und stets betender Mensch. Das Mit-Sein mit Christus ist unsere Kraftquelle. Aus der Hinwendung zu Gott empfangen wir die Kraft, uns den Menschen zuzuwenden und in ihrer je eigenen Lebenssituation den Gotteshorizont zu erschließen. Das stellvertretende Gebet für die Gemeinde und für die Welt gehört zum priesterlichen Dienst. »Das Ziel also, auf das Dienst und Leben der Priester ausgerichtet sind, ist die Verherrlichung Gottes des Vaters in Christus. Diese Verherrlichung besteht darin, dass die Menschen, die in Christus vollendete Tat Gottes bewusst, frei und dankbar annehmen und in ihrem ganzen Leben kundtun. Ob die Priester sich darum dem Gebet und der Anbetung hingeben, ob sie das Wort verkünden, das eucharistische Opfer darbringen und die übrigen Sakramente verwalten oder den Menschen auch auf andere Weise dienen, immer fördern sie die Ehre Gottes und das Wachstum des göttlichen Lebens im Menschen« (PO 2).

Armen, Kranken, Heimatlosen und Notleidenden nahe stehen

Die Dimensionen einer praktizierten Nächstenliebe sind sehr konkret: Arme, Kranke, Heimatlose und Notleidende. Wir gehen zu den Armen und Kranken, in denen wir Christus selbst erkennen. Dauernder Gradmesser priesterlicher Existenz ist die Nähe zu den Genannten und die gelebte praktische Nächstenliebe. Selbstverständlich sind alle Christen zur christlichen Diakonie berufen. Die spezifische priesterliche Aufgabe besteht darin, dass er durch seinen Heilsdienst der Befähiger und Inspirator der Caritas ist.

Hingabe – wachsende Verbindung zu Christus, dem Herrn

Mit Blick auf Jesus Christus wird die Bereitschaft eingefordert, sich Tag für Tag mit ihm enger zu verbinden, um so immer mehr in die Christusfreundschaft hineinzuwachsen. So kann das Zeugnis, um des Heiles der Menschen willen für Gott zu leben, deutlich werden. Eine wachsende Christusähnlichkeit durch eine sakramentale Ausprägung ist gefordert und wird als ein Prozess der Gnadenwirkung verstanden: »Mit Gottes Hilfe bin ich bereit.« Je mehr es uns gelingt, ihm ähnlich zu werden, desto authentischer und glaubwürdiger wird unsere Repräsentation Christi als des Hauptes seiner Kirche. Die Einheit von Sein und Sendung, die Einheit von amtlicher und personaler Christusrepräsentation wird in der priesterlichen Lebensform erkennbar. Die Bereitschaft zur Nachfolge Christi ist die wesentliche Voraussetzung für den priesterlichen Dienst: »Bedenke, was du tust, ahme nach, was du vollziehst, und stelle dein Leben unter das Geheimnis des Kreuzes.«

Versprechen – Ehrfurcht und Gehorsam

In einem der Versprechen in der Weiheliturgie geht es um die Ehrfurcht und den Gehorsam dem Bischof gegenüber. Priesterliche Identität genügt nicht nur sich selbst und begründet sich auch nicht allein aus sich selbst heraus. Sie trägt in sich ein ›hierarchisches‹ Element, das Verwiesen-Sein auf den jeweiligen Bischof, der die Einheit mit der Gesamtkirche darstellt. »Die Priester aber sollen die Fülle des Weihesakramentes der Bischöfe vor Augen haben und ihnen die Autorität des obersten Hirten Christus hochachten … Die Bischöfe sollen die Priester als ihre Brüder und Freunde betrachten« (PO 7).

Der Bischof fügt der Bereitschaft und dem Versprechen des Kandidaten hinzu: »Gott selbst vollende das gute Werk, das er in dir begonnen hat.« Der Bischof sieht seine Verantwortung gegenüber dem Weihekandidaten in Gott begründet, indem er ihn Gott anempfiehlt und künftige Fürsorge für ihn übernimmt.

Die Gnade des Weihesakramentes

In der Weiheliturgie erbitten alle die Gnade Gottes für die Weihekandidaten. Durch die Handauflegung des Bischofs und das Weihegebet wird den Weihekandidaten die Gabe des Heiligen Geistes für das Priesteramt übertragen: »Allmächtiger Vater, wir bitten dich, gib deinen Dienern die Würde des Priestertums. Erneuere in ihnen den Geist der Heiligkeit. Das Amt, das sie aus deiner Hand, o Gott, empfangen, die Teilhabe am Priesterdienst, sei ihr Anteil für immer. So sei ihr Leben für alle Vorbild und Richtschnur« (Weihegebet).

Durch die Handauflegung und das Gebet wird deutlich: Der Priester empfängt, was er sich selber nicht geben kann. So verweist die Weihe über die Person des Amtsträgers hinaus auf den ihn weihenden und sendenden Christus. Im priesterlichen Dienst wird Christus selbst heilend wirksam.

Mit dem Empfang des Weihesakramentes beginnt der Dienst des Priesters in der Kirche. Diese bekannte und selbstverständliche Aussage hat eine tragende Bedeutung für das Leben des

Priesters. Ist es nur eine Beauftragung? Oder hat die Weihe eine existenzielle Bedeutung für den, der dieses Sakrament empfängt? Das Sakrament der Weihe konstituiert das Dienstamt des Priesters. Dieses Sakrament in seiner Fülle und Tiefe wird erst zum Vorschein kommen, wenn wir die sakramentale Verfasstheit der Kirche und die Bedeutung des priesterlichen Dienstes in den Blick nehmen. Der priesterliche Dienst gründet auf der göttlichen Berufung und Sendung, denn das letzte Ziel ist nicht der Mensch selbst, sondern vielmehr Gott und die Verwirklichung seines Reiches. Durch die Weihe begründetes Priestertum wird nur in der Erlösungsordnung verständlich, die mit der Person Jesu Christi und seinem Heilswerk unaufhebbar verbunden ist.

Der Kirche als Volk Gottes und Leib Christi ist aufgetragen, das Wort Gottes zu verkünden, die verkündete Botschaft in praktizierter Gemeinschaft zu leben und beides zeichenhaft in der Liturgie zu feiern, um so Gott zu verherrlichen. Der Verwirklichung dieser Grundvollzüge der Kirche dient das geweihte Amt. Die Priesterweihe ist die Bestellung und Befähigung zu solchem Dienst. Sie ist das Sakrament der bleibenden Indienstnahme und die Gabe des Geistes zu diesem Dienst. Das Weihesakrament befähigt den einzelnen zu diesem Dienst Berufenen zur Teilnahme an der Heilssorge Gottes für die Menschen, die durch Heilszeichen und Heilsgabe in der Welt Gestalt annimmt und erfahrbar wird.

Weil die gesamte Kirchengemeinschaft sich sakramental versteht, tragen die für ihr Leben besonders wichtigen Vorgänge den sakramentalen Grundcharakter der Kirche in einer besonderen Weise in sich. Deshalb tritt der Gläubige nicht einfach der Kirche bei, sondern er empfängt durch das Sakrament der Taufe ein neues Leben in Christus und eine besondere Beziehung zu den anderen Gläubigen. Wenn ein Gläubiger als Priester für eine besondere Christusrepräsentanz bestellt wird, kann diese Befähigung nur durch einen vermittelnden Akt Christi selbst ermöglicht werden, und dies erfolgt im Weihesakrament. Es bewirkt, dass der Priester Gesandter des Herrn und Verwalter seiner Geheimnisse wird. Befähigt und zugerüstet durch das Weihesakrament, kann der Priester geben, was des Menschen Maß und Grenzen übersteigt und wahrhaft Gottes ist.

Das geweihte Amt ist ein verlässliches Angebot Gottes zur Begegnung mit ihm selbst. Mit dem priesterlichen Dienst bindet der Herr sein Heilswirken an die Kirche. Er gibt sich und sein Heil weiter, indem er sich durch Weihe und Sendung Zeichen seiner Gegenwart schafft. Jesus Christus selbst ist im Dienst des geweihten Priesters in seiner Kirche gegenwärtig als Haupt seines Leibes. Diese Glaubensüberzeugung bringt die Kirche zum Ausdruck, indem sie sagt, dass der Priester kraft des Weihesakramentes »in der Person Christi, des Hauptes« handelt. Durch die Priesterweihe wird der Geweihte dem Hohepriester angeglichen. Ihm wird die Vollmacht verliehen, in der Kraft und anstelle der Person Christi selbst zu handeln.

Das Weihepriestertum hat zur Aufgabe, Christus, das Haupt der Kirche, in zweifacher Weise zu repräsentieren: einmal Christus vor den Gläubigen als Gegenüber darzustellen und zum andern, Christus als den ganzen Leib, Haupt und Glieder, miteinander verbunden im Heiligen Geist, vor dem Vater darzustellen. Weil der Priester Christus repräsentiert, kann er deshalb auch »im Namen der ganzen Kirche« handeln.

Für das Weihesakrament gilt, was zu allen Sakramenten gesagt werden kann: Es ist ein Zeichen oder Symbol, in dem eine Heil und Leben schenkende Begegnung mit Gott sowohl angezeigt wie auch verwirklicht wird, sofern sich der Empfänger des Sakramentes dieser Begegnung im Glauben öffnet. Die Wirksamkeit der Sakramente als realisierende Zeichen ist an diesen ihren Zeichencharakter gebunden: So kann dieses Sakrament über sich hinaus auf einen Anderen, auf etwas nicht unmittelbar Anschaubar-Sinnfälliges verweisen und dies wirksam gegenwärtig werden lassen. Wie alle Sakramente ist das Weihesakrament nicht ein statisch punktuelles Ereignis, sondern ein dynamisches Heilsereignis. Es soll wirksam bezeugen, dass das Leben des Geweihten in der Wurzel geheilt ist und so in Dienst genommen wird, dass sein Empfänger dieser neuen, gnadenhaften Wirklichkeit immer wieder inne wird, wenn er sich von dem Sakrament auf den äußerlich oft so verschlungenen Pfaden des Lebens leiten lässt, sich glaubend immer wieder aufs Neue gerade auch sakramental in Gott verankert.

Durch den Empfang des Weihesakraments prägt der im Heiligen Geist jeden Menschen durchdringende Christus den Geweihten zuinnerst. Dieser im Heiligen Geist den Menschen durchseelende Christus lässt den Menschen jene Kräfte entwickeln, die es ihm ermöglichen, frei dieser Durchdringung in Hingabe zu antworten. Im Sakrament wird der Empfangende durchwirkt und in seinem von Christus getragenen Glauben innerlich umgewandelt. Das Sakrament der Ordination macht den Geweihten zum Mann der Kirche, indem es im Heiligen Geist den geweihten Menschen mit dem Pascha-Mysterium durchwirkt und öffnet. Wir leben nicht mehr uns, sondern ihm, der für uns Mensch geworden, gestorben und auferstanden ist.

Als Werkzeug des priesterlich-königlichen Wirkens des in seiner Kirche Heil schaffend und Heil schenkend gegenwärtigen Herrn bedarf der Priester einer bevollmächtigten Sendung. Das Mysterium Jesu Christi ist selbstverständlich von unerschöpflichem Reichtum, so dass wir es nie vollkommen und nie aus eigener Kraft zum Ausdruck bringen können. Denn im priesterlichen Dienst geht es um das gnadenhafte Zusammenwirken göttlichen Heilshandelns mit menschlich vollzogenen Zeichenhandlungen. Dabei ergreift Gott die Initiative. Er ist es, der uns in Dienst nimmt, um sein Heil erfahrbare Wirklichkeit werden zu lassen. Im priesterlichen Dienst kann das gott-menschliche Prinzip der Inkarnation nur sichtbar werden, wenn das menschliche Mitwirken eben ein begnadetes und bevollmächtigtes Handeln ist. Priesterliches Handeln kann nur sakramental wirksam werden, wenn dieser Dienst nicht als bloß menschliches, auch nicht als charismatisches Handeln, sondern als sakramental bevollmächtigtes, als von Gott ermächtigtes Handeln verstanden wird. Diese Befähigung, *in persona Christi* zu handeln, ist die Gnadenwirkung des Weihesakramentes.

Das Handeln *in persona Christi* ist die dem Dienstpriestertum aufgetragene und anvertraute Funktion. Aber dieser Dienst ist zuerst nicht bloß Funktion, sondern verdankt sich der vorausgehenden sakramentalen Verwandlung im Bilde Christi und der göttlichen Ermächtigung. Ohne diese sakramentale und gnadenhafte Ermächtigung bleibt diese Funktion rein menschliches Tun. Durch die sakramentale Verwandlung bekommen die menschlichen Zeichenhandlungen priesterliche Qualität.

Um an der von Gott der Kirche anvertrauten Sendung teilzuhaben, muss der Priester in die apostolische Nachfolge hineingestellt werden. Die Ordination ist die Befähigung zur Teilhabe an dieser Sendung. Durch das Gebet und die Handauflegung werden wir Gott übergeben, damit er uns ausrüstet und sendet. Durch den Empfang des Weihesakramentes werden wir als Priester zum Dienst »nach dem Bilde Christi« berufen und in gewisser Weise Christus gleich gestaltet. Es ist die im Sakrament verliehene Gnade, die in uns diese besondere Angleichung an Christus bewirkt. Indem wir den priesterlichen Dienst in Angleichung an die Person und das Heilswerk übernehmen, werden wir mit der ›Darstellung und Repräsentation‹ Christi in der Kirche betraut.

Das Weihesakrament hat grundlegende Bedeutung für das Leben und den Dienst des Priesters. Priesterliches Leben heißt nichts anderes, als aus der Gnade des Weihesakramentes zu leben. Was kann dieses Sakrament zu einem glückenden Leben als Priester beitragen? Im Empfang des Weihesakramentes begegnet uns der Heil schenkende Gott: Diese Begegnung ist eine Sendung, sie ist zugleich eine Befähigung, diese Sendung zu erfüllen. Sie steht unter der Verheißung, dass der Heil schaffend gegenwärtige Gott immer mit uns auf unserem priesterlichen Weg sein wird und durch uns seinen Heilsdienst fortsetzen wird.

Diese Begegnung mit Gott am Knotenpunkt des priesterlichen Lebens und Dienstes ist ein dialogisches Geschehen. Gott ergreift die Initiative, er wendet sich den Menschen zu, der Mensch soll und darf die Antwort des Glaubens und damit sich selbst in das sakramentale Geschehen einbringen. Als Antwort Gottes darf er nach Gottes Verheißung konkrete Gnadenwirkung für sein Leben und seinen Dienst erwarten. Dabei nährt und stärkt Gott den Glauben und weckt in uns eine neue Hoffnung. Der dreifaltige Gott wirkt schöpferisch. In dieser Zuwendung Gottes erfahren wir Heilung und Heiligung, Kräftigung und Befreiung von lähmenden Ängsten.

Das Weihesakrament als Geistereignis

Die *lex orandi* ist immer ein Fundament der *lex credendi*. Die Liturgie der Kirche ist nichts anderes als der gelebte und irgendwie auch der gelehrte Glaube. Deshalb ist das in den liturgischen Handlungen und Gebeten enthaltene Gedankengut eine der lebendigsten Quellen der ganzen Theologie und Spiritualität. Denn die liturgische Handlung ist die vornehmste und deutlichste Epiphanie der Kirche. Die liturgische Überlieferung gibt ein relativ deutliches Bild von der Amtstheologie und der kirchlichen Ämterstruktur. Die Weiheliturgie erschließt die Glaubensüberzeugung der Kirche: die göttliche Herkunft des Priestertums, seine trinitarische Quelle, seinen christologischen und pneumatologischen Charakter.

Die Weihe geschieht von alters her durch die Handauflegung des Bischofs und das jeweilige Weihegebet, das um die Ausgießung des Heiligen Geistes und die besonderen Gnadengaben für den Dienst bittet. So groß ist, was in der Weihe geschieht, dass nur Gott es wirken kann, deshalb bittet der Bischof im Namen der Kirche im Weihegebet: »Allmächtiger Gott, wir bitten dich, gib diesen deinen Dienern die Würde des Priestertums. Erneuere in ihnen den Geist der Heiligkeit. Das Amt, das sie aus deiner Hand, o Gott, empfangen, die Teilhabe am Priesterdienst, sei ihr Anteil für immer. So sei ihr Leben für alle Vorbild und Richtschnur.«

Die Handauflegung ist das Zeichen der Geistesgabe. Im Ritus der Handauflegung wird eine innere Gnadengabe zeichenhaft verliehen, die dem übertragenen Amt entspricht. Die Handauflegung und das Gebet des Weiheritus drücken nicht nur eine Amtsübertragung aus, sondern gleichzeitig die Bitte um den Geist. Die Weihehandlung geschieht in der Überzeugung, dass in diesem Handeln Christus selber handelt: Er selbst nimmt den Weihekandidaten in seinem Dienst. Er selbst gibt ihm seinen Geist. Die Herabkunft des Heiligen Geistes ist die Quelle der priesterlichen Sendung und Vollmacht. Durch die Salbung der neu geweihten Priester wird sinnfällig dargestellt, dass sie den Heiligen Geist empfangen haben. Ohne die Ausgießung der Gaben des Geistes ist die Erfüllung des Dienstes nicht möglich. Die Vollmacht, die durch die Weihe übertragen wird, ist als Ausfluss einer fundamentalen Geistesgabe zu sehen, die den Geweihten in die strikte Kontinuität mit der geistgewirkten Sendung Christi und der Apostel stellt. Den in der Weihe geschenkten Geistesgaben entsprechen die Funktionen, die im Weihegebet erfleht werden.

Es ist wichtig, dass wir die pneumatologische Dimension des Weihesakramentes mehr in den Blick nehmen. Die Weihe als Geistesereignis ist als ein verwandelndes Wirken des Geistes zu verstehen. Die christologische Sendung mit der Wirkung des Heiligen Geistes bewahrt vor Einseitigkeiten in der Amtsauffassung und Amtsausübung. Die sakramentale Struktur der Kirche und die Vielfalt der geistlichen Charismen stammen aus der gleichen Quelle, vom Heiligen Geist. Vollmacht und Charismen, Autorität und Freiheit sind der Kirche vom Heiligen Geist gegeben.

Die Weihe ist zeichenhaft vollzogener Zuspruch zum ausdrücklich bevollmächtigten Dienst an seinem Heilswerk. Es ist wie bei den Sakramenten der Taufe und Eucharistie. Das zum Bad der Wiedergeburt gebrachte Kind sowie die zum Herrenmahl bereiteten Gaben werden dem Handeln des Heiligen Geistes ausgesetzt, damit dieser sie erneuere und heilige. Vergleichbares gilt auch für den Geweihten, wenn er zum qualifizierten ›Vertreter‹ Jesu Christi und Verwalter seiner Sakramente geweiht wird. Hier geschieht die besondere Teilhabe am Priestertum Christi, wodurch der Geweihte dessen bevollmächtigter Gesandter wird und in seinem Namen wirken kann. Ihm wird die notwendige Amtsgnade übermittelt, damit er seinen Dienst heilig ausüben kann. Durch den Empfang des Weihesakramentes werden die Priester lebendige Werkzeuge des Herrn.

Das Wesentliche am Weihesakrament besteht darin, dass es eine besondere Gleichgestaltung mit Jesus Christus schenkt und dadurch einen Menschen zum öffentlichen und amtlichen Zeugen Jesu Christi im Dienst an den Gläubigen bestellt. Es befähigt den Priester ein für alle Mal, im Namen Jesu Christi zu sprechen und zu handeln. Die Weihe schenkt dem Geweihten eine eigene Befähigung zum konsekratorischen Handeln, die ihm durch die Weihe unverlierbar zuteil wird.

In der Weiheliturgie aller orientalischen Riten findet sich eine bemerkenswerte Formel, die der byzantinische Ritus in gleicher Form für die Weihe von Bischof, Priester und Diakon benutzt: »Die göttliche Gnade, die allezeit das Schwache heilt und das Fehlende ergänzt, befördert diesen sehr frommen Subdiakon zum Diakon (Diakon zum Priester; Priester zum Bischof). Lasset uns für ihn beten, dass auf ihn herabkomme die Gnade des Heiligen Geistes.« Dieses Gebet verdeutlicht das Grundgesetz des priesterlichen Daseins: die Entfaltung der Macht des Herrn in unserer Schwäche (vgl. 2 Kor 12,9). Im priesterlichen Dasein offenbart sich die geistliche Logik des Lebens Christi.

Es ist nur selbstverständlich: Alle institutionellen Realitäten haben nur dann einen Sinn, wenn sie sich auf den Geist hin und auf das Geistliche hin transzendieren. Der Empfang des Weihesakramentes hat nur Sinn, wenn er in die Gemeinschaft der Gnade hineinführt. Die empfangene Befähigung hat nur dann einen Sinn, wenn wir den Dienst des Wortes und des Sakramentes tun und damit auf die doppelte Transzendierung hinführen, die Wort und Sakrament ihrerseits meinen. So ist der volle Sinn des Sakramentes erst dann angenommen, wenn wir seine Realität in seiner inneren Bewegungsrichtung übernehmen; wenn wir nicht nur an dem Zeichen, sondern an der bezeichneten Sache selbst Anteil gewinnen.

Apostolische Nachfolge: Einbindung in die communio sanctorum

Durch das Weihesakrament sind wir in die apostolische Sukzession hineingenommen. Diese Rückbindung unseres priesterlichen Dienstes an die Apostel und Heiligen ist eine spirituelle Kraftquelle für unser Leben als Priester. Denn im kirchlichen Dienstamt lebt die für die Kirche konstitutive Sendung der Apostel weiter.

Das Wesen des Dienstamtes ist im Amt des Apostels und in der apostolischen Sendung der Kirche begründet. Der Ursprung des Apostelamtes ist die Erfahrung der eschatologischen Offenbarung Gottes in Jesus Christus, deren Zeugen und Bote der

Apostel wird. Demnach ist das Apostolat bevollmächtigter Dienst im Namen und Auftrag Christi. Seine Aufgabe ist die Verkündigung des Evangeliums, das in der Auferstehung Christi gründet, gleichzeitig aber auf Leben und Werk Jesu zurückweist. Sein Ziel ist die Auferbauung der Kirche als Zeichen des Reiches Gottes. Weil aber das Apostelamt einmalig und unwiederholbar ist, ist die ganze Kirche und die Kirche aller Zeiten auf diesen maßgeblichen Ursprung bleibend verwiesen und verpflichtet. Die Kirche ist nur Kirche, wenn sie dem apostolischen Zeugnis folgt und wenn sie das apostolische Zeugnis, das dem auferstandenen Herrn eine neue geschichtliche Gegenwartsgestalt verleiht, weiterträgt.

Das Amt des Apostels vollzieht sich im mittlerisch-priesterlichen Dienst des Wortes und Kultes. Die Apostel stehen in einer geheimnisvollen Mitte: zwischen der Welt und dem Reich Gottes, zwischen der Vergangenheit und der eschatologischen Zukunft, zwischen den Menschen und Gott. Sie sind der Welt entnommen und stehen im Dienst des rufenden Herrn und im Dienst für Gott. Für diesen Dienst empfangen sie eine schöpferische Befähigung: »Er sah sie … und rief sie … Ich werde machen, dass ihr Menschenfischer werdet« (vgl. Mk 1,16–20). Mit der Berufung zum mittlerischen Dienst ist eine gnadenhafte neue Schöpfung verbunden.

Der apostolische Dienst ist Auftrag, zu verkünden und zu heilen, in Wort und Tat. Aber dies ist nun eben auch der Dienst des Herrn selber (vgl. Lk 4,18–21; 11,20). Macht Jesus durch Wort und Tat das Reich Gottes erfahrbar, so sollen es ebenso die Jünger tun. Der Apostel steht im Dienst des Herrn, indem er dessen eigenen Dienst fortsetzt und verwirklicht. Der apostolische Dienst ist nie eigenmächtig und selbstständig, sondern Teilnahme und Teil des Dienstes des Herrn.

Als Gesandter bleibt der Apostel dem Herrn verbunden (vgl. Mk 3,14). Diese Einheit zwischen dem Sendenden und Ausgesandten wird dann ausdrücklich ausgesprochen: »Wer euch aufnimmt, nimmt mich auf; wer aber mich aufnimmt, nimmt den auf, der mich gesandt hat« (Mt 10,40). Was diese Sendung ausmacht, ist die persönliche Verbindung und die Transparenz, die den Sendenden gegenwärtig werden lässt im Gesandten. Priesterliche Sendung bedeutet nichts anderes, als auf den Sendenden hinzuweisen.

Die apostolische Sukzession ist nicht in erster Linie als juridisch und mechanisch oder gar als ›magisch‹ zu sehen, sondern in ihrer ganzheitlichen und spirituellen Dimension. Sie ist ein wirksames Zeichen der Kontinuität, der Katholizität und der Einheit der Kirche. Denn nur die *ecclesia apostolica* ist die *una sancta catholica*. Wir werden dem Anspruch der apostolischen Sukzession erst dann gerecht, wenn wir an der sakramentalen Struktur festhalten, »in der sie [die Kirche] das Erbe der Apostel, das Erbe Christi immer neu empfängt. Durch das Sakrament, in dem Christus durch den Heiligen Geist handelt, unterscheidet sie sich von allen anderen Institutionen. Das Sakrament bedeutet, dass sie vom Herrn her als ›Geschöpf des Heiligen Geistes‹ lebt und immerfort neu geschaffen wird« (Joseph Ratzinger).[68]

In die apostolische Sukzession hineingestellt zu sein bedeutet, dass das durch die Weihe vermittelte Amt in der Kirche in der Sendung Jesu Christi begründet ist und auf den in seinem Geist heute noch gegenwärtig Heil schenkenden Herrn zurückgeht. Er beruft uns in seine besondere Nachfolge und gibt uns Anteil an seinem Priesteramt, damit wir mit seiner Vollmacht heilend wirken können (vgl. Mk 3,13–15; 6,6b; Lk 10,1). In der apostolischen Sukzession eingebunden zu sein heißt auch, im Geiste des Apostels zu leben und zu handeln: Die Apostel wussten sich auf neue Weise verpflichtet und bevollmächtigt, zusammen mit anderen Zeugen der Erscheinungen des Auferstandenen, ihn und die in seinem Geschick geschehene Erlösung zu verkünden. Das Apostolatsbewusstsein des Apostels Paulus ist besonders eindrucksvoll und inspirierend: »Wir sind also Gesandte an Christi statt, und Gott ist es, der durch uns mahnt. Wir bitten an Christi statt: Lasst euch mit Gott versöhnen« (2 Kor 5,20). Dass er seine Autorität nicht autoritär versteht, sondern als bevollmächtigten Dienst, betont er unmissverständlich: »Wir wollen ja nicht Herren über euren Glauben sein, sondern wir sind Helfer zu eurer Freude« (2 Kor 1,24). Der Apostel Paulus verstand sein Amt allein von Jesus Christus und seinem heilbringenden Wirken her, und deshalb kann er den bevollmächtigten Dienst der Verkündigung als Verwaltung eines priesterlichen Dienstes bezeichnen (vgl. Röm 15,16).

Durch die in der Weihe geschenkte apostolischen Sukzession werden wir als Priester in die ganze Kirche Jesu Christi hineingestellt. Die theologische und spirituelle Tragweite dieses Eingebundenseins in die Kirche wird erst dann deutlich, wenn wir die tiefere Dimension der Kirche in den Blick nehmen: Durch das Weihesakrament sind wir in die *communio sanctorum* in besonderer Weise hineingenommen, die nach dem katholischen Verständnis zwei Aspekte umfasst: *communio sanctorum* heißt einerseits Teilhabe an den *sancta*, also den heiligen Zeichen, den Heilsgütern, die die Kirche als Heilsgemeinschaft besitzt, und schließt damit auch die institutionelle *communio ecclesiarum* ein. Die *communio sanctorum* bezeichnet andererseits die Gemeinschaft der *sancti*, die personale Kommunikation der von Christus Geheiligten. Dieses Hineingestelltsein in die *communio sanctorum* verleiht dem priesterlichen Dienst seine eigentliche Qualität und verdeutlicht das Wirken Jesu Christi durch den priesterlichen Dienst: Als Ermächtigte spenden wir die Sakramente. Aber der wahre Spender der Sakramente, der *sancta*, ist der *Christus totus*, das heißt Christus gemeinsam mit denjenigen, die mit ihm im Glauben, in der Hoffnung und in der Liebe verbunden sind. Und so ist gerade unser sichtbarer priesterlicher Dienst immerfort davon gehalten und getragen, dass dahinter das geistliche Wirken der Gemeinschaft der Heiligen steht. Der sichtbare Dienst, den wir in der Kirche tun, ruht auf dem verborgenen gemeinsamen Dienst aller Glaubenden. Dieses Wissen ist befreiend und zugleich entlastend: In unserem amtlich-priesterlichen Wirken, wo die Kirche in Erscheinung tritt, wo am meisten Christusteilhabe stattfindet, da ist es ganz Teilhabe an dem wesentlichen Für-die-anderen-Sein Jesu Christi. Da der priesterliche Dienst die Verwirklichung der Sendung der Kirche ist, trägt die Last dieses Dienstes Christus selbst, der aller Menschen Last getragen hat.

Die bleibende Zugehörigkeit zu Christus (character indelebilis)

Das Sakrament der Weihe »zeichnet die Priester durch die Salbung des Heiligen Geistes mit einem besonderen Prägemal und macht sie auf diese Weise dem Priester Christus gleichförmig, so dass sie in der Person des Hauptes Christus handeln können« (PO 2). Die Weihe hat eine dauerhafte Beanspruchung des Geweihten für die Sendung Christi zur Folge. Dieser währende Auftrag wird ein gewisses geistliches und unauslöschliches Zeichen genannt. Dies ist eine in der Weihe geschenkte Ähnlichkeit mit Christus, die Gleichgestaltung mit ihm als den Priester und Hirten. Diese prägende Gnadenwirklichkeit nimmt das ganze Leben des Geweihten in Anspruch. Es ist hier wie bei der Taufe und der Firmung. Das Wohlwollen und die Gnade des Herrn ist eine bleibende Gnadenwirklichkeit für die Geweihten.

Die Weihe ist die gnadenhafte Befähigung des Geweihten durch Christus in seinem Geist. Dabei ist diese Befähigung immer wieder neu geschenkte und empfangene Gnade, die als eine aus der dynamischen Beziehung zu Gott dem Menschen zufließende Kraft zu verstehen ist. Denn nur in Verbindung mit Christus können wir seine Werke vollbringen, wie die Reben nur in Verbindung zum Weinstock Früchte bringen können (vgl. Joh 15,1–8).

Diese gilt ungeachtet aller Verdienste und Schwächen des Menschen. Durch Versagen des Geweihten wird die Wirkung des Weihesakramentes nicht hinfällig, und die von ihm gespendeten Sakramente sind gültig. Das Weihesakrament verbürgt eine bleibende Begegnungsmöglichkeit mit dem lebendigen Christus. Diese innere Gewissheit, dass die mit dem Sakrament verbundene und verheißene Gnade immer wirksam wird, entlastet uns.

Die Priesterweihe ist nicht primär für einen sachlichen Dienst, sondern ganz auf eine personale Bindung hingeordnet; auf die lebenslange und ausschließliche Bindung des Priesters an Christus, in dem sein eigenes Priestertum gründet. Die Lebens- und Wirkgemeinschaft zwischen Christus und seinem Priester ist Fundament für die Weitergabe des übernatürlichen Lebens, der Gnade des Reiches Gottes an der Menschheit in dieser Welt. Priesterweihe als Bindung an das Priestertum Jesu Christi wird für die Kirche, für die Menschen in dieser Welt empfangen und doch bedeutet sie höchste Gnade für den Empfänger. Doch fordert sie von uns den treuen und selbstlosen Dienst, zu dem sie uns aber auch in besonderer Weise befähigt. Das Weihesakrament ist ein großes Geheimnis in Hinsicht auf Christus und seine Kirche.

Wenn wir aus der personalen Bindung an Christus den Dienst des Priesters primär als Dienst für Gott und an Christi statt verstehen, können wir die vielfältigen Aufgaben, die wir als Priester tun, in einem neuen Licht sehen. Wenn diese Funktionen priesterlicher Dienst sein sollen, müssen sie ihre letzten Wurzeln nicht nur in unserem persönlichen Einsatz für die Menschen, sondern vielmehr in unserer persönlichen Beziehung zu Christus, »dem Hirten und Bischof der Seelen« (1 Petr 2,25) haben. Diese Hinordnung des priesterlichen Dienstes auf Christus kann allein die tragende Sinnmitte des priesterlichen Lebens sein. Antwort auf

diese Berufung ist die Entscheidung für eine lebenslange personale Bindung und einen ausschließlich personalen Dienst. Vor diesem Hintergrund kann das theologische Sprechen von einem unauslöschlichen Charakter als notwendige sakramentale Wirkung
des Weihesakramentes verstanden werden.

Selbstverständlich geht es hier nicht um einen Standesun-
terschied, der irgendwie einen ideologischen Wesensunterschied
zwischen den Christen konstruieren will. Hier geht es um eine
›besondere Indienstnahme‹ eines Menschen durch Christus und
der daraus folgenden intensiven Christusnachfolge und Zugehörigkeit zu ihm. Diese die ganze Existenz prägende Zugehörigkeit bringt unser bleibendes Verwiesensein auf Christus
zum Ausdruck. Denn die Initiative kommt von Christus: »Ich
kann mich nicht einfach als so dem Herrn zugehörig dekla-
rieren. Er muss zuerst mich als den Seinigen annehmen, dann
kann ich in dieses Angenommensein hineintreten und es mei-
nerseits annehmen, es zu leben versuchen. Insofern beschreibt
also das Wort ›Character‹ den seinshaften Charakter des Chris-
tusdienstes, der im Priestertum liegt und verdeutlicht zugleich,
was mit seiner Sakramentalität gemeint ist« (Joseph Ratzinger).[69]

Der Priester als Christusrepräsentant

Der Priester handelt »in der Person Christi, des Hauptes« (PO 2).
Diese Glaubensüberzeugung wird manchen Priestern, die sie
tagtäglich mit aller Selbstverständlichkeit für sich in Anspruch
nehmen, zu sakral und überhöht erscheinen. Aber wir müssen
an der spirituellen Kraft dieser Glaubensüberzeugung festhalten,
wenn der priesterliche Dienst überhaupt einen Sinn und seine
Existenzberechtigung haben soll. Zudem ist diese Überzeugung
seit Urbeginn im apostolischen Dienstamt verwurzelt. Allerdings ist dabei zu betonen, dass die »Christusrepräsentation«

keine Gleichsetzung des Priesters mit Jesus Christus im Wesen und Sein meinen kann, sondern nur im sakramentalen Handeln und Wirken. Es geht um das Handeln »an Christi statt«, um die Gegenwart Christi im priesterlichen Dienst, die der heilige *Augustinus* meint, wenn er sagt: »Mag auch Petrus taufen, mag auch Judas taufen: es ist immer Jesus, der tauft.«[70] Der Priester handelt nicht im Namen des abwesenden Christus, sondern er stellt seine Person Christus zur Verfügung, damit der anwesende Christus durch das Werkzeug seines Priesters handeln kann.

Die Glaubensüberzeugung, dass ein Mensch überhaupt befähigt wird, Jesus Christus zu repräsentieren, hat eine unsagbar große spirituelle Tragweite. Dass ich als unwürdiger und schwacher Mensch »in persona Christi«, im Namen Gottes, handeln und wirken darf, muss mich mit demütiger Bewunderung erfüllen, die ich nur im Lobpreis Gottes und in ganzer Hingabe meines Lebens zum Ausdruck bringen kann. Was gibt es Schöneres, als im Namen Gottes handeln zu dürfen?

Der Priester als Repräsentant der Kirche

Das Weihesakrament verbindet uns in einzigartiger Weise für immer mit Christus. Diese Verbindung schließt eine spezifische Verbindung mit der Kirche ein. Es ist eine dauerhafte und bleibende Verbindung mit Christus und seiner Kirche. Der Priester ist das wahrnehmbare Gesicht der Kirche für die Menschen, die ihm begegnen. Christusrepräsentation bedeutet für den Priester, auch Repräsentant der Kirche zu sein.

Durch den priesterlichen Dienst werden die eschatologische Berufung und das endzeitliche Wesen der Kirche als die bleibende Aufgabe des pilgernden Volkes Gottes dargestellt. Als die Raum und Zeit umspannende Gemeinschaft mit Gott in der Teilhabe an Christus im Heiligen Geist ist die Kirche nicht nur

Glaubensgemeinschaft, sondern auch Heilsgemeinschaft. Sie ist auch zugleich Heilsangebot und Heilsvermittlung. Das Grundgesetz der Solidarität, der gegenseitigen Abhängigkeit im Heil, des Füreinanderseins schließt die Dimension der Vermittlung des Heils durch die Kirche im priesterlichen Dienst ein. Unser Dienst wird viel mehr Frucht bringen, wenn das oft thematisierte ›Leiden an der Kirche‹ als Leiden mit und für die Kirche im paulinischen Sinn neu verstanden und vermittelt werden könnte.

Wenn die letzten Jahrzehnte davon geprägt waren, die allzu menschliche Seite der Kirche aufzudecken, die Fehler der Vergangenheit zu bewältigen, ist es nun an der Zeit, das göttliche Wirken in der Kirche neu aufzuzeigen, die wahre Bedeutung der Kirche im Heilsplan Gottes neu erklärend zu vermitteln. Nur mit der Kritik an der Kirche allein können wir keine Menschen für den Glauben gewinnen. Die wahre Bedeutung der Kirche im Heilsplan Gottes und ihre Schönheit müssen neu zur Geltung gebracht werden. Dabei ist die sehr oft propagierte Gegenüberstellung vom Reich Gottes und Kirche wenig hilfreich. Selbstverständlich ist das Reich Gottes größer und umfassender als die Kirche. Aber solange wir in der eschatologischen Hoffnung auf die endgültige Vollendung des Reiches Gottes leben, müssen wir die Kirche als irdischen Ort der zeichenhaften Verwirklichung des Reiches Gottes darstellen. Die entscheidende Frage ist, ob es uns gelingt, Gott und die Kirche zusammenzubringen, die Kirche als den vornehmsten Erscheinungsort Gottes in unserer Welt darzustellen.

Der auch bis hin zu manchen Vertretern des kirchlichen Personals verbreitete Slogan »Gott ja – Kirche nein« muss uns zu einer neuen Nachdenklichkeit führen. Es ist unser Auftrag, die Kirche, vor allem die Kirche vor Ort – durch die Menschen tatsächlich »mit der Kirche« in Berührung kommen – als Gegenwarts- und Wirkraum Gottes erfahrbar zu machen. Denn viele Menschen identifizieren die Kirche mit den Personen am Ort, die in der Kirche hauptamtlich tätig sind. Deshalb sollten wir den Satz »Der Geist weht, wo er will« sehr sparsam für uns selbst in Anspruch nehmen. Eine engagierte Kirchlichkeit ist ein Echtheitskriterium für das Wirken des Geistes Gottes durch mich. Der Heilige Geist bleibt nicht abstrakt. Der Geist schenkt uns Begeisterung für die konkrete Kirche Jesu Christi.

Wie Jesus Christus sich mit der Kirche identifiziert, müssen wir uns auch in seiner Nachfolge mit der Kirche identifizieren. Die real existierende konkrete Kirche ist der uns gegebene Ort, wo wir heute unseren Dienst als Priester tun. Hier muss sich jeder von der Realität erden lassen. Die Voraussetzung für das Gelingen unseres Dienstes ist die Versöhnung mit den Menschen in der Kirche und mit den Strukturen der Kirche. Das Urbild der Kirche ist das Pfingstereignis, wo alle eins sind in der Vielfalt der Sprachen. Die Einheit ist ohne Zweifel das vorrangige Kriterium für Gottes Geistesgaben, die zum Aufbau der Kirche von Gott gegeben sind (vgl. 1 Kor 12). Unser Dienst kann nur Früchte tragen, wenn wir im Ganzen der Kirche ›mitspielen‹. Nur wenn wir bereit sind, die Rolle auszufüllen, die uns vom Herrn der Kirche gegeben wurde, werden wir auch ein Hoffnungszeichen für alle. Kennzeichnen dafür, dass ich meine Rolle spiele, ist die Freude, die ich ausstrahle. Sonst verursache ich nur Unordnung, Störung, Ärger und Unzufriedenheit. Bezeichnend für das Einnehmen des mir von Gott zugewiesenen Platzes ist die Toleranz gegenüber allen anderen Ämtern und Diensten. Respekt, Ehrfurcht und Achtsamkeit vor der Einzigartigkeit des jeweiligen Dienstes gehören zum Zeugnis des eigenen Glaubens. Dazu gehört aber auch der Glaubensmut, zu lehren und zu ermahnen, im Sinne der Anweisung des Apostels Paulus an Timotheus (vgl. 1 Tim 4,12–16).

Die Einheit des Amtes

Der apostolische Dienst der Repräsentation Christi muss inmitten der vielfältigen Dienste und Gaben der Gläubigen fortgesetzt werden. Aus dem biblischen Tatbestand dürfte es ersichtlich sein, dass es ursprünglich nur einen einzigen apostolischen Vorsteherdienst gab, der dann in der Geschichte ausgefaltet wurde: zum Bischofsamt, Priesteramt und Diakonat. »Das Amt der Kirche ist letztlich eines, und zwar nicht nur in einer nachträglichen Einheit der Träger des Amtes, sondern in sich selbst« (Karl Rahner).[71] Die priesterliche Ordination bezieht sich auf das eine Ganze des priesterlichen Amtes. Das Amt beinhaltet konkret einen Komplex von Aufgaben und Funktionen. Im Weihesakrament übertragen, wird dieses Amt unterschiedlich, nicht nur in der Geschichte, sondern auch heute verwirklicht: als Bischof, Diözesanpriester und Ordenspriester; im Gemeindedienst und in der Kategorialseelsorge; als Missionar oder als Lehrer der Theologie usw. Angesichts dieser Vielfalt priesterlicher Existenz ist das Verbindende das Weihesakrament.

Das eine priesterliche Dienstamt setzt kraft göttlicher Sendung und kirchlichen Auftrags zeichenhaft und zeugnishaft den apostolischen Dienst fort. Dieser Dienst bündelt die drei Grundvollzüge der Kirche zeichenhaft: Verkündigung und Zeugnis; Gottesdienst, Sakramente und Gebete; Dienst der Liebe und geschwisterliche Gemeinschaft, die in allen Gestalten der Kirche da sind und die von allen wahrgenommen werden müssen. Als Repräsentation Christi vollzieht dieses priesterliche Dienstamt die drei Ämter Christi, an denen auch alle Gläubigen durch ihr geistlich-königliches Priestertum teilhaben, in seiner Einheit und Vielfalt: das Hirtenamt, Priesteramt und Prophetenamt. Diese Vielfalt hat das Profil eines Kommunikationsgeschehens auf mehreren Ebenen, in dem sich die lebendige Einheit der kirchlichen Lebensvollzüge verschieden darstellten:

liturgisch, diakonisch und organisatorisch. Die Einheit in der Vielfalt ergibt sich aus der gemeinsamen Bezogenheit der vielfältigen Aufgaben auf Christus und aus dem gegenseitigen Dienst und der Liebe, die die Unterschiedlichen miteinander verbindet. Diese Dimensionen erfordern eine Kirche als anbetende und feiernde Gemeinschaft. Im Lobpreis des Herrn erkennen wir, dass Gott größer ist als unsere Erkenntnis von ihm und dass der Heilige Geist reicher ist als das Charisma, das wir realisieren (vgl. Gal 2,8; 1 Kor 12,4–6). Mit dem gemeinsamen Bekenntnis zu Christus (vgl. 1 Kor 12,3) wird gerade die mögliche Vielfalt der Dienste und unterschiedlichen Funktionen anerkannt und gebündelt.

Das Amt wird in den drei Stufen der Bischöfe, Priester und Diakone übertragen und ausgeübt. Durch die Bischofsweihe wird die Fülle des Priesteramtes verliehen. Die Priester sind mit den Bischöfen in der priesterlichen Würde verbunden und werden kraft des Weihesakramentes nach dem Bilde Christi, des ewigen Priesters, zum Verkündigen des Evangeliums, zum Weiden der Gläubigen und zur Feier des Gottesdienstes geweiht. Kraft des Weihesakramentes haben die Priester an der weltweiten Sendung teil, die Christus den Aposteln anvertraut hat. Die Diakone haben an der Sendung und Gnade Christi in besonderer Weise teil und stellen den Christus dar, der zum Diener aller geworden ist. Die Diakone erhalten nicht das Amtspriestertum, doch überträgt ihnen die Weihe wichtige Ämter im Dienst am Wort, in der Liturgie, der Seelsorge und der Caritas. Alle Ämter stellen aber eine Teilhabe am dreifachen Amt Jesu Christi dar (vgl. LG 26–29).

Das Dienstamt wird Heilszeichen Gottes in der Welt, indem durch diesen Dienst die heilsame Nähe Gottes vergegenwärtigt wird. Aber es wird nur Heilszeichen, wenn sich in ihm die Grundvollzüge der Kirche zu einem einzigen Bild und Zeichen verbinden. Jeder der Aspekte erweist sich als angewiesen auf die anderen und wechselseitig bedingt: Die Liebesgemeinschaft einer schöpferischen und geschwisterlichen Lebenspraxis, die Glaubensgemeinschaft der gottesdienstlichen Versammlung und die Hoffnungsgemeinschaft der in der angebrochenen Endzeit Lebenden bilden zusammen jenes mehrgestaltige Zeichen, unter dem die Hingabe Jesu an die Welt wirksame Gegenwart gewinnt. Das priesterliche Dienstamt ist ein Ganzes, insofern es auf die Gestalt Jesu Christi verweist. Es ist wichtig, alle Aspekte des Dienstamtes in ein harmonisches Gleichgewicht zu bringen. Denn hier geht es wirklich nicht um ein Entweder-Oder: Wort oder Sakrament, Hirtendienst oder kultisch-sakramentaler Dienst, Gemeindeleitung oder Seelsorge. Denn die Ämter Christi sind alles andere als exklusiv und bieten recht verstanden keine Grundlage für solche Entweder-oder-Modelle. Das Geheimnis der Person Jesu Christi lässt sich nicht erschöpfen, es entfaltet sich in vielfältigen Dimensionen, die zutiefst miteinander zusammenhängen und ineinander übergehen.

Es braucht nicht jeder Priester innerhalb des Presbyteriums jederzeit alle Funktionen, zu denen er durch die Weihe befähigt ist, in gleicher Intensität gleichzeitig wahrzunehmen. Er kann es kräftemäßig auch nicht, aber er hat die Möglichkeit, schwerpunktmäßig, je nach seiner Begabung und je nach Bedarf, eine Funktion des einen Dienstamtes zu verwirklichen. Denn zu jeder Verwirklichung des Priestertums gehören Verkündigung als Lebenszeugnis und Teilhabe an der Heilssorge Jesu Christi für die Menschen.

Viele Funktionen, die heute am Ende einer langen historischen Entwicklung im Dienst des Priesters, vor allem als Pfarrer, zusammengeführt wurden, können selbstverständlich differenziert werden. Wir sollten die Unterstützungssysteme in der Pastoral nicht mit dem Wesentlichen verwechseln. Die alles entscheidende Frage ist: Wozu das Ganze? Das Priestersein darf nicht auf das Pfarrersein reduziert werden, auch wenn viele

Priester Pfarrer sind. Die Leitung einer Gemeinde ist nach katholischem Verständnis eine spezifische Verwirklichung des Dienstpriestertums. Eine missionarische und theologisch-spirituelle Ausweitung der Sendung des Priesters über die örtlich abgegrenzte Gemeinde hinaus ist geboten, um die vielfältigen Aufgaben der heutigen Gestalt des Priesters in eine dynamische Beziehung zu bringen. Dazu bietet das Ziel der Verherrlichung Gottes und der allumfassenden Hirten- und Heilssorge Jesu Christi für die Menschen das entscheidende Kriterium.

Die sakramentale Bruderschaft im Presbyterium

Bei der Priesterweihe legt nicht nur der Bischof dem Kandidaten die Hände auf, sondern alle anwesenden Priester legen dem Neugeweihten die Hände auf als Zeichen seiner Aufnahme in das Presbyterium. Dieses Zeichen der Aufnahme soll weiterwirken als ein Netzwerk, in dem alle Priester miteinander verbunden bleiben, sich gegenseitig unterstützen und auch in ihren Schwächen getragen werden. Das Weihesakrament ist der Grund der Verbundenheit der Priester untereinander im Presbyterium: »Kraft der Gemeinsamkeit der Heiligen Weihe und Sendung sind die Priester alle einander in ganz enger Brüderlichkeit verbunden. Dies soll sich spontan und freudig äußern in gegenseitiger Hilfe, geistiger wie materieller, pastoraler wie persönlicher Art, in Zusammenkünften, in der Gemeinschaft des Lebens, der Arbeit und der Liebe« (LG 28).

Aus der Tatsache, dass wir alle am Priestertum Christi teilnehmen, entsteht eine besondere sakramentale Bruderschaft, analog der Gemeinschaft, die alle Getauften in Christus bilden. Eintreten in das geistliche Amt heißt, sich in einem ›Wir‹ einzufügen. Denn der in der Eucharistie begründeten und im Weihesakrament zeichenhaft dargestellten sakramentalen Idee wohnt das Gemeinschaftliche inne. Wer als Berufener zu Jesus kommt, dem mutet er Mitjünger zu. Jesus sendet keine Einzelkämpfer aus, sondern formt reale Gemeinschaft, auch wenn sie bruchstückhaft und oft allzu menschlich bleibt. Zu dieser sakramentalen Bruderschaft gehören alle, die das Weihesakrament empfangen haben und in einer Ortskirche leben. Deshalb muss es selbstverständlich sein, dass wir miteinander in geistlichen und brüderlichen Beziehungen leben. Unsere sakramentale Bruderschaft erscheint als sichtbares Zeugnis für eine verbindende Botschaft des Evangeliums, wenn wir sie wirklich pflegen.

Die Gemeinschaftlichkeit des Einander-verbunden-Seins, des Aufeinander-Rücksicht-Nehmens, des Miteinander-Wirkens gehört zur wesentlichen Struktur des geistlichen Amtes in der Kirche. Sie bedeutet in der Praxis, einander in Nöten zu helfen, vom Guten des anderen zu lernen und das eigene Gute freigiebig auszuteilen. Sie bedeutet den Versuch, sich gegenseitig kennenzulernen, einander zu verstehen und gelten zu lassen. Es ist wichtig, praktische Vollzugsformen des gegenseitigen Austausches und der gegenseitigen Fürsorge zu finden. Wir sind aufeinander angewiesen, denn uns ist die Sorge um den Heilsdienst anvertraut. Folglich wäre es selbstverständlich, dass das Verhältnis untereinander das beste sein müsste. In all dem sollten wir die Mahnung des Apostels Paulus beherzigen: »Tut nichts aus Ehrgeiz und nichts aus Prahlerei, sondern in Demut schätze einer den anderen höher ein als sich selbst. Jeder achte nicht nur auf das eigene Wohl, sondern auch auf das der anderen. Seid untereinander so gesinnt, wie es dem Leben in Christus Jesus entspricht« (Phil 2,3–5).

Das Entscheidende dabei ist die menschliche und zugleich christliche Form des Zugewandtseins der Priester untereinander, das in Gastfreundschaft und Wertschätzung zum Ausdruck kommt. Das Füreinander und Miteinander wird erfahrbar in der Praxis der schlichten Menschlichkeit und Christlichkeit. »Du aber stärke deine Brüder« (Lk 22,32). Dieser Auftrag an Petrus ist eine Verheißung und Verpflichtung für uns alle, dass wir uns gegenseitig im Glauben stärken. Es ist eine erfüllbare Verheißung, weil Jesus in seinem Geist dazu befähigt. Theologische Meinungsunterschiede sollten uns nicht entfremden und trennen, sondern die gemeinsame Gottsuche und Heilssorge muss uns verbinden. Das Presbyterium einer Ortskirche sollte den einzelnen Priestern spirituelle Heimat und innere Sicherheit bieten. Denn das Presbyterium ist der eigentliche Ort des Priesters.

Die spirituelle Qualität unseres priesterlichen Lebens wird auch bei unserem Umgang mit den Pfarrern in Ruhestand sichtbar. Es gehört zum priesterlichen Dienst, dass jüngere und ältere Priester einander ermutigen und helfen, dass jeder Priester sich für die ganze Ortskirche und für die Weltkirche verantwortlich fühlt. Außerdem kann die Offenheit für die ganze Weltkirche uns helfen, unsere Sorgen in einer anderen Perspektive zu sehen: »Wisst, dass eure Brüder in der ganzen Welt die gleichen Leiden ertragen müssen!« (1 Petr 5,9)

Die Berufung zum priesterlichen Zeugnis

Der Geweihte steht in seinem Dienst bleibend unter der Spannung zwischen dem göttlichen Auftrag seines Amtes und seinem persönlichen Zeugnis. Es gehört zum Wesen des Priestertums, dass diese Berufung dem Menschen mehr abverlangt, als er von sich aus leisten kann. Jedoch kann er sich von dem empfangenen Sakrament her als Christusgesandter verstehen, das allem menschlichen Tun zuvorkommende Heilsangebot Gottes in Wort und im Sakrament zu vergegenwärtigen.

Was dieses Amt bezeugt, ist ewig, ist Gott selbst. Von dem Bezeugten her hat dieses Amt das Zeugnis seiner Herrlichkeit. Der Träger solches Amtes darf und muss mit dem Apostel sprechen: »Nicht uns selbst verkünden wir, sondern Jesus Christus

als den Herrn; uns aber als eure Knechte um Jesu willen …
Diesen Satz tragen wir in zerbrechlichen Gefäßen; so wird
deutlich, dass das Übermaß der Kraft von Gott und nicht von
uns kommt« (2 Kor 4,5.7).

Die Weihe ist eine Gabe und Aufgabe zugleich: Die Befähigung, Christus zu vertreten, beinhaltet auch die Verpflichtung,
immer mehr Christus ähnlich zu werden, damit die Christusrepräsentation glaubwürdig ist: Die Mahnung des Apostels
Paulus an Timotheus gilt allen Amtsträgern in der Kirche. »Ver-
nachlässige die Gnade nicht, die in dir ist und die dir verliehen
wurde, als dir die Ältesten aufgrund prophetischer Worte gemeinsam die Hände auflegten« (1 Tim 4,14; vgl. 2 Tim 1,6; 1 Tim 5,22).

Es steht außer Frage, dass die Übernahme des Amtes durch
die Priesterweihe keine automatische Erhebung zu größerer
Würde oder moralischer Vollkommenheit bedeutet, sondern
eine Befähigung und Sendung, in Christi Namen zu handeln. In
seinem Namen sprechen und handeln bedeutet aber auch, in der
Art Jesu Christi zu sprechen und zu handeln, Jesus Christus
nicht nur durch amtliche Vollzüge, sondern durch das Zeugnis
des Lebens gegenwärtig zu machen.

Christus ist heilig, schuldlos und unbefleckt (vgl. Hebr 7,26).
Er kannte die Sünde nicht (vgl. 1 Kor 5,21). Wenn priesterlicher
Dienst darin besteht, Christus so ungetrübt wie möglich vor den
Menschen darzustellen, muss der Priester als Christusdarsteller
ihm ähnlich zu werden versuchen, ohne dass die Christus-
darstellung von der Heiligkeit des Menschen abhängig wäre.

Wenn auch die Gültigkeit und Fruchtbarkeit der Sakra-
menspendung nicht vom Glauben und von der sittlichen Reinheit
und Heiligkeit des Spenders abhängt, sondern Jesus Christus als
primärer Sakramentenspender durch ihn im gläubigen Empfänger wirkt, so kann und darf dies nicht bedeuten, dass der
kirchlich bevollmächtigte Sakramentenspender keine subjektive
Verpflichtung zur Heiligkeit des Lebens besäße.

Die Berufung zur Heiligkeit ist zugleich eine Hoffnungsgewissheit. Wir haben allen Anlass zur Zuversicht und Hoffnung. Denn der Herr selber vollbringt durch uns in seinem Geist auch heute sein Heilswerk. »Wir brauchen aufmerksame Augen und vor allem ein großes Herz, um selber seine Werkzeuge zu werden« (Johannes Paul II., *Novo millennio ineunte* 58). Zeichen der priesterlichen Heiligkeit zeigen sich in ganz einfachen Dingen: in einem Herzen für die Menschen, in Kontaktfähigkeit, Freundlichkeit und Güte, Toleranz, Respekt und Glaubwürdigkeit.

Die Voraussetzung für das Gelingen des Lebens ist die Versöhnung der Widersprüche in der eigenen Brust. In einer radikalen Hingabe in der Nachfolge Christi müssen wir im Durchleben und Durchleiden diese Widersprüche in sich selbst überwinden. Recht verstanden gibt der Weg der Nachfolge Christi eine lebbare Vision der Versöhnung der erlebten Widersprüche des Lebens, aus der eine neue Zuwendung zum Weltauftrag erwächst. Der Dienst wird erst glaubwürdig, wenn ein Mensch ganz mit dem eins ist, was er ist und was er tut. Der Priester muss mit der ganzen Kraft seiner Person innerlich erfüllt sein und dadurch tragen, was er tut, verkündet und spendet. Der Glaubenszeuge der Gegenwart sollte als mystischer Gottsucher erkennbar werden.

Die Anforderung unserer Berufung ist der Anspruch dieses Dienstes. Denn das priesterliche Dasein muss heute ein ›Sakrament‹, ein symbolisches Zeichen für das Heilsgeschehen beziehungsweise für die besondere Gegenwart des Göttlichen sein. Priesterlicher Dienst als Symbol will die Wirklichkeit Gottes so verdichten, dass die Gotteserfahrung für Menschen zugänglich wird. Priesterliches Handeln soll die transzendente Wirklichkeitsdimension offenhalten, damit Gotteserfahrung möglich wird. Dieses Symbol soll die Menschen vor dem Verlust der Transzendenz bewahren und ein Zeichen sein gegen die Amnesie Gottes in der Welt.

Das Dienstpriestertum ist selbstverständlich nicht zur ›spirituellen Selbstversorgung‹ des Priesters gegeben, sondern für die spirituelle Befähigung der Gläubigen. Aber dieser Dienst kann nur überzeugen und glaubwürdig getan werden, wenn der Priester selbst durch und durch spirituell ist. Es ist unsere Berufung, ein Diener nach dem Herzen Gottes zu werden. Selbstverständlich ist die Nachfolge Christi nicht immer leicht. Es wird unsere Aufgabe sein, ständig spirituell wie menschlich zu wachsen: Wir sollen alle zur Erkenntnis des Sohnes gelangen, damit wir zu vollkommenen Menschen werden und Christus in seiner vollendeten Gestalt darstellen können (vgl. Eph 4,13).

Die Berufung zur Heiligkeit ist allen Gläubigen gemeinsam: »Alle Christgläubigen also werden in ihrer Lebenslage, ihren Pflichten und Verhältnissen und durch dies alles von Tag zu Tag mehr geheiligt, wenn sie alles aus der Hand des himmlischen Vaters im Glauben entgegennehmen und mit Gottes Willen zusammenwirken und so die Liebe, mit der Gott die Welt geliebt hat, im zeitlichen Dienst selbst allen kundmachen« (LG 41). Man wende nicht ein, das sei nur den Weltchristen gesagt. Ganz abgesehen davon, dass hier ausdrücklich von allen Gläubigen die Rede ist, hat das Zweite Vatikanische Konzil immer wieder betont, dass es zwar viele, je besondere und voneinander verschiedene Dienste in der Kirche gebe, aber nur eine Sendung, an der alle teilnehmen.

Eine zeitgemäße Spiritualität des Priesters wird bestimmt durch den ihm aufgetragenen Heilsdienst. Wenn man von der besonderen Berufung des Priesters zur Heiligkeit spricht, bedeutet das nicht, dass nicht alle andern auch zur Heiligkeit berufen sind. Hier geht es um die im Weihesakrament geschenkte neue Qualität der besonderen Indienstnahme durch Christus. Obwohl das Weihesakrament nicht primär zum persönlichen Heil des ordinierten Priesters eingesetzt ist, muss er sein Heil durch Erfüllung seines Dienstes als Priester gewinnen. Daher wird die im Weihesakrament geschenkte Gnade zur bestimmenden Kraft des ganzen Lebensentwurfes des Priesters.

Der Priester erreicht seine Heiligung durch seinen Heilsdienst am Menschen und gelangt durch die aufrichtige Ausübung seines Amtes zur Heiligkeit. Die Heiligkeit des Priesters besteht im Erfahrbar-werden-Lassen der vollkommenen Hirtenliebe Jesu Christi. Falsch wäre es, wenn sich der Priester zu einem Supermanager entwickeln würde, der vor lauter Unrast und pastoraler Hektik kaum noch zur Besinnung kommt. Dem Heilsdienst wird seine Bestimmung gelten, ihm wird alles andere untergeordnet werden müssen. In einem glaubwürdigen christlichen Leben lassen sich Gottes- und Nächstenliebe, Selbstheiligung und Apostolat nicht voneinander trennen. Sie bilden eine Einheit und bedingen sich gegenseitig.

Worauf es heute in erster Linie ankommt, ist der jeweils besondere Dienst zum Aufbau des Leibes Christi und zum Heil der Welt. Wenn wir in der innigsten Beziehung zu Gott leben, können wir bleibende Beziehung stiften: Beziehung zwischen Gott und den Menschen. Diese Beziehung ermöglicht *communio*, den Aufbau der Kirche in jeder neuen Generation, die Vernetzung der Menschen in unterschiedlichen kirchlichen Strukturen und Lebensräumen.

Wirksames Apostolat wird durch geistliche Menschen ausgeübt: Dazu gehört die Ausstrahlung persönlicher, individueller Heiligkeit und vollkommener Gottverbundenheit und die Bereitschaft zur ganzen Hingabe. Das Gelingen unseres Dienstes ist davon abhängig, ob wir in unserem Inneren durch Christi Geist an Kraft und Stärke zunehmen, so dass die uns begegnenden Menschen unsere Kraftquelle entdecken. Menschen müssen spüren können, dass Christus in uns wohnt. In der Liebe verwurzelt und auf sie gegründet, sollten wir zusammen mit allen Heiligen dazu fähig sein, die Länge und Breite, die Höhe und Tiefe zu ermessen und die Liebe Christi zu verstehen, die alle

Erkenntnis übersteigt. Nur wenn wir von der ganzen Fülle Christi erfüllt sind, können wir Menschen für Christus begeistern (vgl. Eph 3,15–19).

Wenn ich als Priester in der Feier der Eucharistie bei der Konsekration in Ich-Form sprechen darf (»Das ist mein Leib«), dürfen die Mitfeiernden erwarten, dass sie zumindest hin und wieder auf dem Gesicht des ›Zelebrierenden‹ etwas von dem Göttlichen wahrnehmen können.[72] Da die Würde des Priestertums nicht als Verdienst gegeben wird, sondern als Gabe für die Gläubigen, muss jeder Priester in Demut, Bescheidenheit und in Zurückhaltung Christus Raum geben.

Wenn Gnade das Fundament des christlichen Lebens ist, dann ist das Priestersein das Sakrament der Gnade: »Was hast du, das du nicht empfangen hättest? Wenn du es aber empfangen hast, warum rühmst du dich, als hättest du es nicht empfangen?« (1 Kor 4,7) Wir erfahren Gnade als unverfügbares und unverdientes Gottesgeschenk. Das angemessene Verhalten des Menschen als Antwort auf Gottes Gnade ist die bleibende Offenheit. Das letzte Gelingen und Glück des Lebens sind in dieser radikalen Passivität des Empfangens begründet. Wenn das Ganze des Christseins ein Leben aus der Gnade Gottes ist, ist das Priestersein nichts anderes als das radikale Stehen-in-der-Gnade, ein *Sein im Empfangen*. Wer Gottes Gnade empfängt, wird mit Freude erfüllt und angetrieben, die eigene Freude auszudrücken im Lob Gottes. Von daher erschließt sich von selbst, dass das tiefste Wesen des priesterlichen Dienstes in der Liturgie zur höchsten Verwirklichung kommt.

Im Gottesdienst lassen wir uns als Menschen von Gott beschenken. Gottesdienst ist der *Dienst Gottes selbst* und seiner Gnade am Leben der Menschen und von daher in rechter Weise Dankbarkeit der Menschen gegenüber Gott. Gottesdienst ist Feier des Glaubens, in der Gott der Schöpfer, Erlöser und Vollender unseres Lebens, absichtslos gelobt und verherrlicht wird.

Das Geschenk des Priestertums

Der Empfang des Weihesakramentes ist nur der Beginn eines Weges mit Christus und nicht punktuell mit der Weihe abgeschlossen. Ihr Empfang ist der Beginn einer dynamischen Kommunikation mit Gott, die in der Nachfolge Christi in gnadenhafter Weise gepflegt werden muss. Die sinnvolle Wahrnehmung des priesterlichen Dienstes ist nur als Nachfolge Christi möglich, denn dieser Dienst beansprucht die ganze Person. Die entscheidende Frage ist: Sind wir dankbar für das Geheimnis und Geschenk des Priestertums? Sehen wir die Schönheit und Würde des Priestertums? Wir müssen den Mut aufbringen, unsere Berufung in uns reifen und wachsen zu lassen, unseren Glauben und unser Leben zusammenbringen. Wir können es nur tun, wenn wir den Blick für das Ganze bewahren.

Wir stehen in einer großen Spannung: zwischen dem Geheimnis Jesu Christi und unserer Welt, in der wir Jesus Christus eine erfahrbare Gestalt zu geben haben. Immer wieder werden wir erleben, dass beides auseinanderdriftet: unsere personale Beziehung zu Christus, aus dem und in dem und durch den wir wirken, und diese Welt, in der wir zu wirken haben. Wir sehen uns und unsere Welt, in die wir gesandt sind und in der wir das Evangelium zu verkünden haben, aber wir sehen zu wenig den Herrn, der uns sendet, der vor uns und hinter uns steht, damit er durch uns wirken kann, damit wir für ihn, an seiner Statt wirken.

Christus ist die Mitte des christlichen Lebens. Der priesterliche Dienst ist dazu da, um diese Glaubensüberzeugung lebendig zu erhalten. Damit unser Tun Früchte trägt, muss jeder, der im Auftrag der Kirche handelt, aus dem Wissen und Vertrauen heraus agieren: Ich bin Mitarbeiter Gottes. Ich tue seine Arbeit, und er handelt durch mich. Er schaut liebend und ermutigend auf mein Tun. Weil der lebendige Gott mit mir ist, wird auch mein Leben und mein Dienst gelingen. Denn wir sind von Gott berufen und dazu befähigt, »GottesPastoral zu betreiben« (Paul Michael Zulehner).[73]

Aus diesem Vertrauen heraus dürfen wir als Priester ganz natürliche Menschen sein, die zu echter Herzlichkeit befähigt und bereit sind und die auch um ihre Schwäche wissen. Wir werden nur glaubwürdig sein, wenn wir durch Gottes Kraft auch als Erlöste erkennbar bleiben. Zeichen dafür ist unsere christliche Gelassenheit, die in der eschatologischen Hoffnung begründet ist. Die Vollendung dessen, was auf uns wartet, ist Gottes Werk, nicht das Ergebnis menschlicher Betriebsamkeit. Der Glaube an die Vollendung des Reiches durch Gott selbst bewahrt uns vor der Ideologie, schon hier auf Erden das Vollkommene schaffen zu müssen. Wahrhaft christliches Handeln erkennt man an dieser Haltung einer vom christlichen Realismus geprägten und engagierten Gelassenheit. Wie Mose in der Wüste können wir dann eine kleine Gruppe zusammenhalten, im Vertrauen auf die Verheißung.

Der priesterliche Dienst wird immer zeitgemäß sein, wenn er im Sinne Jesu geschieht. Im priesterlichen Dienst geht es um den Anspruch, der Liebe unter den Menschen im Geist Jesu zu dienen. Unser Leben ist das Medium der Botschaft Jesu heute. Die Frage ist, ob wir diese Botschaft hörbar und erfahrbar machen, damit die uns begegnenden Menschen die Stimme Jesu Christi wahrnehmen können. Sind wir Sehhilfen für die Menschen, damit sie die Botschaft Jesu heute richtig ablesen können? Gelingt es uns durch unseren Dienst, Gott für die Menschen transparent zu machen? Die Durchlässigkeit für Gott ist die entscheidende Kompetenz. Der Bote muss die Botschaft werden, wenn er überzeugend und glaubwürdig diese Botschaft verkünden will. Wer wirklich überzeugen will, muss selbst ein überzeugter Mensch sein. Als Priester dürfen wir davon überzeugt sein, dass unser Dienst als Priester heute sinnvoll ist. Wenn wir uns selbst *als Priester* überflüssig machen, werden wir auch selbstverständlich überflüssig. Dabei haben wir die schönste Botschaft für die Menschen dieser Zeit: Wir dürfen den Menschen das Heil verkünden, dass sie Erlöste sind und berufen zur Freiheit der Kinder Gottes.

Zum Gelingen des priesterlichen Dienstes gehört die ständige Unterscheidung der Geister. Dazu brauchen wir Mut zur Selbstkritik und die Bereitschaft, den eigenen Standpunkt infrage zu stellen und notfalls auch neu zu formen. Die Frage ist, ob wir auf die tatsächlich vorhandenen und erlebten Schwierigkeiten des priesterlichen Dienstes fixiert sind oder ob es uns gelingt, gerade aus unserer pastoralen Tätigkeit für unser geistliches Leben so viel Kraft wie möglich zu schöpfen. Jeder priesterliche Dienst sollte eine Erinnerung und Erneuerung des Weihesakramentes werden. Die Erinnerung an die Weihe lässt die Gegenwart und das Wirken des Hohepriesters Jesu Christi in unserem Leben wirksam lebendig werden.

Es gibt unterschiedliche Aspekte in der Seelsorge, sie ist facettenreich. Dabei ist das Entscheidende in ihr, dass wir Menschen ermutigen, ihr eigenes Christsein voll zur Entfaltung zu bringen und ihnen helfen, ihr Leben in Beziehung zu Gott zu bringen. »In der Auferbauung der Kirche müssen die Priester allen nach dem Beispiel des Herrn mit echter Menschlichkeit begegnen. Dabei sollen sie sich ihnen gegenüber nicht nach Menschengefallen verhalten, sondern so, wie es die Lehre und das christliche Leben erheischt. Sie sollen sie belehren und sogar wie Söhne, die man liebt, ermahnen, nach dem Wort des Apostels: ›Tritt auf, sei es gelegen oder ungelegen, überführe, gebiete, ermahne in aller Langmut und Lehre‹« (PO 6).

Priesterlicher Dienst ist Heilszeichen, Zeichen der bleibenden, Heil schenkenden und Heil wirkenden Gegenwart Gottes, sichtbares Zeichen seiner Heilssorge. Das Verständnis, dass ich als Priester zuerst und vor allem Diener Gottes bin, kann mir allein die innere Gewissheit und die nötige Tatkraft geben. Diese Gewissheit stärkt meine priesterliche Identität und setzt bei mir die Kräfte frei, für die Hingabe an meinen Dienst vor Gott für die Menschen. Das gottmenschliche inkarnatorische Prinzip, das schon in der Identität der Person Jesu Christi begründet ist, muss auch in der Christusrepräsentation durch den priesterlichen Dienst erkennbar bleiben. Das Geheimnis der Pro-Existenz Jesu ist begründet in seinem Sein in der Trinität. Wer Jesus sieht, sieht den Vater (Joh 14,9). So muss auch im priesterlichen Dienst Gott sichtbar sein. Wie Jesus als »Bild des unsichtbaren Gottes« (Kol 1,15) für die Menschen da ist, müssen auch wir für die Menschen da sein. Unsere Zeitgenossen brauchen menschliche Priester und priesterliche Menschen.

Mit der inneren Überzeugung, dass wir im Dienste Gottes sind, werden sich selbstverständlich die alltäglichen Arbeitssituationen nicht ändern, jedoch können wir diese Ereignisse in einem neuen Licht sehen. Unser Dienst gewinnt eine neue Qualität. Wir werden dann eine neue Kraft spüren, gelassen und mit innerer Freiheit unseren Dienst wahrzunehmen. Es wird sicher nicht nur eitel Sonnenschein geben, sondern auch Enttäuschungen, Missverständnisse und Niederlagen. Trotzdem wissen wir: Es lohnt, sich für die Sache Gottes mit ganzer Hingabe zu engagieren. Die Menschen werden spüren, dass bei uns eine Überzeugung und eine verborgene Kraft lebendig ist. Unsere Kraftquelle ist das unerschütterliche Vertrauen: Gott, der durch die Macht, die in uns wirkt, unendlich viel mehr tun kann, als wir erbitten oder uns ausdenken können (vgl. Eph 3,20). »Auch das Geringste, das wir geben, es zählt bei dir, du machst es groß« (Gotteslob 165). Wir dürfen vor Gott gelassen und ernsthaft das tun, was uns aufgetragen ist. Denn »jeder von uns empfing die Gnade in dem Maß, wie Christus sie ihm geschenkt hat« (Eph 4,7). Und seine Gnade genügt uns, »denn sie erweist ihre Kraft in der Schwachheit« (2 Kor 12,9).

Wenn wir uns auf das Gute und Positive in unserem Dienst und in der Kirche besinnen, anstatt auf den Mangel und das Nicht-Gelungene fixiert zu sein, können wir die Macht der Resignation brechen. Wir alle kennen das Lied: »Die Sache Jesu braucht Begeisterte.« Die innere Überzeugung, dass ich für Gottes Sache lebe und er mit mir ist und durch mich wirkt, kann bei mir neue Kraft und Motivation freisetzen, denn »mit meinem Gott überspringe ich Mauern« (Ps 18,30).

VI
DIE EUCHARISTISCHE MITTE
DES WEIHEAMTES

DIE VERHERRLICHUNG GOTTES gehört zur wesentlichen Dimension des Priestertums Christi, daher müssen wir die Verwirklichung des Priestertums Christi in der Kirche aus dem Blickwinkel der Gottesnähe und Gottesverehrung neu bedenken. Dann werden viele Fragen in einem neuen Licht erscheinen. Der Begriff des priesterlichen Dienstes, so wie die katholische Kirche ihn versteht, setzt eine sakramentale oder mysterienhafte Schau der Kirche und eine bestimmte anthropologische und ontologische Auffassung der Welt als Zeichen Gottes voraus. Nach dieser Auffassung soll das ganze Leben des Menschen zu einem kultischen Akt werden. Selbstverständlich fordert sie von uns einen vertieften Begriff vom Wesen des christlichen Kultes als einem Kult des Glaubens, der die ganze Existenz umfasst und sie als Opfergabe des konkreten Lebens versteht (vgl. Röm 12,1).

Liturgie und Priestertum

Gott zu dienen ist der Lebensinhalt und das Ziel des priesterlichen Volkes Gottes. »Die Herrlichkeit Gottes ist der lebende Mensch, das Leben des Menschen aber ist es, Gott zu sehen« (Irenäus von Lyon).[74] Das Ziel des biblischen Exodus ist die Anbetung Gottes: »Lass mein Volk ziehen, damit sie mich in der Wüste verehren können.« (Ex 7,16; vgl. Ex 7,26; 8,23; 9,1). Die höchste Verwirklichung des Menschen geschieht in der Verherrlichung Gottes. »Der lebende Mensch ist die wahre Anbetung Gottes, aber das Leben wird nur zu wirklichem Leben, wenn es seine Form aus dem Blick auf Gott hin empfängt. Der Kult ist dazu da, diesen Blick zu vermitteln und so Leben zu geben, das Ehre wird für Gott« (Joseph Ratzinger).[75] Die Liturgie gilt als Vollzug des Priesteramtes Jesu Christi (vgl. SC 7). Deshalb gilt es, das Wesen der Liturgie und ihre tiefe Bedeutung für die Pastoral und Seelsorge neu zu entdecken und von diesem Blickwinkel aus alle kirchlichen Aktivitäten neu zu bewerten: »In der irdischen Liturgie nehmen wir vorauskostend an jener himmlischen Liturgie teil, die in der heiligen Stadt Jerusalem gefeiert wird, zu der wir pilgernd unterwegs sind, wo Christus sitzt zur Rechten Gottes, der Diener des Heiligtums und des wahren Zeltes. In der irdischen Liturgie singen wir dem Herrn mit der ganzen Schar des himmlischen Heeres den Lobgesang der Herrlichkeit. In ihr verehren wir das Gedächtnis der Heiligen und erhoffen Anteil und Gemeinschaft mit ihnen. In ihr erwarten wir den Erlöser, unseren Herrn Jesus Christus, bis er erscheint als unser Leben und wir mit ihm erscheinen in Herrlichkeit« (SC 8).

Die Liturgie ist der vornehmste Ort der Verwirklichung des Priestertums Christi. Nur aus diesem vertieften Verständnis der Liturgie können wir den wahren Ort und die theologische Bedeutung des Priestertums des Dienstes verstehen. Denn in der Liturgie vollzieht sich nicht nur das Werk der Erlösung der Menschen, sondern auch die wahre Verherrlichung Gottes. Die Liturgie im umfassenden Sinne ist alles Tun der Kirche, in dem Gott verherrlicht wird. Denn die Liturgie ist der Höhepunkt, »dem das Tun der Kirche zustrebt, und zugleich die Quelle, aus der all ihre Kraft strömt. Denn die apostolische Arbeit ist darauf hingeordnet, dass alle, durch Glauben und Taufe Kinder Gottes geworden, sich versammeln, inmitten der Kirche Gott loben, am

Opfer teilnehmen und das Herrenmahl genießen. Andererseits treibt die Liturgie die Gläubigen an, dass sie, mit den ›österlichen Geheimnissen‹ gesättigt, ›in Liebe eines Herzens sind‹; sie betet, dass sie ›im Leben festhalten, was sie im Glauben empfangen haben‹; wenn der Bund Gottes mit den Menschen in der Feier der Eucharistie neu bekräftigt wird, werden die Gläubigen von der drängenden Liebe Christi angezogen und entzündet. Aus der Liturgie, besonders aus der Eucharistie, fließt uns wie aus einer Quelle die Gnade zu; in höchstem Maß werden in Christus die Heiligung der Menschen und die Verherrlichung Gottes verwirklicht, auf die alles Tun der Kirche als auf sein Ziel hinstrebt« (SC 10).

Die Liturgie ist das »Zugehen des Stellvertreters auf uns, Hineingehen in die Stellvertretung als Hineingehen in die Wirklichkeit selbst. Wir nehmen teil an der himmlischen Liturgie, ja, aber diese Teilnahme vermittelt sich uns durch irdische Zeichen, die der Erlöser uns als Raum seiner Wirklichkeit gewiesen hat. In der liturgischen Feier vollzieht sich gleichsam die Umkehrung des exitus in reditus, Auskehr wird zur Einkehr, der Abstieg Gottes zu unserem Aufstieg. Die Liturgie vermittelt die irdische Zeit in die Zeit Jesu Christi und in ihre Gegenwart hinein. Sie ist der Wendepunkt im Prozess der Erlösung. Der Hirte nimmt das verlorene Schaf auf die Schultern und trägt es heim« (Joseph Ratzinger).[76] Diesen Priester-Hirten zu vergegenwärtigen ist der wesentliche Dienst des geweihten Amtes in der Kirche.

Die spirituelle Tiefe des Priestertums des Dienstes können wir nur aus der Bedeutungsfülle der Eucharistie verstehen.[77] Die Eucharistiefeier als Gegenwärtigsetzung des Opfers Christi ist auch Opfer der Kirche, wo der Priester Christus in zweifacher Weise darstellt. In der Eucharistiefeier wird Christus gegenwärtig, nicht nur in seiner Sendung zu den Menschen, sondern er eröffnet in seiner immerwährenden Hingabe an den Vater den Zugang für uns zu Gott. Diese Hingabe Christi wird in Zeit und

Raum durch den priesterlichen Dienst in der Eucharistie vergegenwärtigt.

Christus ist gegenwärtig als Haupt seiner Kirche; in dieser Eigenschaft wird er durch den Priester dargestellt. Insofern hier der Priester im Namen der Kirche handelt, stellt er Christus als Haupt der Kirche dar, als den, der uns zum Vater mitnimmt. Hier kommt eine wesentliche Dimension der Christusrepräsentation des Priesters zum Vorschein: Alle Gläubigen haben Zugang zum Vater nur durch Christus, den Hohepriester. Diesen Hohepriester zu repräsentieren, bedeutet *nicht nur ein ›Gegenüber‹, sondern ein ›Miteinander‹ der Priester mit den Gläubigen,* die gemeinsam lobend vor Gott stehen. Die zur Eucharistie versammelte Gemeinde wird durch den Heiligen Geist zum Leib Christi auferbaut und wird in Christus Opfergabe vor Gott. Der priesterliche Dienst ist es, diesen Christus darzustellen. In dieser Aufgabe des ›Mitnehmens‹ der Gläubigen zum Vater ist Christus als Mittler in seiner Kirche immerdar gegenwärtig. Diese Christusrepräsentation geschieht im Miteinander aller, Priester und Gläubigen, mit und in ihrem Haupt.

Wenn die irdische Liturgie ihren wahren Sinn nur in Verbindung mit der himmlischen Liturgie erhält und die Liturgie als das mittlerische Handeln des ewigen Priesters Jesus Christus der Ort der Verwirklichung seines Priestertums ist, dann ist das Wesentliche am Dienst des Priesters, diesen gegenwärtig handelnden Christus zu repräsentieren.

Wir können aus guten Gründen annehmen, dass die Ämter und Dienste in der Kirche in einem ›liturgischen Kontext‹ ihre Entfaltung fanden.[78] Die Bezeichnung für die Amtsinhaber – Apostel, Propheten, Lehrer, Bischöfe, Presbyter und Diakone – waren aus ihrem Verständnis des spezifischen christlichen Lebens schon früh einem gewissen Wandel unterworfen. Sie alle waren aber jedenfalls ›Liturgen‹, die den Dienst vor Gott durch die Darbringung des eucharistischen Opfers und den Dienst des

Evangeliums oder im Dienst an den Tischen vollzogen haben. Durch den ›liturgischen Dienst‹ begründete der Apostel Paulus sein Amt: Er nennt sich einen Liturgen Jesu Christi für die Heiden, im priesterlichen Dienst des Evangeliums Gottes, damit die Heiden eine gottgefällige Opfergabe werden, geheiligt im Heiligen Geist (vgl. Röm 15,16). Vor diesem Hintergrund der Liturgie ist es nachvollziehbar, dass alle Amtsinhaber bald priesterliche Funktionen übernommen haben, um ihr Amt und ihren Dienst sowohl nach innen als auch nach außen zu legitimieren.

Für die alte Kirche wäre die Vorstellung unannehmbar gewesen, dass es irgendwie geartete Ämter gäbe, die nicht mit Eucharistieversammlungen zusammenhingen, in deren Rahmen sie ursprünglich entstanden waren. Denn die Grenzen der Gemeinden waren von der Teilnahme an der Eucharistieversammlung bestimmt (ein Sachverhalt, der maßgebende Impulse für die Neuorganisierung der künftigen Seelsorge geben kann). Schon früh in der nachapostolischen Zeit wurden die Funktionen der Propheten und Lehrer auf den Dienst der Bischöfe, Presbyter und Diakone übertragen und in diesen integriert. Die Dreiteilung des Amtes wurde für die gesamte Kirchengeschichte maßgebend. Das Priestertum des Bischofs und des Presbyters unterscheiden sich nicht im Wesentlichen, so dass wir von *einem* Priestertum des Dienstes sprechen können.

Christus ist der Hauptträger und ersthandelnde Hohepriester der Liturgie. »Wie daher Christus vom Vater gesandt ist, so hat er selbst die vom Heiligen Geist erfüllten Apostel gesandt, nicht nur das Evangelium aller Kreaturen zu verkünden … sondern auch das von ihnen verkündete Heilswerk zu vollziehen durch Opfer und Sakrament, um die das ganze liturgische Leben kreist« (SC 6). Um dieses Heilswerk voll zu verwirklichen, »ist Christus seiner Kirche immerdar gegenwärtig, besonders in den liturgischen Handlungen« (SC 7).

Der Priester in der Liturgie repräsentiert Christus und handelt in seinem Namen. Wo der Priester *in persona Christi in nomine Ecclesiae* handelt, dort wird sein Zeugnis für Gott amtlich. Dies geschieht in der Liturgie, vor allem bei der Eucharistie. In der Liturgie handelt der Priester nicht im Namen des abwesenden Christus, sondern er stellt seine Person Christus zur Verfügung, damit eine Aktionsgemeinschaft des anwesenden Hohepriesters Jesus Christus und seiner Kirche entsteht, zur Heiligung des Menschen und zur Verherrlichung des himmlischen Vaters.[79]

Die Liturgie, »der Höhepunkt, dem alles Tun der Kirche zustrebt, und zugleich die Quelle, aus der all ihre Kraft strömt« (SC 10), ist auch der zentrale Ort, wo der Priester sakramental befähigter Zeuge der Gegenwart Gottes ist.[80] Alle pastoralen Dienste und Aufgaben müssen zu dieser Mitte hinzielen und aus ihr die Kraft entfalten. Die Liturgie sollte so würdig wie möglich gefeiert werden, damit die Mitfeiernden einen Vorgeschmack von der immerwährenden himmlischen Liturgie bekommen, in der unsere liturgische Feier letztlich begründet ist.

Liturgie ist der Ort, wo das Zeugnis des Priesters am häufigsten von vielen Menschen heute noch wahrgenommen wird. Dieser Dienst muss deshalb so ernsthaft und sorgfältig getan werden, damit die Gläubigen tiefer in das Christusgeheimnis eindringen können.[81] Es geht nicht um spektakuläre Aktionen und Taten, sondern darum, sein ganzes Können und seine Geisteskraft in den Dienst vor Gott an den Menschen zu stellen.

Wie der Priester die Liturgie feiert, ist entscheidend für die mitfeiernden Gläubigen. Eine selbstdarstellerische oder hektische Liturgiefeier kann negatives Zeugnis und kontraproduktiv zur Verkündigung sein. Die Liturgie sollte nicht mit Erklärungen überfrachtet und durch zu viel Betriebsamkeit verstellt werden. Bei der Feier der Liturgie muss der Priester die aufklärerische Versuchung überwinden, aus der Liturgie als Ort der Transzendenz- und Gnadenerfahrung einen Ort der Moralpredigt und

Belehrung werden zu lassen. Die Ehrfurcht des Priesters vor dem Geheimnis Gottes in der Liturgie und die frohe Gelassenheit und Frömmigkeit bei der Feier sind schon lebendige Verkündigungen der Gegenwart Gottes. Die entscheidende Frage ist, ob es dem Priester durch seinen Dienst gelingt, eine Atmosphäre zu schaffen, damit die Mitfeiernden einen Zugang zur Wirklichkeit Gottes finden.

Alle pastoralen Aktivitäten werden erfolglos bleiben, wenn der Priester nicht selbst tiefer in den Geist der Liturgie eindringt und als Liturgievorsteher von der spirituellen Dynamik der gottesdienstlichen Feiern geprägt wird. Liturgie ist ein gnadenhaftes Geschehen, dem wir uns nur öffnen und Raum geben können. Mitten im menschlichen Handeln ist der gegenwärtige Christus im Heiligen Geist am Werk. Je mehr Christus in der Liturgie durch den priesterlichen Dienst erkennbar und erfahrbar wird, desto mehr wird der Priester Zeuge der lebendigen Gegenwart Gottes inmitten seiner Gläubigen.

Liturgie ist die Seele, ist Wurzel, Mitte und Vollendung des christlichen Lebens. Daran kann niemand zweifeln. Aber die Mitte ist noch nicht das Ganze, sondern eben nur die Mitte eines ganzen Komplexes, deshalb muss die Liturgie im größeren Zusammenhang der Lebensvollzüge der Kirche eingebettet sein: Verkündigung, Dienst und Liturgie. Verkündigung ohne Diakonie ist leer und unglaubwürdig, und ohne Liturgie wäre die Verkündigung eine Verpädagogisierung des Glaubens. Diakonie ohne Verkündigung wäre bloße Sozialarbeit, Horizontalismus und Weltimmanenz. Diakonie ohne Liturgie ließe das Spezifikum christlicher Liebestätigkeit vermissen, die vom Dienst am Nächsten zum Lob Gottes führt (vgl. Apg 3,1 – 4,31).

Die Liturgie bedarf der Verkündigung, wenn sie nicht zu einer reinen Ritualisierung der Kirche führen soll. Nicht rituelle Handlungen stehen im Mittelpunkt des Gottesdienstes, sondern der ewige Dialog zwischen Gott und den Menschen. In seinen

Bekenntnissen sagt der heilige *Augustinus* es in prägnanter Kürze: »Meine Mutter ging zweimal täglich, morgens und abends, ohne sich jemals abhalten zu lassen, in die Kirche, nicht zu eitlen Fabeln und Altweibertratsch, sondern dass sie dich höre in deinen Worten und dass du sie hörest in ihren Gebeten.«[82] Ebenso bedarf die Liturgie auch der Diakonie, der Öffnung zur Welt, damit sie lebendig und lebensdienend bleiben kann.

Verkündigung, Diakonie und Liturgie müssen einander so integrieren, dass sie nicht mehr drei, sondern eins sind, dass sie nur miteinander den dreifachen Aspekt der einen Realität der Kirche ergeben. Nur im lebendigen Miteinander aller drei Grundvollzüge der Kirche, wächst das christliche Leben in Glauben, Hoffnung und Liebe.

Aus dieser integrierten Sicht der Lebensvollzüge der Kirche, stellt das Zweite Vatikanische Konzil die grundlegende Bedeutung der Liturgie für das gesamte Leben der Kirche dar: »In der Liturgie, besonders im Heiligen Opfer der Eucharistie, vollzieht sich das Werk unserer Erlösung, und so trägt sie in höchstem Maße dazu bei, dass das Leben der Gläubigen Ausdruck und Offenbarung des Mysteriums Christi und des eigentlichen Wesens der wahren Kirche wird, der es eigen ist, zugleich göttlich und menschlich zu sein, sichtbar und mit unsichtbaren Gütern ausgestattet, voll Eifer der Tätigkeit hingegeben und doch frei für die Beschauung, in der Welt zugegen und doch unterwegs; und zwar so, dass dabei das Menschliche auf das Göttliche hingeordnet und ihm untergeordnet ist, das Sichtbare auf das Unsichtbare, die Tätigkeit auf die Beschauung, das Gegenwärtige auf die künftige Stadt, die wir suchen. Dabei baut die Liturgie täglich die, welche drinnen sind, zum heiligen Tempel im Herrn auf, zur Wohnung Gottes im Geist bis zum Maße des Vollalters Christi. Zugleich stärkt sie wunderbar deren Kräfte, dass sie Christus verkünden. So stellt sie denen, die draußen sind, die Kirche vor Augen als Zeichen, das aufgerichtet ist unter den

Völkern. Unter diesem sollen sich die zerstreuten Söhne Gottes zur Einheit sammeln, bis eine Herde und ein Hirt wird« (SC 2).

In diesem Gesamtkonzept des kirchlichen Lebens und Dienstes bleibt Liturgie Quelle, Höhepunkt und Vollendung kirchlichen Lebens. Das geistliche Leben der Christen hat notwendigerweise in der Liturgie seinen Höhepunkt, und von dort her wächst ihnen die Kraft für ihr Leben zu. Die Liturgie und besonders die Feier Eucharistie baut das geistliche Leben auf und nährt es, verlebendigt und vollendet.

Das Gottesvolk ist durch die Anteilnahme am Priestertum Christi befähigt, als »heilige Priesterschaft Gott geistige Opfer darzubringen, die Gott um Jesu Christi Willen wohlgefällig sind« (1 Petr 2,5). Gott beständig ein Lobopfer darzubringen, das heißt die Frucht der Lippen, die seinen Namen preisen (Hebr 13,15). Das Opfer der Kirche ist keineswegs neu, als ob sie ein neues Opfer neben das Opfer Christi setzen möchte, sondern neu insofern, als sich das Gottesvolk immer wieder selbst hineingibt in das eine Opfer Christi, das in der Eucharistie gegenwärtig ist. Christlicher Gottesdienst findet eben in dieser Hingabe sein Ziel, und die Eucharistie ist das Realsymbol für solche ständige Selbsthingabe in der geschwisterlichen Liebe, wie Paulus auch im Zusammenhang seines Einsetzungsbereichtes (1 Kor 11) es als das wahre Herrenmahl-Halten herausstellt. Ferner mahnt der Apostel: »Angesichts des Erbarmens Gottes ermahne ich euch, meine Brüder, euch selbst als lebendiges und heiliges Opfer darzubringen, das Gott gefällt; das ist für euch der wahre und angemessene Gottesdienst« (Röm 12,1). Nach dem Apostel soll der Christ Gott leibhaftig zur Verfügung stehen, Gottes Willen verstehen und erfüllen lernen, in Distanz bleiben zur ›Welt‹; dafür den Brüdern und Schwestern dienen in Werken der Liebe (Röm 13,1ff).

Wenn die Liturgie lebendig bleiben will, müssen wir alle Mühe und Aufmerksamkeit darauf legen, dass die Feier selbst zu einer *conscia, pia, actuosa et fructuosa participatio*, einer bewussten Feier wird. Dazu brauchen wir den Geist, der uns lebendig macht (Joh 6,24). Die zentrale Aufgabe des Priesters ist es, dafür Sorge zu tragen, dass die Liturgie Ort der Gottesbegegnung und Gotteserfahrung wird. Ziel aller liturgischen Bemühungen ist es, dass wir in der Liturgie Gott feiern.

Eucharistie und Priestertum

Der Heilsplan Gottes, »die Menschen zur Teilhabe an dem göttlichen Leben zu erheben« (LG 2), findet seinen konkreten Ausdruck in der geschenkten *communio*, in der Gemeinschaft zwischen Gott und den Menschen und in der Gemeinschaft der Menschen untereinander. Die Seele der *communio*, die Innenseite der kirchlichen *communio*, ist die Teilhabe am Leben Gottes in Christus, sie ist der Existenzgrund der Kirche. Feierlich zitiert die dogmatische Konstitution über die göttliche Offenbarung des Zweiten Vatikanischen Konzils den ersten Johannesbrief: »Wir verkünden euch das ewige Leben, das beim Vater war und uns offenbart wurde. Was wir gesehen und gehört haben, das verkünden wir auch euch, damit auch ihr Gemeinschaft mit uns habt. Wir aber haben Gemeinschaft mit dem Vater und mit seinem Sohn Jesus Christus« (1 Joh 1,2–3). Um diese Gemeinschaft zu leben, zu verlebendigen und Menschen daran teilhaben zu lassen, verkündet und feiert die Kirche ihre Heilsgeheimnisse, »damit die ganze Welt im Hören auf die Botschaft des Heiles glaubt, im Glauben hofft und in der Hoffnung liebt« (DV 1).

Die Eucharistie ist der zentrale Ort der Teilhabe am Heilswerk Christi und steht daher in der Mitte des christlichen Lebens. Je mehr wir die tiefe Bedeutung der Eucharistie für das Leben und Wirken der Kirche herausstellen, umso klarer wird auch ihre Bedeutung im Leben und Dienst des Priesters. Das eucharistische Opfer als Quelle und Höhepunkt des ganzen christlichen Lebens enthält »ja das Heilsgut der Kirche in seiner ganzen Fülle, Christus selbst, unser Osterlamm und das lebendige Brot. Durch sein Fleisch, das durch den Heiligen Geist lebt und Leben schafft, spendet er den Menschen das Leben« (PO 5; vgl. LG 11).

Das Mysterium der Eucharistie macht den Kern des Mysteriums der Kirche aus (Johannes Paul II., *Ecclesia de eucharistia* 1). Durch die Eucharistie bleibt Jesus Christus alle Tage bis zum Ende der Welt in der Kirche und durch die Kirche der Welt gegenwärtig (Mt 28,20). Die eucharistische Gegenwart des Herrn prägt unaufhörlich alles Tun in der Kirche. So wie die Kirche aus ihrer eucharistischen Mitte entsteht, lebt und wirkt, so ist das sakramental-befähigte Priesteramt als Dienst der Kirche in der Eucharistie begründet, lebt aus ihr, entfaltet sich in ihr und schöpft aus ihr die Kraft zum Handeln. So wie die Eucharistie Mitte und Höhepunkt des Lebens aller Gläubigen in der Gemeinschaft der Kirche ist, bildet sie in gleicher Weise die Mitte und den Höhepunkt des priesterlichen Lebens und Dienstes. Denn die Kirche lehrt und glaubt, dass die Eucharistie der wesentliche und zentrale Seinsgrund für das Sakrament des Priestertums ist, das ja im Augenblick der Einsetzung der Eucharistie und zusammen mit ihr gestiftet worden ist (vgl. Johannes Paul II., *Ecclesia de eucharistia* 31).

Das Zweite Vatikanische Konzil will die Verbindung zwischen Eucharistie, Kirche und Priestertum, die in der lebendigen Tradition der Kirche tief begründet ist, verlebendigen und voll zur Entfaltung bringen: Es ist der geweihte Priester, der »in der Person Christi das eucharistische Opfer vollzieht und es im Namen des ganzen Volkes Gott darbringt« (LG 10). Der priesterliche Dienst *in persona Christi* in seiner eigentlichen Bedeutung ist viel mehr, als nur ›im Namen‹ oder ›in Stellvertretung‹ Jesu Christi zu handeln. Das Handeln *in persona Christi* umschließt eine spezifische sakramentale Identifizierung des Priesters mit dem ewigen Hohepriester, der Urheber und hauptsächliches Subjekt dieses seines eigenen Opfers ist. Der Dienst der Priester, die durch den Empfang der Weihe befähigt sind, macht in der von Christus bestimmten Heilsordnung deutlich, »dass die von ihnen gefeierte Eucharistie eine Gabe ist, die auf radikale Weise die Vollmacht der Gemeinde überragt« (Johannes Paul II., *Ecclesia de eucharistia* 29).

Es wäre eine Fehlinterpretation, in der Tatsache, dass die Vollmacht zur Darbringung der Eucharistie ausschließlich den Bischöfen und Priestern anvertraut ist, eine Herabsetzung der Würde des gemeinsamen Priestertums zu sehen, denn es kommt allen Gläubigen zu, »kraft ihres königlichen Priestertums an der eucharistischen Darbringung mitzuwirken« (LG 10). In der Gemeinschaft des einzigen Leibes Christi, der Kirche, nützt das Heil in der Eucharistie allen in überreichem Maße.

Das Zweite Vatikanische Konzil hat in der Hirtenliebe das Band gesehen, das Leben und Dienst des Priesters zur Einheit führt: Diese Hirtenliebe »erwächst am stärksten aus dem eucharistischen Opfer. Es bildet daher Mitte und Wurzel des ganzen priesterlichen Lebens« (PO 14). »Man versteht so, wie wichtig es für sein geistliches Leben und darüber hinaus für das Wohl der Kirche und der Welt ist, dass der Priester die Empfehlung des Konzils, täglich die Eucharistie zu feiern, in die Tat umsetzt. Denn ›sie ist auch dann, wenn keine Gläubigen dabei sein können, ein Akt Christi und der Kirche‹. Auf diese Weise kann der Priester jede zerstreuende Spannung in seinem Tagesablauf überwinden, weil er im eucharistischen Opfer, der wahren Mitte seines Lebens, die notwendige geistliche Mitte findet, um sich den verschiedenen seelsorglichen Aufgaben zu stellen. So werden seine Tage wahrhaft eucharistisch« (Johannes Paul II., *Ecclesia de eucharistia* 31, vgl. PO, 13; CIC can. 904; CCEO can. 378).

Daher gibt es im Grunde genommen keine ›Privatmesse‹, selbst wenn ein Priester allein die Eucharistie feiert, denn jede

Eucharistiefeier ist eine Feier der bleibenden Hingabe Jesu Christi an seinen Vater, die immer gegenwärtig ist, und geschieht in der Gemeinschaft der ganzen Kirche und aller Heiligen, als Vergegenwärtigung der himmlischen Liturgie. Diese Überzeugung kann für viele Priester, die nicht mehr aktiv im Dienst sein können, sehr entlastend wirken. Denn sie tragen durch die Feier der Eucharistie, gegebenenfalls auch alleine, zum Heil und zur Heiligung der Welt aktiv bei.

Für die Erneuerung der Kirche und des Priestertums ist von unabdingbarer Bedeutung, dass wir Priester selber die zentrale Bedeutung der Eucharistie in unserem Leben immer wieder neu entdecken. Unsere Liebe zur Eucharistie wird für die Gläubigen ein großer Ansporn sein, dass sie selbst die großartige Bedeutung der Eucharistie entdecken.

Eucharistie und Kirche

Das Zweite Vatikanische Konzil lehrt, die Kirche als das im Mysterium schon gegenwärtige Reich Christi zu verstehen und dieses Mysterium aus der Eucharistie neu zu begreifen. Die Kirche lebt und wächst aus der Eucharistie: »Sooft das Kreuzesopfer, in dem Christus, unser Osterlamm, dahingegeben wurde (1 Kor 5,7), auf dem Altar gefeiert wird, vollzieht sich das Werk unserer Erlösung. Zugleich wird durch das Sakrament des eucharistischen Brotes die Einheit der Gläubigen, die ein Leib in Christus bilden, dargestellt und verwirklicht« (LG 3).

Das Bild der Kirche ist schon in ihrem Ursprung keimhaft sichtbar. Die Urgemeinde verharrte in der Lehre der Apostel und in der Kommunion (Gemeinschaft), im Brotbrechen und in den Gebeten (Apg 2,42). Damit weist sie auf die Dynamik des Weges der Kirche in die Geschichte hin. Dieser Weg beginnt mit der Sendung des Heiligen Geistes, der sich einer Gemeinschaft schenkt, die geeint ist im Gebet und deren Mitte Maria und die Apostel sind (Apg 1,12–14; 2,1). Der Weg der Kirche ist der Weg, den der Heilige Geist, der Geist Jesu führt. Diese Kirche wird sichtbar, indem sie betet. Das Beten der Kirche findet seine Mitte im »Brotbrechen«. Somit zeigt sich die Eucharistie als Herz des kirchlichen Lebens.

Die Eucharistie ist *koinonia (communicatio)* durch die Teilhabe am Leben Gottes: »Die ganze Kirche erscheint als das von der Einheit des Vaters und des Sohnes und des Heiligen Geistes her geeinte Volk« (LG 4). Die Verbundenheit mit Gott ist es, die die Kirche zum Volk Gottes macht. Die Wirklichkeit, die das biblische und patristische Wort *koinonia* zum Ausdruck bringen möchte, vereint in sich die Eucharistie und die dadurch gestiftete Gemeinschaft der Kirche. »Gemeinschaft im und am Leib Christi bedeutet Gemeinschaft untereinander. Sie schließt das Sich-annehmen, das gegenseitige Geben und Nehmen, die Bereitschaft zum Teilen in ihrem Wesen nach mit ein« (Joseph Ratzinger).[83]

Die Grundlage der verschiedenen Ebenen der *communio* ist in der Person Jesu Christi und der Gemeinschaft mit dem fleischgewordenen Gott begründet. Die Verbindung zwischen Gottheit und Menschheit in Jesus Christus ist das Geheimnis und die Grundlage aller Gemeinschaft zwischen Gott und den Menschen. Die Menschwerdung des Sohnes Gottes ist die Kommunion zwischen Gott und den Menschen. Die Kirche ist, sofern und soweit Kirche, Leib Christi. Wenn wir diese Grundlage weiterentwickeln, verstehen wir, wie die Kirche aus der Eucharistie entsteht und lebt und wie Eucharistie und Kirche im Grunde genommen untrennbar sind.

Der Apostel Paulus bietet im ersten Korintherbrief weiterführende Gedanken zur eucharistischen Ekklesiologie: »Ist der Kelch des Segens, über den wir den Segen sprechen nicht Teilhabe am Blut Christi? Ist das Brot, das wir brechen, nicht Teilhabe am Leib Christi? Ein Brot ist es. Darum sind wir viele ein Leib; denn wir haben teil an dem einem Brot« (1 Kor 10,16ff).

Indem wir das Brot essen, werden wir selbst, was wir essen (Augustinus). Der Mensch, der dies Brot aufnimmt, wird ihm assimiliert, wird von ihm aufgenommen, wird eingeschmolzen in dieses Brot und wird Brot wie Christus selbst. »Die eucharistische Kommunion zielt auf eine totale Umgestaltung des eigenen Lebens ab. Sie bricht das ganze Ich des Menschen auf und schafft ein neues Wir. Die Kommunion mit Christus ist notwendigerweise Kommunikation auch mit allen, die sein sind: Ich werde darin selbst Teil dieses neuen Brotes, das er in der Umsubstanzierung der ganzen irdischen Wirklichkeit schafft« (Joseph Ratzinger).[84]

Die Kirche lässt sich nicht in einer horizontalen und wesentlich soziologischen Weise erklären, denn der Grund ihrer Herkünftigkeit ist die Gemeinschaft mit Christus. »Die Beziehung zum Herrn, das Herkommen von ihm und das Verwiesensein auf ihn, ist die Bedingung ihrer Existenz, ja, man kann geradezu sagen: Die Kirche ist ihrem Wesen nach Beziehung, eine durch die Liebe Christi gestiftete Beziehung, die ihrerseits auch eine neue Beziehung der Menschen untereinander begründet.«[85] Die Liebe Christi ist im Paschamysterium in einzigartiger Weise eine bleibende Wirklichkeit geworden, und die Eucharistie ist die Gegenwärtigsetzung dieses Mysteriums.

Die Eucharistie zu feiern, dem Herrn zu begegnen und seine Liebe zu empfangen bedeutet: »Eintreten in die Seinsgemeinschaft mit Christus, eintreten in jene Öffnung des menschlichen Seins zu Gott hin, die zugleich die Bedingung der innersten Eröffnung der Menschen füreinander ist. Der Weg zur Kommunion der Menschen untereinander führt über die Kommunion mit Gott. Um den geistlichen Gehalt der Eucharistie zu erfassen, müssen wir also die geistliche Spannung des Gottmenschen verstehen: Nur in einer spirituellen Christologie öffnet sich auch die Spiritualität des Sakraments« (Joseph Ratzinger).[86]

Der heilige *Augustinus* hatte schon festgestellt, dass es die Sakramente sind, welche die Kirche auf Erden aufbauen. Die Sakramente machen die Kirche und ihre Gemeinschaft sichtbar. Diesen Gedanken, in dem die Sozialfunktion der Heilszeichen zusammengefasst sind, führt *Augustinus* in seiner Schrift gegen den Manichäer Faustus auf einen allgemeinen religionspsychologischen Grundsatz zurück, den *Thomas von Aquin* zustimmend zitiert: »Es ist ausgeschlossen, dass Menschen unter irgendeiner religiösen Denomination, ob diese nun wahr oder falsch ist, zu einer ordnungsmäßig verbundenen Gemeinschaft gelangen, wenn sie nicht durch irgendwelche gemeinsame Teilnahme an sichtbaren Zeichen oder Sakramenten miteinander verbunden werden. Die Wirkung dieser Sakramente ist unsagbar groß; verachtet man sie, so macht man sich eines Sakrileges schuldig. Denn nicht ohne Gottlosigkeit kann man verachten, was für die (vollkommene) Gottverbundenheit unentbehrlich ist.«[87]

Nach diesem Gedankengang sind es die Sakramente, die der Kirche nicht nur einen sichtbaren Charakter verleihen und sie also in gewissem Sinn äußerlich aufbauen, sondern auch ihre innere Einheit sichern, weil sie für das ewige Heil unentbehrlich sind. Es gibt in der Kirche nichts Konkreteres als die tatsächliche Spendung der Gnade durch die Heilsmittel.

In der Eucharistie baut Christus immer neu sich verschenkend die Kirche als seinen Leib auf. Er eint uns durch seinen auferstandenen Leib mit dem Dreieinigen Gott und untereinander. »Eucharistie geschieht am jeweiligen Ort und ist doch zugleich universal, weil es nur einen Christus gibt und nur einen Leib Christi. Eucharistie schließt den priesterlichen Dienst der *repraesentatio Christi* und damit das Netz des Dienens ein, das Miteinander von Einheit und Vielfalt, das sich schon im Wort *communio* andeutet. So kann man ohne Zweifel sagen, dass dieser Begriff eine ekklesiologische Synthese in sich trägt, die die Rede von der Kirche an die Rede von Gott und an das Leben aus Gott und mit Gott bindet, eine Synthese, die alle wesentlichen Intentionen der Ekklesiologie des Zweiten Vatikanischen Konzils aufnimmt und sie in der rechten Weise aufeinander bezieht« (Joseph Ratzinger).[88]

In diesem Zusammenhang kennen wir alle nur zu gut die Diskussionen um das ›Recht der Gläubigen‹ auf Eucharistie. Aber wenn wir ehrlich und selbstkritisch unsere Eucharistiefeiern in den Gemeinden anschauen, können wir feststellen: Wie oft feiern wir am Sonntag die Heilige Messe mit halbvollen Kirchen, in vielen Gemeinden sind die Teilnehmenden nur noch wenige Prozent derer, die potenziell an der Heiligen Messe teilnehmen könnten! Denken wir nur an unsere Eucharistiefeiern an Werktagen! Sollten unsere Bemühungen nicht eigentlich darauf zielen, dass die Zahl der Teilnehmer an der tatsächlich gefeierten Eucharistie steigt?

Wer hat eigentlich ein ›Recht auf Eucharistie‹? Ist es nicht ein Geschenk Gottes, dass wir an der Eucharistie teilnehmen können? Und entspricht ihm nicht eher eine ›heilige Pflicht‹ zur Teilnahme? Wir können die Kirche nur aufbauen, wenn wir die Wurzel und den Angelpunkt in der Feier der Eucharistie sehen. Deshalb bleibt es unsere unverzichtbare Aufgabe, dafür Sorge zu tragen, dass wieder bei den Gläubigen ein wahrer Hunger nach der Eucharistie lebendig wird und noch viele mehr an der gefeierten Eucharistie teilzunehmen beginnen. Das ist der erste Schritt in die richtige Richtung, die zur Verlebendigung des Glaubens führen kann.

Das priesterliche Zeugnis für die Eucharistie und in der Eucharistie ist ein Dienst nicht nur für die teilnehmenden Gläubigen, sondern für die Gemeinschaft der ganzen Kirche, die mit Eucharistie immer in Beziehung steht. Indem wir die Eucharistie in der Gemeinschaft mit der ganzen Kirche feiern, geben wir Zeugnis für die authentische Kirchlichkeit der Eucharistie. »Die Liturgie ist niemals Privatbesitz von irgendjemandem, weder vom Zelebranten noch von der Gemeinde, in der die Mysterien gefeiert werden«. Deshalb ist es von unverzichtbarer Bedeutung, dass wir die Liturgie der Kirche »als Spiegel und Zeugnis der einen und universalen Kirche, die in ihrer Eucharistiefeier gegenwärtig wird« feiern und in die Liturgie der Kirche immer tiefer hineinwachsen. »Der Priester, der die Heilige Messe getreu nach den liturgischen Normen feiert, und die Gemeinde, die sich diesen Normen anpasst, bekunden schweigend und doch beredt ihre Liebe zur Kirche.« Das Mysterium der Eucharistie ist zu erhaben und groß, »als dass sich irgendjemand erlauben könnte, nach persönlichem Gutdünken damit umzugehen, ohne seinen sakralen Charakter und seine universale Dimension zu achten« (Johannes Paul II., *Ecclesia de eucharistia* 52). Jeder Priester ist ein Priester der universalen Kirche, auch wenn er lokal handelt.

Die Eucharistie ist die höchste sakramentale Darstellung der Gemeinschaft der Kirche. Denn sie ist die »Vollendung des geistlichen Lebens und das Ziel aller Sakramente« (Thomas von Aquin).[89] Deshalb kann die Eucharistie, wenngleich sie immer in einer konkreten Gemeinschaft gefeiert wird, niemals die Feier einer einzelnen Gemeinde sein: Diese empfängt mit der eucharistischen Gegenwart des Herrn zugleich die ganze Heilsgabe und erweist sich so in ihrer bleibenden sichtbaren Einzelgestalt als Abbild und wahre Präsenz der einen, heiligen, katholischen und apostolischen Kirche. Daraus folgt, dass eine wahre eucharistische Gemeinschaft sich nicht selbst genügsam in sich verschließen kann, sondern offen sein muss gegenüber jeder anderen Eucharistiegemeinschaft.

Indem wir die Kirche als eucharistische Gemeinschaft verstehen, können wir die immer wieder zu beobachtende Einengung der »Gemeinde« auf Wohnortsgemeinden geistig-geistlich durchbrechen und die Gemeinden auf ihre Katholizität hin entgrenzen. Der Vorteil einer eucharistischen Ekklesiologie für das

Selbstverständnis des Priesters und seine Stellung im Volk Gottes für unsere heutige pastorale Situation liegt auf der Hand. (Auch wenn es selbstverständlich ist, gilt es zu betonen: Als katholische Christen können wir mit jedem katholischen Gläubigen Eucharistie feiern, unabhängig von Wohnorten. Die pastorale Neuordnung in manchen Teilkirchen können wir als ein echtes Katholischwerden der Ortsgemeinden verstehen.)

Den eigentlichen Wert der priesterlichen Sendung und tieferen Sinn des priesterlichen Dienstes erkennen wir in der umfassenden Perspektive der Liturgie, vor allem der Eucharistie, wo in der Anbetung Gottes das innigste Verlangen der Schöpfung seine Erfüllung findet, bis Gott alles in allem wird (vgl. 1 Kor 15,28). Das Zweite Vatikanische Konzil stellt in seinem Dekret über Dienst und Leben der Priester deutlich heraus: »Durch den Dienst der Priester vollendet sich das geistige Opfer der Gläubigen in Einheit mit dem Opfer des einzigen Mittlers Christus, das sie mit ihren Händen im Namen der ganzen Kirche bei der Feier der Eucharistie auf unblutige und sakramentale Weise darbringen, bis der Herr selbst kommt. Darauf zielt das Dienstamt der Priester, und darin findet es seine Vollendung … Das Ziel also, auf den Dienst und Leben der Priester ausgerichtet sind, ist die Verherrlichung Gottes des Vaters in Christus. Diese Verherrlichung besteht darin, dass die Menschen die in Christus vollendete Tat Gottes bewusst, frei und dankbar annehmen und in ihrem ganzen Leben kundtun. Ob die Priester sich darum dem Gebet und der Anbetung hingeben, ob sie das Wort verkünden, das eucharistische Opfer darbringen und die übrigen Sakramente verwalten oder den Menschen auf andere Weise dienen, immer fördern sie die Ehre Gottes und das Wachstum des göttlichen Lebens im Menschen. All dies entströmt dem Pascha Christi des Herrn und erfährt seine Vollendung bei dessen glorreicher Ankunft, wenn er selbst das Reich Gott dem Vater übergeben hat« (PO 2).

So wie das Geheimnis der Kirche aus der Eucharistie verstanden wird, müssen wir auch das Dienstamt des Priesters zuerst und vor allem von der Eucharistie her verstehen. Eucharistie vermittelt die bleibende Verbindung mit dem Ursprung und mit der Zukunft. Durch die Gegenwärtigsetzung und die Teilhabe vermittelt Eucharistie in der Gegenwart die Gleichzeitigkeit mit dem Paschamysterium und dem himmlischen Hochzeitsmahl. Aus dieser Perspektive erkennen wir die tiefe Bedeutung des priesterlichen Weiheamtes.

Eucharistie und Spiritualität

Das Entscheidende im christlichen Glauben sind nicht einige gute Ideen für die Gestaltung der Welt, sondern die Person Jesu Christi selbst. Für uns ist Jesus unendlich mehr als eine historische Gestalt: Er ist der Urheber des ewigen Heils (vgl. Hebr 5,9). Christus vollzieht sein Priestertum in ewiger Selbsthingabe an den Vater. Die Eucharistie ist der Weg, durch den sich die überströmende Liebe, die in der Menschwerdung Gottes in Jesus Christus sichtbar geworden ist, uns mitteilt.

Eucharistie: Das Heil in seiner Fülle

Jesus Christus bleibt in unserer Mitte anwesend. Durch sein unaufhörliches Wirken in seiner sichtbar-unsichtbaren Kirche ist er ganz in der Geschichte gegenwärtig und überschreitet zugleich die Grenzen der Jahre und Jahrhunderte. Seine lebendige und bleibende Gegenwart macht die Eucharistie zu dem, was sie ist.

Jesu Handeln zum Heil der Menschen besteht nicht nur in Worten, sondern in seinem Sein und Tun. In seinem Tod am Kreuz verschenkt er sich in radikalster Form, um den Menschen zu erlösen und zu heilen. Diesem Akt der liebevollen Hingabe hat Jesus Christus bleibende Gegenwart verliehen durch die

Einsetzung der Eucharistie. Im Brot und Wein gibt er sich selbst, seinen Leib und sein Blut, sein Leben für die Gläubigen. »Die Eucharistie zieht uns in den Hingabeakt Jesu hinein. Wir empfangen nicht nur statisch den inkarnierten Logos, sondern werden in die Dynamik seiner Hingabe hineingenommen« (Benedikt XVI., *Deus caritas est* 13).

Eucharistie ist nicht einfach eine liturgische Feier unter anderen und nicht einfach eines der sieben Sakramente. Die Eucharistie enthält vielmehr zusammenfassend den Kern des Heilsmysteriums.[90] In ihr ist das Heilsgut in seiner ganzen Fülle gegeben, und sie ist der volle Ausdruck der unendlichen Liebe Jesu Christi. In der Eucharistie freuen wir uns über seine geschenkte Gegenwart in unserer Mitte, und deshalb feiern wir ihn: Gegenwart, in der alles gründet, von woher sich alles entfaltet und worin sich alles vollendet. Jesus Christus, in dem und durch den alles »vollbracht« ist (Joh 19,30). Er ist »Fülle« des Heils.

Die vielfältigen Aspekte dieses Heilsmysteriums finden sich zusammenfassend in der Liturgiekonstitution des Zweiten Vatikanischen Konzils: »Unser Erlöser hat beim Letzten Abendmahl in der Nacht, da er überliefert wurde, das eucharistische Opfer seines Leibes und Blutes eingesetzt, um dadurch das Opfer des Kreuzes durch die Zeiten hindurch bis zu seiner Wiederkunft fortdauern zu lassen und so der Kirche, seiner geliebten Braut, eine Gedächtnisfeier seines Todes und seiner Auferstehung anzuvertrauen: das Sakrament huldvollen Erbarmens, das Zeichen der Einheit, das Band der Liebe, das Ostermahl, in dem Christus genossen, das Herz mit Gnade erfüllt und uns das Unterpfand der künftigen Herrlichkeit gegeben wird« (SC 47).

Beim Letzten Abendmahl hat der von seinen Jüngern scheidende Christus seinen Kreuzestod vorwegnehmend gedeutet, indem er sich selbst mit dem gebrochenen Brot identifizierte. Dieses Brot, in dem Jesus Christus sich in die Hände der anderen überliefert, ist das lebendige Brot, das dem, der es isst, das ewige

Leben gewährt: »Ich bin das lebendige Brot, das vom Himmel herabgekommen ist. Wer von diesem Brot isst, hat das ewige Leben« (Joh 6,51).

Die Eucharistie ist die erinnernde Vergegenwärtigung der Passion und Selbsthingabe Jesu. In ihr vollzieht sich sakramental das Heilswerk Christi durch die Vergegenwärtigung des *einen* Ostergeheimnisses von Leiden, Auferstehung und Himmelfahrt, das schon seine Wiederkunft in der Herrlichkeit einbezieht. Uns wird die Gemeinschaft mit Gott dadurch geschenkt, dass wir innerlich in die Dankeshingabe Jesu Christi einstimmen. Denn jede Eucharistiefeier ist getragen von dem einmaligen Kreuzesopfer, das im Opfermahl in der Kraft des Heiligen Geistes sakramental vergegenwärtigt wird. Indem wir die ewige Hingabe des Sohnes gläubig mitvollziehen, empfangen wir Anteil an der Gemeinschaft der Liebe von Vater und Sohn im Heiligen Geist. Nur in der Gemeinschaft mit Christus können wir uns liebend und dankend dem Vater opfernd hingeben. In der Eucharistie vollzieht sich das Werk unserer Erlösung (vgl. SC 1).

Für eine zeitgemäße Eucharistie-Spiritualität ist es von großer Bedeutung, dass wir für den Gesamtzusammenhang der eucharistischen Liturgie ein neues gläubiges Verständnis entwickeln. Den Reichtum dieses Geschenkes immer wieder neu zu entdecken und sich seiner zu vergewissern, ist wesentlich für unseren Glauben und für unseren Dienst, und vor allem für unser Leben als Priester. Um eine wirklich eucharistische Erneuerung der Kirche zu erzielen, muss man über dieses Geheimnis gläubig nachdenken und es existenziell nachvollziehen. Der lebendige Glaube der Kirche ist der Schlüssel zum Verständnis der tieferen Wahrheit der Eucharistie. Welcher Mensch aber versteht schon die Eucharistie voll und ganz? Sie ist ein unauslotbares Geheimnis. Wenn wir das wenige, das wir von dem Geheimnis der Eucharistie begriffen haben, leben und von unseren geringen Einsichten aus weitergehen, um Zeugnis für die Gegenwart des

Herrn zu geben, dann ist bereits viel geschehen. Wenn wir in vertrauensvollem Glauben aufmerksam sind, werden unsere inneren Sinne erwachen und eine Wahrnehmungskraft für die tieferen Dimensionen der Wirklichkeit gewinnen.

Die reale Gegenwart Jesu Christi

In der Eucharistie feiern wir nicht das Gedächtnis eines Abwesenden, sondern der Herr selbst ist anwesend als der Hohepriester und eröffnet den Mitfeiernden seine heilende und Heil schenkende Gegenwart. Eucharistie ist das Wunder der Gegenwart Jesu Christi in unserer Mitte. Sie ist die Feier der personalen Präsenz Jesu Christi als des Auferstandenen (Walter Kasper).[91] Das Wunder der Gegenwart Christi geschieht in der Kraft des Heiligen Geistes. Die Eucharistie ist als Ganzes ein demütiges und zugleich wirkmächtiges Gebet um das Kommen des Heiligen Geistes.

Unsere Gaben von Brot und Wein, die Zeichen unseres Lebens und unserer Hingabe, werden in Leib und Blut Christi verwandelt, damit wir in der Kraft des Heiligen Geistes mit dem auferstandenen Herrn Tischgemeinschaft haben. In der Eucharistiefeier wird Christus als Gastgeber empfangen und gelobt, als der eigentliche Tischherr, der die Seinen zur Tischgemeinschaft ruft. Christus ist der zum Mahl Einladende. Eucharistie ist ein Mahl, das zum Herrn gehört und von ihm ausgeht. Das eucharistische Mahl ist auf ganz eigene, intensive Weise der Ort der Vollendung unseres Heiles. Das ist zuallererst Freude. Als Kinder Gottes dürfen wir uns fröhlich um seinen Tisch versammeln. Mensch und Gott begegnen einander, wie bei der Menschwerdung Gottes. Darum geht es beim eucharistischen Mahl: das Wohnen Gottes mit den Menschen. Eucharistische Gegenwart ist die bleibende segensreiche Heilsgegenwart Gottes bei seinem Volk.

Die eucharistische Gegenwart meint die wirkliche Anwesenheit Jesu Christi in den Gaben von Brot und Wein. Die Voraussetzung für diesen Glauben ist das Bekenntnis, dass Gott real und leibhaftig in Jesus Christus präsent ist. Die Gegenwart Christi verleiht der Eucharistie ihren Heilswert und ihre Schönheit. Er kommt uns entgegen, um uns seine Gemeinschaft und die Fülle des Lebens zu schenken.

Jesus Christus hat selbst beim letzten Abendmahl gesprochen: »Das ist mein Leib.« Der Wahrheitsanspruch, der damit verbunden ist, stellt eine große Herausforderung für den Glauben dar: »Zweifle nicht, ob das wahr sei. Nimm vielmehr die Worte des Erlösers im Glauben auf, da er die Wahrheit ist, lügt er nicht« (Thomas von Aquin).[92] Die Gegenwart Jesu Christi unter den Zeichen von Brot und Wein ist eine verborgene Gegenwart. Nicht nur bleibt seine Gottheit verhüllt, sondern auch seine Menschheit ist hier verborgen. Das Geheimnis seiner Gegenwart übersteigt alle Wahrnehmungsfähigkeit unserer Sinne. Um einen Zugang zu dieser verborgenen Wahrheit zu finden, bedarf es der Augen des Glaubens. Nur im vertrauenden Glauben können wir im sichtbaren eucharistischen Zeichen die unsichtbare Wirklichkeit Christi erkennen: Ich glaube, was auch immer der Sohn Gottes gesagt hat, nichts ist wahrer als der Wahrheit Wort.[93]

Es geht darum, zu bekennen, wie es der zweifelnde Apostel Thomas tat: »Er sieht den gekreuzigten und auferstandenen Jesus und bekennt den wahren Glauben. Eines hat er gesehen, ein anderes hat er geglaubt. Den Menschen hat er gesehen und Gott hat er glaubend bekannt, als er sagte: ›Mein Herr und mein Gott‹« (Thomas von Aquin).[94] In der Eucharistie bekennen wir die verborgene Gegenwart Gottes in unserer Mitte. »Am Kreuz war verborgen allein die Gottheit, aber hier ist zugleich auch verborgen die Menschheit. Beide wahrhaft glaubend und bekennend, suche ich, was der büßende Schächer gesucht hat. Wie Thomas sehe ich die Wunden nicht, dennoch bekenne ich dich als meinen Gott. Mach, dass ich dir immer mehr glaube, in dich Hoffnung setze, dich liebe.«

Das gebrochene Brot verweist zeichenhaft auf den am Kreuz für uns hingegebenen Leib Christi. Zugleich enthält dieses von dem Herrn zu eigen genommene Brot das, was es bezeichnet, nämlich die personale Lebensgemeinschaft mit dem gekreuzigten und auferstandenen Christus. »Ist das Brot, das wir brechen, nicht Teilhabe am Leib Christi?« (1 Kor 10,16) Jesus identifiziert sich mit den Gaben von Brot und Wein so eng, dass sie ihn sakramental repräsentieren und vergegenwärtigen. Er eignet sich dieses Geschehen so innig an, damit sein Wille zur ganzen Hingabe für uns sakramental gegenwärtig wird. Wir dürfen an seinem Willen zur Selbsthingabe teilhaben, um dadurch in die Gemeinschaft des Sohnes mit dem Vater aufgenommen zu werden.

Die Lebenshingabe Jesu

Eucharistie ist nicht die bloße Gedenkfeier einer in der historischen Ferne zurückliegenden Erlösungstat. Sie ist ihrem Wesen nach identisch mit dem einmaligen und unwiederholbaren Kreuzesopfer Jesu Christi und nur insofern von ihm verschieden, als sie seine sakramentale Vergegenwärtigung in Zeit und Raum ist. Als die sakramentale Vergegenwärtigung des Kreuzesopfers erhält Eucharistie ihre bleibende Gültigkeit vor Gott. Denn in der Eucharistie übt Christus sein ewiges Priestertum und sein ewiges Mittleramt aus: »Er hat, weil er auf ewig bleibt, ein unvergängliches Priestertum. Darum kann er auch die, die durch ihn vor Gott hintreten, für immer retten; denn er lebt allezeit, um für uns einzutreten« (Hebr 7,24f).

Die Lebenshingabe Jesu am Kreuz ist die Offenbarung der Herrlichkeit Gottes. Beim Opfer Christi ist nicht sein physischer Tod das Entscheidende, sondern die Erfüllung seiner Sendung in der Hingabe an den Vater als Zeichen der radikalen Liebe Gottes zu den Menschen. Die Selbsthingabe Jesu qualifiziert erst seinen physischen Tod als sichtbares Zeichen der Liebe. Der Tod Jesu ist heilswirksam, weil er die geschichtliche Verwirklichung und die

Offenbarung des Heilswillens des Vaters und der Dahingabe des Sohnes für uns ist.

Wir sind dem Befehl Christi und der Praxis der Urkirche folgend davon überzeugt, dass in der Eucharistie das Opfer Christi am Kreuz wirklich gegenwärtig ist: die Hingabe seiner selbst, in der die Liebe zu Gott zum Ausdruck kommt. »Das ist mein Leib für euch. Tut dies zu meinem Gedächtnis … Denn sooft ihr von diesem Brot esst und aus dem Kelch trinkt, verkündet ihr den Tod des Herrn, bis er kommt« (1 Kor 11,24–26). Die Verkündigung des Heilstodes Jesu Christi macht die Eucharistie im sakramentalen Zeichen des Leibes und Blutes Christi zu einem sichtbaren Opfer, denn Christus ist der Opferpriester, die Opfergabe und der Altar. In der Eucharistie wird die im Zeichen des Kreuzestodes offenbar gewordene Lebenshingabe des Sohnes an den Vater für uns vergegenwärtigt.

Das Ostergeheimnis ist selbstverständlich einmalig und unwiederholbar und keiner Ergänzung bedürftig. Es kann kein zusätzliches Opfer zum Opfer Christi geben: »Denn durch ein einziges Opfer hat er die, die geheiligt werden, für immer zur Vollendung geführt« (Hebr 10,14). Die Einzigartigkeit des Kreuzesopfers Jesu Christi besteht darin, dass der menschgewordene Gottessohn die Verherrlichung des Vaters und die Erlösung der Menschen vollbrachte. Diese Tat der völligen Selbsthingabe ist die Verwirklichung der Gottesliebe und Nächstenliebe.

Das Kreuzesopfer Jesu Christi geschah zwar in einer Zeit der Geschichte an einem bestimmten Ort, jedoch hat dieses Opfer einen unmittelbaren Bezug zu jedem Menschen, wann und wo immer er lebt. In der Eucharistie als der sakramentalen Vergegenwärtigung des immerwährenden Opfers in Zeit und Raum erhalten wir diese Unmittelbarkeit und Gleichzeitigkeit. Durch unseren gläubigen Mitvollzug nehmen wir an dem ewig bleibenden Hingabewillen des Sohnes an den Vater teil. Unser Opfer besteht, wie das Opfer Christi, in der Hingabe unseres Lebens an den Vater in Christus. Das ist unser Dank an den Vater, vereint mit Christus und durch ihn für all das, was wir von ihm empfangen haben, vor allem, dass Gott sich selbst uns in seinem Sohn geschenkt hat.

Dabei umgreift die Feier der Eucharistie Vergangenheit und Zukunft: Denn sooft wir dieses Opfer feiern, verkünden wir den Tod des Herrn, bis er wiederkommt (vgl. 1 Kor 11,26). Jesus schenkt in der Eucharistie jedem Glaubenden unmittelbar seine persönliche Nähe und Freundschaft wie damals seinen Jüngern im Abendmahlssaal. Jesus nimmt uns in seine Danksagung als Sohn mit hinein. »Bei allem aber, was wir opfern, preisen wir den Schöpfer des Alls durch seinen Sohn Jesus Christus und durch den Heiligen Geist« (Justin der Märtyrer).[95] Der Sinn des Opfers besteht für uns darin, dass wir alles, was wir von Gott empfangen haben, ihm dankend zurückgeben. Dieses Opfer der Hingabe an Gott ist für uns Menschen aus eigener Kraft nicht möglich, deshalb verbinden wir uns mit dem einzigen Hohepriester Jesus Christus. Weil Christus uns durch seine Gnade dazu befähigt, können wir uns durch ihn und mit ihm Gott ganz übereignen: »Gerecht gemacht aus Glauben haben wir Frieden mit Gott, durch Jesus Christus, unseren Herrn. Durch ihn haben wir auch Zugang zu der Gnade erhalten, in der wir stehen, und rühmen uns unserer Hoffnung auf die Herrlichkeit Gottes« (Röm 5,1f).

Hingabe des Lebens bedeutet, alles aufzugeben: Gedanken, Gottesbilder, Vorstellungen, den eigenen Willen. Die Eucharistie ist das Geheimnis der Entgrenzung auf Gott hin. Die tiefe Hingabe entgrenzt den Gläubigen auf Gottes liebendes Entgegenkommen und seine unendliche Barmherzigkeit. In der ganzheitlichen Hingabe wird der Gläubige innerlich befreit und erfährt nicht nur Gott und seine Gegenwart, sondern in Gottes Gegenwart die innige Gemeinschaft mit allen Heiligen, allen Gläubigen, allen Menschen – die Einheit mit der ganzen Schöpfung.

Die Grundhaltung der Hingabe an Gott ist die eines Empfangenden, der sich in Gemeinschaft mit Jesus Christus vertrauend auf den Vater verlässt. Aus dieser Hingabe schöpfen wir neue Energie, Mut und auch eine innere Freude, unseren Lebensauftrag neu durch Christus und mit ihm und in ihm zu erfüllen.

In der Eucharistie bringt die Kirche das Opfer Christi dar und opfert sich mit ihm (vgl. SC 48; Johannes Paul II., *Ecclesia de eucharistia* 13). Der Opfercharakter der Eucharistie fordert unser Leben heraus und führt zu einer eucharistischen Spiritualität der Selbsthingabe. Diese Spiritualität kann uns Kraft geben, den priesterlichen Alltag mit Jesus Christus zur Verherrlichung Gottes zu leben.

Unsere Hingabe an Gott

Im eucharistischen Hochgebet wird der trinitarische Dialog zwischen Vater und Sohn im Heiligen Geist vergegenwärtigt, damit wir in diesen Dialog auch gläubig eintreten dürfen. Unsere tätige Teilnahme an der Eucharistie ist nichts anderes als uns selbst in diesen trinitarischen Dialog hineinnehmen zu lassen. Wir dürfen an Jesu Willen zur Hingabe an den Vater teilnehmen, um dadurch in die Gemeinschaft des Sohnes mit dem Vater aufgenommen zu werden. Der Ausdruck unserer Hingabe ist die Bitte an den Herrn um Glaube, Hoffnung und Liebe. Denn nur Christus kann uns diese Gnade schenken. Es ist die Bitte um die Gabe, immer aus der Kraft der Gegenwart Christi zu leben: »Gewähre mir, immer von dir zu leben« (Thomas von Aquin).

Wir feiern die Eucharistie als unsere Lebenshingabe, wenn wir unser priesterliches Verhältnis vor Gott verwirklichen.[96] Dies geschieht, indem wir durch Jesus Christus geistige Opfer darbringen, die Gott gefallen. Wir sollen diesem Geheimnis des Glaubens nicht wie außenstehende und stumme Zuschauer beiwohnen (vgl. SC 48). Die Voraussetzung für eine aktive Teilnahme an der Eucharistiefeier ist die Verlebendigung unseres

Glaubens an das Mysterium der verborgenen Gegenwart Gottes. Sie bewahrt davor, uns selbst statt Gott und das Geschenk des Heils zu feiern.

Die sakramentale Gegenwart Christi in der Eucharistie ist nicht von hektischen Aktivitäten der versammelten Mahlgemeinschaft und der Gestaltungsvielfalt der Feier abhängig. Es ist vielmehr die verborgene Gegenwart des Herrn, welche die Mahlgemeinschaft überhaupt ermöglicht und die Gestaltung der Eucharistiefeier von allen profanen Feiern unterscheidet und sie einmalig und einzigartig werden lässt. Die Eucharistie ist ein geistliches Ereignis. Es geht hier nicht in erster Linie um eine äußere Form der aktiven Teilnahme, sondern vor allem um eine bewusste und innere Teilnahme. Das Wesentliche bei jeder geistlichen Tätigkeit ist nicht das äußere Tun, sondern die eigene Hingabe: durch Anbetung Gottes und Hingabe treu zu unserem Priestertum zu sein. In der Eucharistie berührt der Himmel die Erde, um sie zu erlösen und zu retten.

Unser liturgisches Tun ist mit der unsichtbaren himmlischen Liturgie verbunden. Die geistige Macht, die Schönheit, Heiligkeit und Liebe, die in der Eucharistie zur Darstellung kommt, gilt es wahrzunehmen. Die Feier der Eucharistie lässt uns bereits die Schönheit des Himmels erahnen. Aktive Teilnahme an der Eucharistie ist die Teilnahme an vollendeter Schönheit. In der Feier der Eucharistie kommt der Vater durch den Sohn im Heiligen Geist zu uns, damit wir im Heiligen Geist durch die Vermittlung des Sohnes zum Vater kommen. Durch unseren gläubigen Mitvollzug treten wir ein in diese Leben schenkende Bewegung Gottes zu den Menschen und gehen mit Christus zum Vater.

Die Mitfeier der Eucharistie beschränkt sich nicht lediglich auf den passiven Empfang der Heilsgaben, sondern wir sind aktiv einbezogen in die Nachfolge Jesu Christi. Wir empfangen das Heil in der Weise der aktiven Hingabe unseres Willens und unseres Lebens. Wir dürfen die Hingabebewegung Jesu zum Vater im

Zeichen des Kreuzesopfers innerlich mitvollziehen. Durch ihn und in ihm haben wir zu Gott, unserem Vater, Zugang. Indem wir das Opfer des Glaubens und der Lebenshingabe darbringen, gehen wir in das Sohnesverhältnis Jesu zum Vater ein. Jesus gibt uns »Anteil an seinem Priesteramt zur Ausübung eines geistlichen Kultes zur Verherrlichung Gottes und zum Heil der Menschen« (LG 34). Zur Erlösungstat Jesu Christi gehört es nicht nur, dass er irgendwo und irgendwann in der Geschichte das Heil gewirkt hat, sondern dass wir auch die Möglichkeit haben und befähigt werden, dieses Heil heute anzunehmen.

Im Mittelpunkt der Eucharistiefeier stehen weder der zelebrierende Priester noch die versammelten Gläubigen, sondern Jesus Christus selbst. Er selbst spricht den großen Lobpreis, das eucharistische Gebet des Dankes über die Gaben. Der Priester betet die Einsetzungsworte in der Ich-Form (»Das ist mein Leib«), um zu verdeutlichen, dass nicht er, sondern der gegenwärtige Herr der Handelnde ist. Durch dessen wirkmächtige Gnadenhandlung werden Brot und Wein in seinen Leib und sein Blut verwandelt. Er schenkt sich selbst als geistliche Nahrung auf unserem irdischen Pilgerweg. In dem großen Dankgebet wissen wir uns eins mit dem gegenwärtigen Herrn in unserer Weggemeinschaft zum himmlischen Vater.

Die Eucharistie ist Danksagung an Gott, den Vater, für die Heilsgüter: Danksagung und Lobpreis mit Christus. Es gibt viele Gründe, Gott immer zu danken. Es ist ein Geschenk der Gnade, dass wir ihn loben für seine Güte. Wir haben kein ›Recht‹ auf Eucharistie – höchstens die Pflicht. Aber es ist eigentlich auch keine ›Pflicht‹, sondern die Annahme eines Geschenks. Wir dürfen in der Eucharistie Gott feiern, und durch diese Feier dürfen wir teilhaben an seinem Leben.

Bei der Feier der Eucharistie ist es wichtig, nicht auf das Können und auf die Charismen des einzelnen Priesters zu schauen, sondern auf dessen geweihtes Amt, und den Blick immer weg von seiner Person hin zu Christus zu lenken. Selbstverständlich muss die Liturgie gut und ansprechend gestaltet sein. Aber wir müssen in dem Bewusstsein die Eucharistie feiern, dass es letztlich nicht auf unsere Gestaltung und auf unsere Worte ankommt, sondern auf Christi geschenkte Gegenwart und seine heilenden Worte. Er ist der Handelnde. Auf ihn kommt es an. Durch das geweihte Amt lebt die Kirche in der Glaubensgewissheit, dass dieses Handeln des Priesters ein amtliches Handeln der Kirche ist und dahinter immer Christus steht.[97]

Die gesamte Eucharistiefeier ist Danksagung und zugleich die Bitte an Gott, dass wir die Fülle des Lebens und der Liebe empfangen. So beten wir in der Heiligen Messe vom letzten Abendmahl am Gründonnerstag: »Allmächtiger, ewiger Gott, am Abend vor seinem Leiden hat dein geliebter Sohn der Kirche das Opfer des Neuen und ewigen Bundes anvertraut und das Gastmahl seiner Liebe gestiftet. Gib, dass wir aus diesem Geheimnis der Fülle des Lebens und der Liebe empfangen.«

Die Eucharistie ist Teilnahme am Leben Gottes. Es ist nur allzu menschlich, dass wir bei der Eucharistie nicht immer gleich die Gegenwart Gottes spüren. Der eucharistische Gottesdienst kann sehr ›trocken‹ und ›langweilig‹ sein, und wir können zerstreut sein und zweifeln. Trotzdem ist es wichtig, bei der Feier der Eucharistie einen Glaubensakt zu vollziehen, denn das Entscheidende ist die geistliche Teilnahme am Geheimnis der Eucharistie im Glauben und in der Liebe. Wir »flehen beim Opfer der Messe zum Herrn, dass er ›die geistliche Gabe annehmen und sich uns selbst zu einem ewigen Opfer‹ vollende« (SC 12).

Alles, was in der Eucharistie vollzogen wird, geschieht durch, in und mit Christus. Jesus Christus hat in Liebe seine Selbsthingabe an den Vater für das Heil der Welt vollzogen. Daher sollen auch wir uns mit all unseren Kräften dem Willen des Vaters öffnen und eine hingebende Willensgemeinschaft mit ihm eingehen. Die Feier der Eucharistie wird für uns spirituelle Früchte tragen, wenn wir unsere Lebensfragen, unsere Hoffnungen und Nöte, unsere Enttäuschungen und Leiden, aber auch all das, was uns froh macht, das Gelungene und Gute in unserem Leben, vor Gott als unser persönliches Opfer bringen und uns ihm mit dem Selbsthingabewillen Jesu übereignen. Eine solche Spiritualität der Hingabe führt hinein in eine innere Haltung, die diesem Mysterium gegenüber wirklich angemessen ist: Hin- und Übergabe des ganzen Lebens, Ehrfurcht und Anbetung.

Die Eucharistie als Anbetung Gottes

Anbetung ist die angemessene Haltung des Geschöpfes vor dem Schöpfer. Die Menschheit hat immer danach gestrebt, die richtige Weise zu finden, Gott zu verehren. Alle Religionen haben einen Weg gesucht, der angemessen ist, sich am Schöpfer zu erfreuen und an der Wirklichkeit und dem Ursprung allen Lebens Gefallen zu finden.

Die christliche Offenbarung ist davon überzeugt, dass sie den Weg gefunden hat, die Menschen zur einzig angemessenen Weise der Verehrung Gottes hinzuführen. Das ist der Sinn der Heiligen Messe: Sie ist in ihrem Kern nichts vom Menschen Gemachtes, sondern sie ist das, wonach die menschliche Sehnsucht strebt: nicht nur Suchen, sondern vor allem Finden und Jubeln. Sobald wir diese zentrale Bedeutung der Heiligen Messe verstehen, werden wir dankbar für das Geschenk des Heiles. »Es ist ein Geschenk deiner Gnade, dass wir dir danken« (Missale Romanum, Präfation für die Wochentage IV). Die wahre Anbetung Gottes ist eine uneingeschränkte Übergabe unseres Selbst an Gott. In der Selbstübergabe gewinnen wir neu uns selbst in Christi alles verwandelnder Gegenwart. Die ganze Feier der Eucharistie ist hingebungsvolle Anbetung und Verherrlichung Gottes und geschieht in der liturgischen Sprache der Doxologie: des Preisens, Lobens und Dankens. Die Kirche feiert in der Eucharistie danksagend und lobpreisend die Gegenwart von Tod und Auferstehung Jesu Christi. Weil Christus alles dem Vater zurückgebracht hat, ist die Eucharistie das vollkommene Lobopfer der Schöpfung und der angemessene Ort der Anbetung Gottes.

Die Angemessenheit und Notwendigkeit der eucharistischen Anbetung hat bereits der heilige *Augustinus* festgestellt. Das eucharistische Brot ist uns geschenkt, damit es nicht nur verzehrt wird, sondern auch betrachtet und angebetet wird: »Niemand isst dieses Fleisch, ohne es vorher anzubeten … wir würden sündigen, wenn wir es nicht anbeteten« (Augustinus).[98] Diese bekennende Aussage des Kirchenlehrers führt uns in die Tiefe des eucharistischen Geheimnisses. Das Innehalten und Verweilen vor dem »Wunder aller Wunder« hält das gläubige Bewusstsein für die Größe und Unbegreiflichkeit des Geheimnisses der Eucharistie lebendig.

Es geht um eine innere Schau, wie die Verklärungsszene der synoptischen Evangelien deutlich macht: »Da wurde er vor ihren Augen verwandelt, sein Gesicht leuchte wie die Sonne und seine Kleider wurden blendend weiß wie das Licht« (Mt 17,2). Das kommt für uns der Aufforderung gleich, in der Feier der Eucharistie das verklärte Antlitz dessen zu entdecken, in dem sich das Gottesgeheimnis spiegelt, und im sakramentalen Dienst der Kirche die heilende und Leben spendende Gegenwart Gottes. Christus im Sakrament der Eucharistie anzubeten bedeutet, die im Zeichen von Brot und Wein verhüllte Wahrheit selbst zu erkennen. Wir erkennen, dass wir Geschöpfe vor unserem Schöpfer sind.

Bei der eucharistischen Anbetung stellen wir nicht Christus in unsere Gegenwart, sondern *wir werden in seine Gegenwart hineingenommen*. Dies kann nur geschehen, wenn wir uns öffnen und uns in seine alles verwandelnde Gegenwart einreihen lassen. Wenn wir unser Leben und alles, was uns innerlich bewegt, bewusst in seine Gegenwart hineinstellen, werden wir lernen, unser Leben aus seiner Perspektive zu sehen. Der in der Eucharistie anwesende Herr lädt uns ein, ›bei ihm zu bleiben‹. Die Gegenwart Christi ändert und verwandelt unser Leben und unsere Lebensgeschichte.

In der Anbetung lenken wir unsere Blicke und Herzen auf den in unserer Mitte gegenwärtigen Herrn. Durch die konsekrierte Hostie hindurch blicken wir in den offenen Himmel. Wir vergessen für einen Moment unsere Sorgen, wir verwandeln unsere Welt, wir bringen die ganze Menschheit und die Welt vor seine Gegenwart, um sie zu verwandeln und neu werden zu lassen. Die Anbetung hilft, die Diesseitigkeit des Menschen zu überwinden. Jeder Mensch hat die Tendenz, auf Diesseitigkeit fixiert zu sein. Eucharistie befreit uns von dieser Fixiertheit. Durch die Anbetung des Herrn bekommen wir ein Gegengewicht zu unserem Alltag und zugleich ein Fundament für unser Leben. In den Aufgaben des Tages gibt es so viel, was sich in den Mittelpunkt drängt, und nicht selten stellen wir uns selbst in den Mittelpunkt. Die Anbetung Gottes führt zu einer richtigen Gewichtung von allem. In der Anbetung steht Gott im Mittelpunkt, und sie führt zum Eigentlichen, woraus sich unser Alltag gestaltet. Deshalb ist die Anbetung nicht allein ein Gegengewicht, sondern auch Fundament. Wer sein Herz an irdische Dinge hängt, wer nur seinen Ruhm und seine Ehre sucht, versklavt sich selbst. Aber die Anbetung und echte Verehrung Gottes schenkt uns eine innere Freiheit und erweitert unser Herz; sie ermöglicht einen gelassenen Umgang mit den Menschen und Gütern dieser Welt.

Die eucharistische Anbetung ist eine Folge des eucharistischen Geheimnisses selbst und besitzt einen wesentlichen inneren Zusammenhang mit dem Höhepunkt der Eucharistiefeier. Wenn das eucharistische Brot nicht anbetungswürdig wäre, wäre das Essen dieses Brotes wertlos. Die Eucharistie ist nicht nur ein einfaches Mahl, bei dem wir irgendetwas essen. Diese Feier eröffnet einen Raum der lebendigen Begegnung und ermöglicht eine innere Vereinigung von Gott und den Menschen. Der uns entgegenkommt und mit uns eins zu werden wünscht, ist Gott selbst. Eine solche Begegnung und Vereinigung kann nur in der tiefen Anbetung stattfinden. Er, den wir in der Eucharistie anbeten, ist der Immanuel, der »Gott mit uns«, der »Gott für uns«, der in die Welt gekommen ist, um uns zu erlösen. Gegenwärtig ist er nun in unserer Mitte, um uns zu befreien. Er will die Ketten des Irrtums, des Egoismus und der Sünde, die uns gefangen halten, zerreißen. Er kommt zu uns, um mit seiner Liebe unser Herz zu befreien und zu verwandeln. Nur in der demütigen Haltung der Anbetung können wir ihn aufrichtig empfangen. Die heilige Kommunion zu empfangen bedeutet, den anzubeten, den wir empfangen.

Im anbetenden Empfang werden wir eins mit Christus, der uns empfängt. Wir beten den an, der uns würdig macht, uns zu empfangen. Nur in der Anbetung kann eine tiefe und echte Begegnung mit dem Herrn möglich werden. Aus dieser verwandelnden persönlichen Begegnung entspringt die Sendung zu neuem Tun in die Welt hinein!

In der Anbetung richten wir den Blick auf Christus – und werden zu dem Vertrauen geführt, uns auf den zu verlassen, der den Erwartungen unseres Herzens vollkommene Erfüllung schenken kann. Die eucharistische Anbetung ist ein Aufblicken zu Christus, um von ihm her neue Orientierung für unseren Glauben und unser Leben zu erhalten. Die Eucharistie ruft uns zu: »Lasst uns auf Jesus blicken, den Urheber und Vollender des Glaubens« (Hebr 12,2). Ich schaue Gott an, und Gott schaut mich an.

Die anbetende Begegnung mit dem Herrn ist die Quelle unserer wahren Freude. Der Herr Jesus Christus ist wirklich bei uns. Er, der »Gott-mit-uns«, versichert uns, dass er immer unter den Seinen ist: »Seid gewiss: Ich bin bei euch alle Tage bis zum Ende der Welt« (Mt 28,20). In der Gewissheit seiner Gegenwart und seiner Freundschaft empfinden wir eine tiefe Freude und innere Begeisterung für das Leben. Die Freude, seine starke und sanfte Gegenwart allen Menschen zu bezeugen, ist unsere eucharistische Verpflichtung für die Welt von heute.

Kommunion: Begegnung mit Gott

In der Kommunion geht die urmenschliche Sehnsucht, Gott zu begegnen und sich mit ihm zu vereinen, in Erfüllung, denn die unverlierbare Gemeinschaft mit Gott ist Ziel des menschlichen Lebens. Die Eucharistie zeichnet sich vor den anderen Sakramenten dadurch aus, dass sie nicht nur die Gnade Christi, sondern den ganzen Christus selbst enthält. Deshalb geschieht in der Kommunion eine innere Vereinigung mit Christus, die ihre Vollendung durch Glaube und Liebe findet. Er kommt uns näher, als wir selbst uns sind. In der Feier der Messe wird uns diese Gemeinschaft als Vorgeschmack auf die endgültige Gemeinschaft mit Gott geschenkt.

Jede Feier der Eucharistie ist eine der intensivsten Formen der Gott-Mensch-Begegnung. Aufgrund der Vermittlung des Leibes Christi entsteht eine Kommunikation zwischen Gott und den Menschen. Gott kommt zu uns. Wir gehen zu ihm. Wir empfangen durch den Leib und das Blut Christi erneute und vertiefende Gemeinschaft mit Gott in Liebe. Christus, der durch sein Leben, Sterben und seine Auferstehung alles für uns gegeben hat, schenkt sich uns neu im Augenblick der Kommunion.

Diese Begegnung ist eine schenkende und heilende Begegnung. Der Leib Christi, den wir empfangen, ist die geistliche Nahrung, die Arznei der Unsterblichkeit, in der die mystische Einigung mit Christus vollzogen wird. Eucharistie ist die Nahrung auf dem Pilgerweg unseres Lebens. Die Kirchenväter gebrauchen das wunderbare Bild von der Eucharistie als ›Milch Gottes‹ für das, was in der Kommunion geschieht. Sie deuten die Selbsthingabe Jesu am Kreuz und die eucharistische Nahrung als

Stillvorgang. Christus ist die Mutter, die ihre Kinder an ihrer Brust nährt.

Das Ziel der Eucharistiefeier ist, das Leben der Menschen umzuwandeln, die Eucharistie feiern.[99] Diese Verwandlung des Empfängers der Eucharistie kommt in einer schönen Weise zum Ausdruck in einer Vision, die der heilige *Augustinus* noch vor seiner Bekehrung hatte. In dieser Vision sagte eine Stimme zu ihm: »Ich bin das Brot der Starken, iss mich! Doch nicht du wirst mich in dich wandeln, sondern ich werde dich in mich verwandeln.«[100]

Beim Empfang der Kommunion assimilieren wir nicht einfach den Leib Christi in unser organisches Leben, sondern vielmehr werden wir selbst in den mystischen Organismus des Leibes Christi assimiliert. Damit wird der grundlegende Unterschied zwischen der alltäglichen Speise und der eucharistischen Speise deutlich. Während beim gewöhnlichen Essen der Mensch der ›Stärkere‹ ist, indem er die Speisen in sich aufnimmt und sie seinem Körper aneignet, sodass sie Teil seiner eigenen Substanz werden, ist bei der eucharistischen Speise Christus der Stärkere, und zwar dadurch, dass wir in ihn hineingestaltet werden und wir eins werden mit ihm und untereinander und unser Leben aus der Eucharistie heraus gestalten, so dass unser ganzes Leben Eucharistie werden kann.

In der Kommunion empfangen wir Christus in der Gestalt des Brotes, aber tatsächlich ist es Christus, der uns in der Kommunion empfängt. In der Kommunion nehmen wir nicht nur Christus in uns auf, sondern Christus, der Gott unseres Lebens, nimmt uns ganz an. Wie schön ist es, dass wir von Gott empfangen werden! In seiner Gegenwart darf ich sein, wie ich bin. Diese Gegenwart ist Leben verwandelnde Gegenwart: Ich bekomme ein neues Ansehen. Ich erfahre sein Wohlwollen und seine Gnade. Von ihm empfangen zu werden ist die Gnade aller Gnaden. In seiner Gegenwart kann ich meine wahre menschliche Größe entdecken.

Durch die persönliche Begegnung mit Christus in der Eucharistie empfangen wir die Vergebung unserer Sünden. Wir werden an Leib und Seele geheiligt, und wir werden eine Neuschöpfung in der Gemeinschaft von Gott und Menschen in der Liebe. Weil Gott sich uns ganz schenkt, werden wir befähigt, ganz aus der Gegenwart Gottes zu leben, der uns innerlicher wird, als wir uns selbst begegnen können (Augustinus).[101] Weil Gott zu uns kommt und bei uns wohnt (vgl. Joh 14,23), können wir mit frohem Herzen bekennen: Ich lebe für Gott. Ich bin mit Christus gekreuzigt worden, »nicht mehr ich lebe, sondern Christus lebt in mir. Soweit ich aber jetzt noch in dieser Welt lebe, lebe ich im Glauben an den Sohn Gottes, der mich geliebt und sich für mich hingegeben hat« (Gal 2,20).

Die Einheit unter denen, die das eucharistische Opfermahl feiern, ist die Einheit des Leibes Christi. Denn das eine Brot, das Jesus gibt, ist er selbst. So werden durch ihn, der sich gibt, alle zu seinem Leib. *Augustinus* hat diesen Glauben klassisch formuliert: »Wir werden aufgenommen in seinem Leib, werden seine Glieder und sind so das, was wir empfangen.« Der eine eucharistische Leib des Herrn stiftet die Einheit; Kirchengemeinschaft und Eucharistiegemeinschaft gehören unlösbar zusammen. Die Eucharistiegemeinschaft der Glaubenden mit Christus ist zugleich auch eine Gemeinschaft der Glaubenden untereinander, in seinem Leib, der die Kirche ist. Die Kirche ist nicht ein freier Zusammenschluss von Menschen gleichen Glaubens, sondern eine sakramentale Stiftung. Die Kirche entstand im Abendmahlssaal, und sie verwirklicht sich in jeder Eucharistiefeier (Johannes Paul II., *Ecclesia de eucharistia* 1).

Die Feier der Eucharistie baut nicht nur die kirchliche Gemeinschaft auf, sondern sie führt auch immer tiefer zu ihr hin. Eucharistie ist das Sakrament der Kirchengemeinschaft. Sie stärkt diese Kirchengemeinschaft und führt sie zur Vollkommenheit. Die Eucharistie drückt ein Band der Gemeinschaft sowohl in der unsichtbaren Dimension des Lebens in der Gnade als auch in der sichtbaren Dimension der Glaubensgemeinschaft aus. Die Eucharistie ist die höchste sakramentale Darstellung der Gemeinschaft in der Kirche. Während die Taufe Anfang und Ausgang des christlichen Lebens und der kirchlichen Existenz ist, ist die Eucharistie deren Fülle und Höhepunkt. Die eucharistische Gemeinschaft bildet deshalb das Fundament der Kirche und den Höhepunkt der Kirchengemeinschaft.

Sendung zur Nachfolge Christi

In der Feier der Eucharistie offenbart Jesus sein Lebensgeheimnis als Dienst Gottes an den Menschen. Er sendet uns in die Welt, sein Lebensgeheimnis zu verwirklichen: »Wer bei euch groß sein will, der soll euer Diener sein …, denn auch der Menschensohn ist nicht gekommen, um sich dienen zu lassen, sondern um zu dienen und sein Leben hinzugeben als Lösegeld für viele« (Mk 10,43ff). Eucharistie ist Sendung zum Mitgehen mit Jesus auf seinem Weg, zu leben, wie er lebte, für die Seinen. Christliches Leben heißt eine stete Gleichgestaltung mit Christus und eine Nachahmung des Daseins Jesu für andere.

Eucharistische Sendung ist eine Sendung zur Verwirklichung der Liebe, zur Verherrlichung Gottes in unserem Alltag. Dies geschieht vor allem in der Form der Nächstenliebe: »Wir wollen lieben, weil er uns zuerst geliebt hat … Wer seinen Bruder nicht liebt, den er sieht, kann Gott nicht lieben, den er nicht sieht. Und dieses Gebot haben wir von ihm: Wer Gott liebt, soll auch seinen Bruder lieben« (1 Joh 4,19–21)

Die Eucharistiefeier befähigt und stärkt uns für ein bewusstes Leben in der Nachfolge Christi im Alltag. Durch den Empfang der Gnade werden wir zur tätigen Liebe bestärkt. »Aus der Eucharistie wird wie aus einer Quelle die Gnade zu uns geleitet, und mit größter Wirksamkeit wird jene Heiligung der Menschen in Christus und die Verherrlichung Gottes erlangt, auf die alle anderen Werke der Kirche als auf ihr Ziel hinstreben« (SC 10). In der Eucharistie empfangen wir die Liebe Gottes leibhaftig, um in uns und durch uns in der Welt weiter zu wirken.

Die Eucharistie sendet uns zu unsern Mitmenschen. »Denn in der Kommunion werde ich mit dem Herrn vereint wie alle anderen Kommunikanten ... Die Vereinigung mit Christus ist zugleich eine Vereinigung mit allen anderen, denen er sich schenkt. Ich kann Christus nicht allein für mich haben. Ich kann ihm zugehören nur in der Gemeinschaft mit allen, die die Seinigen geworden sind oder werden sollen. Die Kommunion zieht mich aus mir heraus zu ihm und damit zugleich in die Einheit mit allen Christen. Wir werden ›ein Leib‹, eine ineinander verschmolzene Existenz. Gottesliebe und Nächstenliebe sind nun wirklich vereint: Der fleischgewordene Gott zieht uns alle an sich, um unsere Hände und Herzen zu vereinen, in konkreten Initiativen der Solidarität und der Liebe« (Benedikt XVI., *Deus caritas est* 14).

In der Eucharistie wird das Doppelgebet der Gottes- und der Nächstenliebe existenziell-praktisch: »Glaube, Kult und Ethos greifen ineinander als eine einzige Realität, die in der Begegnung mit Gottes Agape sich bildet. Die übliche Entgegensetzung von Kult und Ethos entfällt hier: »Im ›Kult‹ selbst, in der eucharistischen Gemeinschaft, ist das Geliebtwerden und Weiterlieben enthalten. Eucharistie, die nicht praktisches Liebeshandeln wird, ist in sich fragmentiert« (ebd.)

Die Eucharistie ist ihrem Wesen nach missionarisch ausgerichtet: »Wenn ich über die Erde erhöht sein werde, werde ich alle zu mir ziehen« (Joh 12,32). Diese Heilszusage verbindet Christus mit seinem Opfertod, aus ihm hat die sakramentale Vergegenwärtigung dieses Opfers seine heranholende Kraft. Durch die Eucharistie kommen Menschen zur lebendigen Beziehung mit Christus, sie ist eine einzigartige Form der Verkündigung. Die einladende Ausrichtung der Eucharistie ins Offene, als missionarische Tatverkündigung, stellt der Apostel Paulus so dar: »Sooft ihr von diesem Brot esst und aus diesem Kelch trinkt, verkündet ihr den Tod des Herrn, bis er kommt« (1 Kor 11,26). Wenn wir in der Eucharistie Gott danken, loben und preisen, geht es dabei um die Nachfolge Christi und ein Gleichgestaltetwerden mit Christus. Jesus gibt sich uns zur Speise, damit wir mit ihm eine Gesinnungs- und Handlungseinheit werden. Das Lebensgeheimnis seines Daseins für andere, die Liebe, wird zum Lebensinhalt der Gläubigen. Der Sinn der Nachfolge ist, dass wir die Gesinnung Jesu in uns aufnehmen und so leben, dass unser Leben zur Verherrlichung Gottes wird.

Die persönliche Begegnung mit dem Herrn ermutigt und befähigt uns. In dieser persönlichen Begegnung mit dem Herrn verwandelt sich nicht nur unser eigenes Leben, sondern es reift auch die Sendung im zwischenmenschlichen Bereich heran, die in der Eucharistie enthalten ist und die nicht nur die Barrieren und Hindernisse zwischen uns und dem Herrn beseitigen und überwinden will, sondern auch und vor allem die Barrieren, die Menschen voneinander trennen. Denn aus der innigen Gemeinschaft mit dem Herrn wächst die nötige Kraft, um Gemeinschaft zwischen Menschen zu stiften. Die Eucharistie ist Feier der Versöhnung und sie dient der Versöhnung.

Wer durch den Empfang der Kommunion Gottes Liebe erfahren hat, muss sie auch mit den Mitmenschen teilen. Jede Feier der Eucharistie ist eine Sendung in die Welt, um sie christlich zu gestalten. Die Kraft zur Gestaltung der Welt kommt von Gott, und sie wird uns in dieser Feier geschenkt. Das Wort ›Messe‹, kommt von *ite, missa est* (wörtlich: Gehet, es ist ausgesandt). Wir haben mit dem Ostergeheimnis Christi am Leben Gottes teilgenommen. Nun sollen wir dieses Geheimnis, das wir gerade im Alltag des Lebens gefeiert haben, verlebendigen und verwirklichen.

Die Schönheit der eucharistischen Sendung besteht darin, dass sie uns auffordert und ermutigt, unser tägliches Leben als

Weg der Heiligkeit, das heißt als Weg des Glaubens, der Hoffnung und der innigen Freundschaft mit Jesus Christus, zu leben und ihn unaufhörlich als Herrn, Weg, Wahrheit und Leben zu entdecken und wiederzuentdecken. Denn die Freundschaft mit dem Herrn gewährt uns tiefen Frieden und innere Ruhe auch in dunklen Stunden und in harten Prüfungen des Alltags. Wenn der Glaube auf finstere Nächte stößt, in denen man die Gegenwart Gottes weder ›hört‹ noch ›sieht‹, versichert uns die Gewissheit seiner Freundschaft, dass uns in Wirklichkeit nichts jemals von seiner Liebe trennen kann (vgl. Röm 8,39).

Der Vorgeschmack auf die himmlische Vollendung

Priestersein ist nie ein abgeschlossenes, hinter uns liegendes Geschehen in der Vergangenheit, sondern verlangt immer neue Einübungen. Die gläubige Feier der Eucharistie ist die Kraftquelle für unser geistliches Wachstum, denn sie ist ein Vorgeschmack auf die Vollendung unseres Lebens. Christsein ist ein Hoffnungsweg zur endgültigen Vollendung, bei der wir unserem gegenwärtig verhüllten Herrn unverhüllt begegnen werden. In dieser Begegnung werden wir die verheißene endgültige Gemeinschaft mit ihm empfangen. Jede Feier der Eucharistie kann als eine von der Gnade getragene Einübung in die Nachfolge Christi verstanden werden. Sie ist ein sakramentales Mitgehen des Weges Christi zur gnadenhaften Vereinigung des Menschen mit Gott.

Zur Eucharistie gehört die Ausrichtung auf die zukünftige Vollendung des Heils bei der Wiederkunft Jesu Christi am Ende der Zeit. Sie ist in Wahrheit Nahrung für das ewige Leben (vgl. Joh 6,27). Jesus Christus ist das vom Himmel her kommende Brot, das uns Leben schenkt. In ihm haben wir die Gnade und Wahrheit, das Leben Gottes erkannt und empfangen (vgl. Joh 1,16f). Er lebt in uns und wir leben durch ihn, weil er uns auf dem Weg zum ewigen Leben die göttliche Speise ist. In der Eucharistie empfangen wir, was wir in alle Ewigkeit sein werden, wenn wir in den Himmel aufgenommen sind und mit den himmlischen Heerscharen teilhaben am Hochzeitsmahl des Lammes: *communio*, Gemeinschaft, *koinonia*, geschenkte Gemeinschaft, Teilhabe am Leben Gottes. Auf vornehmste Weise wird unsere Einheit mit der himmlischen Kirche verwirklicht, wenn wir, besonders in der heiligen Liturgie, in der die Kraft des Heiligen Geistes durch die sakramentalen Zeichen auf uns einwirkt, das Lob der göttlichen Majestät im gemeinsamen Jubel feiern. So verherrlichen wir mit allen, die im Blut Christi aus allen Stämmen, Sprachen, Völkern und Nationen erkauft (vgl. Offb 5,9) und zur einen Kirche versammelt, in dem einen Lobgesang vereint sind, den einen und dreifaltigen Gott. »Bei der Feier des eucharistischen Opfers sind wir also sicherlich dem Kult der himmlischen Kirche innigst verbunden« (LG 50).

Die Feier der Eucharistie öffnet und nährt die Hoffnung des christlichen Glaubens auf Vollendung. Sie bringt menschliche Sehnsucht nach der unmittelbaren Schau Gottes von Angesicht zu Angesicht zum Ausdruck. Der hier und jetzt noch durch das Zeichen des Brotes verhüllte Leib Christi wird unverhüllt sichtbar werden (vgl. 1 Kor 13,12). Gläubig ergriffen, getragen von der Sehnsucht nach der Begegnung von Angesicht zu Angesicht, wird die Feier der Eucharistie ihre spirituellen Früchte tragen, nicht nur als ein Vorgeschmack des endgültigen himmlischen Hochzeitsmahls, sondern auch als Gnadenmittel und Stärkung auf unserem Weg zur endgültigen Schau Gottes.

VII

PRIESTERLICHER DIENST UND PASTORAL

DAS PRIESTERLICHE DIENSTAMT und die dazu gehörenden Funktionen sind für den Dienst an den Gläubigen gegeben. »Der Dienst des Priesters ist ganz für die Kirche da« (Johannes Paul II., *Pastores dabo vobis* 16; vgl. KKK 1547). Alle Berufungen und Dienste in der Kirche sind zum Nutzen des Ganzen gegeben: »Dient einander als gute Verwalter der vielfältigen Gnade Gottes, jeder mit der Gabe, die er empfangen hat« (1 Petr 4,10). Allerdings wird der Begriff ›Dienen‹ heute in der Kirche sehr inflationär gebraucht. Wenn wir glaubwürdig sein wollen, müssen wir das Eigentliche am priesterlichen Dienst und die spezifische Natur des Dienstes in der Kirche zunächst näher betrachten: »Der Menschensohn ist nicht gekommen, um sich dienen zu lassen, sondern um zu dienen und sein Leben hinzugeben als Lösegeld für viele« (Mk 10,45). In diesem Selbstverständnis Jesu über seine Sendung und sein Heilswerk ist die Grundlage für Theologie und Spiritualität des kirchlichen Dienstamtes vorgegeben.

Im Dienst am Heil der Menschen

Die geweihten Diener der Kirche üben nur das Amt aus, das Christus als Erster ausgeübt hat und das er durch sie und ihre Tätigkeit in der ganzen Kirche weiterhin ausübt. Der Priester hat die Aufgabe, in Teilnahme an diesem Dienstamt Jesu Christi dessen Heilswerk darzustellen und gegenwärtig erfahrbar zu machen. Der Dienst in der Kirche ist nur echter kirchlicher Dienst, wenn er eine Teilhabe des Dienstes ist, den der gegenwärtig handelnde Herr der Kirche an der Menschheit ausübt. Nur in ihm hat das Dienstamt seinen Sinn. Er ist in seinem Geist die Kraftquelle des kirchlichen Tuns: »Ohne mich könnt ihr nichts tun« (Joh 15,5). Dieses Wort ist sowohl ein Auftrag als auch eine Verheißung. Die Diener Jesu Christi sollen ihm allein vertrauen, und sie dürfen sich ganz auf ihn verlassen: Wenn sie das tun, werden sie reiche Frucht bringen (vgl. Joh 15,8).

Nur durch ein theologisch-spirituelles Durchdringen der spezifischen Natur des priesterlichen Dienstes können wir das in jedem Menschen vorhandene natürliche Streben nach Macht und Herrschaft in eine Hingabe- und Dienstbereitschaft durchformen und verwandeln. Nach dem Neuen Testament kann das Amt nur Dienst sein (vgl. Lk 22,25–27; Mt 23,8–11). Dieses Dienstamt besagt Dienst gegenüber Christus und Dienst gegenüber der Glaubensgemeinschaft.

Die Aufgabe des Dienstamtes ist der Aufbau des Leibes Christi. Das gesamte Volk Gottes lebt als Kirche Jesu Christi für Gott. Wenn die Kirche selbst eine dienende Kirche ist, dann ist das Dienstamt im besten Sinne als Diakonie zu verstehen. Priester sind also *Diener des dienenden Herrn* und Diener an den Menschen. So ist das Priestertum ein Auftrag, der auf Christus selbst, auf seine Person und seinen Dienst zurückzuführen ist.

Das priesterliche Dienstamt verkörpert den Dienst Jesu Christi, teilt ihn mit, durch ihn wird Gottes Heilstat aufgezeigt. Das amtliche Handeln der Kirche ist die Vermittlung der Heilsgaben an den Menschen. Durch den amtlichen Dienst wird die durch Christus bewirkte Versöhnung für die Gläubigen erfassbar und annehmbar. Ohne das Dienstamt kann die Tat Christi und deren Bedeutung heute nicht ausreichend bekannt gemacht und geglaubt werden. Der Priester ist Diener Gottes für dessen Heilsdienst an den Menschen. Daher gehört das priesterliche Dienstamt zur Sakramentalität der Kirche und ist unverzichtbar für die sakramentale Existenz der Gläubigen. Im sakramentalen Dienst am Glauben der Gläubigen findet dieser Dienst seine Begründung und Existenzberechtigung: Durch den Dienst des Priesters wirkt Christus selbst an den Gläubigen, führt sie zum Glauben und schenkt ihnen Gnade und Kraft zu einem Leben aus dem Glauben. Die im Weihesakrament empfangene Vollmacht befähigt den geweihten Diener der Kirche zu dieser Aufgabe der Vermittlung »als Lehrer in der Unterweisung, als Priester im heiligen Kult, als Diener in der Leitung« (LG 20).

Dieser Dienst und die Vollmacht, in der allein er ausgeübt werden kann, begründet die innere Würde und die wahre Bedeutung des amtlichen Priestertums in der Kirche. Nur indem die Priester sich dieser Einzigartigkeit und Würde des Priestertums bewusst werden, können sie auch ihren Dienst als Hingabe an Gott und den Menschen verstehen. Denn der Priester ist der Diener, der Christus bringen muss, nicht sich selbst. Darin besteht die Würde, aber auch die Bürde des Amtes. Nur der Blick auf Christus kann uns die nötige Kraft dazu geben, die Schätze des Himmelreichs zu ergreifen und sie in Wort und Tat den Menschen guten Willens aufzudecken, das Unsichtbare sichtbar zu machen und Verborgenes zu offenbaren.

Der Priester kann in seiner Verkündigung und helfenden Tat ein *Anwalt der Menschlichkeit* in einer oft unmenschlichen Gesellschaft werden, wenn in ihm etwas von der Güte und Menschenfreundlichkeit Gottes und der neuen Menschlichkeit des erlösten Menschen aufleuchtet. So kann er die Gläubigen motivieren, ihren Beitrag dazu zu leisten, dass das Reich Gottes heute schon eine erlebbare Wirklichkeit wird: im freien und geschwisterlichen Zusammenleben aller Menschen in einer Gemeinschaft der Gerechtigkeit, des Friedens und der Liebe.

Zur Heilsdiakonie des Priesters gehört die unbedingte *Weitergabe der christlichen Hoffnung* in einer oft hoffnungslosen Welt. Die christliche Hoffnung ermöglicht, selbst dort an der Liebe festzuhalten, wo die Spannungen und Widersprüche der menschlichen Existenz und Gesellschaft nicht überwunden werden können. Die christliche Hoffnung lässt den Menschen auch in Situationen der Ungerechtigkeit, der Unfreiheit und des Unfriedens an Gerechtigkeit, Freiheit und Frieden nicht verzweifeln. Es gehört zur christlichen Diakonie, dass wir auch dort Hoffnung bringen, wo nichts mehr zu hoffen ist, dass wir Liebe leben, die sogar den Feind mit einbezieht.

Zur Heilssorge des Priesters gehört unabdingbar eine *Liebe zur Wahrheit*, eine geistig-geistliche Praxis der Nächstenliebe, die Vernunft zu erleuchten und die Kultur von innern her in eine christliche Kultur zu verwandeln.

Im Dienst der Verherrlichung Gottes

Die Verherrlichung Gottes ist der Dreh- und Angelpunkt des priesterlichen Dienstes. »Das Ziel also, auf das Dienst und Leben der Priester ausgerichtet sind, ist die Verherrlichung Gottes des Vaters in Christus. Diese Verherrlichung besteht darin, dass die Menschen, die in Christus vollendete Tat bewusst frei und dankbar annehmen und in ihrem ganzen Leben kundtun. Ob die Priester sich darum dem Gebet und der Anbetung hingeben, ob sie das Wort verkünden, das eucharistische Opfer darbringen und die übrigen Sakramente verwalten oder den Menschen auf andere Weise dienen, immer fördern sie die Ehre Gottes und das Wachstum des göttlichen Lebens im Menschen« (PO 2). Alle Einzelfunktionen lassen sich hier bündeln. Im Dienst der Verherrlichung Gottes stellen wir Christus dar, der zu seinem Vater sagt: »Ich habe dich auf der Erde verherrlicht« (Joh 17,4).

Verherrlichung Gottes im Sinne Jesu bedeutet nicht die Darbringung äußerer Gaben, sondern die Hingabe seiner selbst. Die Selbsthingabe Jesu schließt dessen ganzes Leben in sich, das eine vollkommene Gabe seiner selbst an Gott darstellt zugunsten aller, damit sein Vater die gesamte Menschheit an seinem Geist der Liebe teilnehmen lasse. »Er mache uns auf immer zu einer Gabe, die dir wohlgefällt« (Missale Romanum, Drittes Hochgebet). So wird das ganze Menschenleben zur kultischen Darbringung an Gott. Opfer ist dann konkret Zeugnis und Bekenntnis sowie Liebesdienst: »Durch ihn also lasst uns Gott allezeit das Opfer des Lobes darbringen, nämlich die Frucht der Lippen, die seinen Namen preisen. Vergesst nicht, Gutes zu tun und mit anderen zu teilen; denn an solchen Opfern hat Gott Gefallen« (Hebr 13,15f). Die Verherrlichung Gottes durch die Hingabe des Lebens findet ihren Höhepunkt in der Eucharistie: »Durch den Dienst der Priester vollendet sich das geistige Opfer der Gläubigen in Einheit mit dem Opfer des einzigen Mittlers Christus, das sie mit ihren Händen im Namen der ganzen Kirche bei der Feier der Eucharistie auf unblutige und sakramentale Weise darbringen, bis der Herr selbst kommt. Darauf zielt das Dienstamt der Priester, und darin findet es seine Vollendung« (PO 2). Mit dem Apostel Paulus dürfen wir auch heute Rechenschaft über unseren Dienst geben: »Alles tun wir euretwegen, damit mehr Menschen aufgrund der überreich gewordenen Gnade den Dank vervielfachen, Gott zur Ehre« (2 Kor 4,15). Priesterlicher Dienst ist dazu da, den Dank an Gott in der Welt zu vervielfältigen.

Im Ziel der Verherrlichung Gottes zeigt sich auch die innere Verbindung des Dienstpriestertums mit dem königlichen Priestertum aller Gläubigen. Der Dienst an den Gläubigen muss seine Mitte in der Verherrlichung Gottes haben. Denn die wahre Bedeutung der Bezeichnung der Gläubigen als priesterliche Gemeinschaft besteht nicht in einer innerkirchlichen Organisation oder Ämterverteilung, sondern darin, dass wir unser Leben als

»lebendiges, heiliges, Gott wohlgefälliges Opfer darbringen, als geistigen Gottesdienst« (Röm 12,1). Durch Taufe und Firmung haben alle Gläubigen Anteil am Priestertum Christi. Sie verwirklichen dieses Priestertum, wenn sie ihr Leben als geistiges Opfer Gott schenken, indem sie seine Botschaft hören und durch ihr Leben in Wort und Tat verkünden. Zur Entfaltung dieses Priestertums ist das Dienstpriestertum da.

Die Verkündigung des Evangeliums bereitet den Menschen auf den Glauben vor, zeigt ihm den Weg des christlichen Lebens und ermöglicht ihm den sinnvollen Empfang der Sakramente. Die Sakramente selbst ordnen den Menschen auf die *communio* mit dem Herrn in der Eucharistiefeier hin, als Vorwegnahme der eschatologischen Gemeinschaft mit Gott. Zu dieser Gemeinschaft mit Gott soll der christliche Alltag führen, und aus dieser Gemeinschaft mit Gott soll die Kraft für den Alltag fließen.

Die Hirtensorge soll die Gläubigen zu dieser Mitte führen. Der Dienst der Gemeindeleitung und der geistlichen Führung der Menschen soll die optimalen Bedingungen schaffen, damit Verkündigung und Heiligung gelingt. Das Ziel des priesterlichen Dienstes ist es, den Menschen jederzeit und in jeder Lebenslage den Gotteshorizont zu erschließen, so wie das Jesus Christus in seinem irdischen Leben getan hat. Wir tun dies im Glauben daran, dass Christus in seiner Person selbst den Zugang zur Gotteswirklichkeit eröffnet. Er ist die Tür (vgl. Joh 10,9), durch die Gott in unser Leben eintritt und durch die wir Zugang zu Gott erhalten. Mit dem Bildwort von der ›Tür‹ können wir das Geheimnis des einzigartigen Priestertums Jesu Christi bezeichnen, das im Wirken der Kirche und des Weihepriestertums fortdauert. Wie eine Tür hat der Dienst der Priester zwei Richtungen: der Bewegung Gottes zu den Menschen und der Bewegung des Menschen zu Gott zu dienen.

Wir sind alle unterwegs zum Vater. Christus geht mit uns auf diesem Weg. Der Priester repräsentiert Christus, der mit uns unterwegs ist. Wir beenden das Tagesgebet bei der Eucharistie-feier: »Darum bitten wir durch Jesus Christus, deinen Sohn, unseren Herrn und Gott, der in der Einheit des Heiligen Geistes mit dir lebt und herrscht in alle Ewigkeit.« Dieses »durch unseren Herrn Jesus Christus« wird im priesterlichen Dienst zeichenhaft vergegenwärtigt. Das ganze christliche Leben soll in das eucha-ristische Opfer Christi eingeschlossen und in ihm vollendet wer-den. So wird durch den priesterlichen Dienst das christliche Leben im Höhepunkt des Lebens Christi fruchtbar. Um diesen Mittelpunkt kreist alles priesterliche Tun. Im zweiten Hochgebet beten wir: »Wir danken dir, dass du uns berufen hast, vor dir zu stehen und dir zu dienen.«

Im Dienst der Evangelisierung

Heute können wir bei vielen Menschen eine große und zuneh-mende Zuwendung zur Religion feststellen. Jedoch läuft das durchaus feststellbare religiöse Interesse der Menschen eher weit an der Kirche vorbei. In dieser Situation fällt es uns nicht leicht, die Frohe Botschaft Jesu Christi als Heil und Erlösung für die Menschen zu verkünden.

Für die Attraktivität des christlichen Glaubens, und zwar als kirchlich gefassten Glauben, zu werben, bleibt eine dringende missionarische Aufgabe unserer Zeit. Es ist unsere Aufgabe, Menschen zu helfen, Gott in ihrem Leben zu finden. Es gehört zu unserem priesterlichen Auftrag, besonders wieder die Menschen in den Blick zu nehmen, die sich selbst als religiös bezeichnen, verlässliche Werte suchen und mit der Kirche sympathisieren – und dennoch eher selten oder gar nicht am liturgischen Leben teilnehmen. Es ist unser bleibender Auftrag als Priester, durch unseren Dienst den offenen Raum zu schaffen, in den Gott hin-einsprechen kann.

Für eine erfolgreiche missionarische Pastoral, unabhängig von Ort und Zeit, ist der Rat des heiligen *Ambrosius* an Vigilius, den Bischof von Trient, bleibend aktuell: »Das allererste: Kenne die dir anvertraute Gemeinde des Herrn.«[102] Schon der heilige *Augustinus* wusste, dass jeder Dienst an einer Seele mit einer mehr oder weniger zufälligen Begegnung beginnt. Wir müssen heute alle Möglichkeiten der Begegnung und Kontakte mit Menschen und vor allem die Gelegenheit zum Hausbesuch nutzen, um die Kirche aufzubauen und zu festigen.

Mehr als auf unsere Auslegung des Wortes Gottes in unseren Predigten sollen wir heute auf die Kraft des Wortes Gottes selbst vertrauen. Die Predigt ist nicht das Wort Gottes, sondern sie ist nur seine Deutung und Entfaltung. Das Christentum ist keine Buchreligion, sondern Jesus Christus steht als lebendige Person im Mittelpunkt. Jeder Prediger weiß, wenn er ehrlich zu sich selbst ist, dass seine Predigten selten ergreifend, meistens durchschnittlich sind. Die Predigt ist nicht dazu da, eigene subjektive Meinungen zu verkünden, sondern die Botschaft Jesu so objektiv wie möglich auszulegen, um die Gläubigen zur Umkehr des Herzens zu bewegen und sie geistlich zu erbauen, damit sie zu ihrem Dienst zur Gestaltung der Welt ermutigt werden.

Eine Predigt wird dadurch lebendig, dass in ihr die gläubige Grundhaltung und die Kirchlichkeit des Predigers erkennbar werden. Es geht nicht zuerst um Worte und brillante Rhetorik, sondern darum, wie überzeugend und getreu das Wort Gottes hörbar gemacht wird. Predigten, die mit der Begründung, dass die Zuhörer die kirchliche Sprache nicht verstehen, davor zurückschrecken, bieten nicht die kräftige Nahrung des göttlichen Wortes, sondern oft nur einen süßen Brei. Das Ergebnis einer solchen Praxis ist, dass das Glaubenswissen an einem Tiefpunkt angelangt ist.

Predigten dürfen einerseits nicht zur Kundgebung subjektiver Meinungen, Anklagen, Schmähungen, Tadel und Verurteilungen geraten, sich aber auch andererseits nicht auf ein Sammelsurium von allgemeinen Ermahnungen und unverbindlichem ›Gutmenschentum‹ beschränken. Wir müssen alles daransetzen, zu vermeiden, dass unsere Predigten in Moralismus und Moralpädagogik abgleiten. Der Sinn und das Ziel der Predigt besteht darin, Menschen zu ermutigen, die Heilsbotschaft Jesu Christi als Lebensweisung und Orientierung für ihr Leben in Freude anzunehmen und aus dem lebendigen Wort Gottes Kraft zu schöpfen.

Wenn wir in unserer Verkündigung nicht auf das Wesentliche hinweisen, werden wir die Menschen früher oder später enttäuschen und um das Eigentliche betrügen. Es kommt nicht auf eine ›aktive‹ Gemeinde, nicht auf viele vereinsmäßige Aktivitäten, nicht auf ›tolle‹ Gottesdienste an bestimmten Tagen an, wie wichtig sie auch sein mögen, sondern wir müssen die Menschen in eine tiefere Gottesbeziehung hineinführen und die Menschen Gott näher bringen.

Wir brauchen dazu die Bereitschaft, dem weitverbreiteten und sich noch ausbreitenden religiösen Analphabetismus entgegenzuwirken, und manchmal müssen wir den Mut aufbringen, auch katechetische Predigten zu halten und die Grundlagen des Glaubens immer neu zu erklären und darzustellen. Ohne aufdringlich zu sein, aber eindringlich müssen wir die Botschaft Jesu Christi gelegen oder ungelegen verkünden. Anziehend wirkt eine Überzeugungskraft, die aus der Mitte des christlichen Glaubens kommt. Das bedeutet nicht, keine Glaubenszweifel zu kennen, sondern vielmehr diesen Glaubenszweifel durch das Vertrauen auf Gott zu überwinden.

Wenn es sichtbar wird, aus welcher Wurzel wir leben, woher wir den Geist und die Kraft für die Gestaltung unseres Lebens empfangen, dann legt unser Leben Rechenschaft über unseren Glauben ab und wir werden missionarisch sein in unserer Zeit.

Das Gelingen des priesterlichen Zeugnisses

Die menschliche Suche nach Gottesbegegnung und Gotteserfahrung bleibt der Ort und das Feld des priesterlichen Wirkens. Eine wache Aufgeschlossenheit, verbunden mit einem lebendigen Stehen in der Kirchengemeinschaft, ist die Voraussetzung für die innere Überzeugungskraft des priesterlichen Dienstes. Priester in ihrem Dienst zu ermutigen, Zeugen des einen Heilsplans Gottes in Christus durch die Kirche zu sein, kann nur eine theologische Sicht der Kirche, die deren unterschiedliche Aspekte integriert und das Geheimnis des Priestertums ohne inneren Widerspruch zur Geltung bringt.[103] Eine solche Sicht der Kirche kann unterschiedliche Glaubensausprägungen miteinander versöhnen und neue missionarische Kraft entwickeln.

Eine existenzielle und spirituelle Grundentscheidung für die konkrete Kirche ist entscheidend. Voraussetzung dafür, dass der Priester im Namen der kirchlichen Gemeinschaft glaubwürdig handelt, ist seine leidenschaftliche Liebe zu ihr und seine innere Identifikation mit ihr, auch wenn das Unkraut in der Kirche deutlich zu sehen ist. Wie sollen die Menschen von der Kirche begeistert sein, wenn die amtlichen Repräsentanten keine Freude an der Kirche ausstrahlen? Wie können wir Kirchenbindung von den Gläubigen erwarten, wenn sie durch den Priester den Sinn und die Notwendigkeit der Kirche nicht spüren und erleben können?

Eine frohe Leidenschaft für Gott, die durch eine lebendige Leidenschaft für seine Kirche sichtbar wird, ist überzeugend. Die Glaubwürdigkeit und Anziehungskraft der Kirche hängt davon ab, ob ihre amtlichen Repräsentanten wirklich religiöse Menschen und Zeugen des Glaubens sind. Zum Gelingen des priesterlichen Dienstes braucht es, was gute und heilige Priester in der Kirche immer schon getan haben: die Strukturen mit dem Geist durchdringen und das Amt mit Leben und Liebe erfüllen. Wenn der Priester dazu da ist, Menschen zu Gott zu führen, kann er dies nur in der Kirche und nur durch die Kirche und mit der Kirche tun: im Dienst des Wortes Gottes, in der Feier der Sakramente des Glaubens, in der Inspiration zu christlicher Glaubens- und Lebensgemeinschaft. Die Kirche Jesu Christi braucht überzeugte und überzeugungsfähige Priester, die sich mit ihrer gegenwärtigen Gestalt identifizieren und im Geiste Jesu den priesterlichen Dienst als wertvollen Heilsdienst tun und von dieser Lebenshaltung auch mit Freude Zeugnis geben.

Die Kirche steht und fällt mit ihrem Sympathieträger, der Identifikationsfigur, die Kirche glaubhaft repräsentiert. Denn ausschlaggebend für viele Menschen ist die konkrete Erfahrung, die sie mit den Priestern vor Ort machen. In einer Zeit immer neuer Herausforderungen ist das mutige Glaubenszeugnis des Priesters gefragt, das nicht die herrschende Mutlosigkeit verstärkt, sondern das Zuversicht aus dem Glauben und Freude an Gott und am Christsein vermittelt.

Die komplexen Probleme, vor die eine säkularisierte Kultur die Aufgabe der Evangelisierung stellt, sind eine bleibende Herausforderung, die noch viel mehr begeisterte Priester braucht, und selbstverständlich müssen wir alles daransetzen, spezifische Priesterwerbung zu betreiben. Die Fixiertheit auf den Priestermangel ist jedoch lähmend. Die entscheidende Frage ist: Wie kann ich heute als Priester lebens- und glaubensfördernde Perspektiven dort entwickeln, wo ich lebe und arbeite; wie kann ich dafür Sorge tragen, Menschen zu begeistern, sich im Dienst Gottes und den Menschen hinzugeben?

Das Zeugnis des Priesters kann nur gelingen, wenn Amt und Leben eine lebendige Einheit bilden und beide einander wechselseitig bestimmen und prägen. Ein Zeugnis, das überzeugt, ist schlicht, transparent und innerlich. Es erweist die Herrlichkeit Gottes in der Armut und Schwachheit der Menschen. Mit der

Hilfe Gottes können wir mehr, als wir uns menschlich zutrauen, weil wir Menschen Gottes sind, in denen der Heilige Geist wohnt und wirkt.

Nur auf dem Weg des Zeugnisses, auf ›prophetischem Weg‹, kann der Priester die Herzen der Menschen erreichen. Seine geistliche Autorität als Mann Gottes, seine ›pneumatische‹ oder ›charismatische‹ Ausstrahlung, seine Dynamik als religiöser und geistlicher Mensch wirken überzeugend und ansteckend. Nicht die Autorität unseres Amtes ist das Anziehende, sondern unsere religiöse Innerlichkeit. Es ist entscheidend, ob das amtliche Zeugnis des Priesters nur ›Amtszeugnis‹ oder ein persönliches Zeugnis ist. Die Zeugniskraft des Amtes steht und fällt mit der Persönlichkeit des Amtsträgers. Der Bote muss die Botschaft werden, der amtliche Zeuge muss existenzieller und authentischer Zeuge werden, wenn er glaubwürdig und überzeugend sein will. Überzeugend ist ein Zeugnis, für das der Zeuge mit seiner ganzen Existenz einsteht.

Das priesterliche Zeugnis steht und fällt mit einer überzeugenden Lebensform. Davon hängt nicht nur die Glaubwürdigkeit des Priesters ab, sondern auch die Glaubwürdigkeit der Kirche und sogar die Überzeugungskraft der Verkündigung. Die Lebensform des Priesters wird überzeugend sein, wenn die ihm begegnenden Menschen spüren, dass er in seinem Dienst in der Nachfolge Christi steht und aus der Kraft und Gnade Gottes lebt. Denn der Ruf Jesu, ihn in seiner Nachfolge selber zu repräsentieren und in seinem Namen für die Glaubensgemeinschaft zu leben und zu handeln, betrifft die ganze Existenz des Berufenen. Der Priester als Berufener und Gesandter ist zuerst und vor allem ein Mensch in der Nachfolge Christi. Er geht in Christi Schule des Herzens und des Handelns für andere.

Aus der tiefen Lebensgemeinschaft mit Christus wächst eine unverwüstliche Hoffnung. Der priesterliche Dienst wird überzeugend sein, wenn er die Lasten von den Seelen nimmt und

Wege zeigt, die das Leben verwandeln. Priesterliches Zeugnis soll Menschen ermutigen, ihr eigenes Christsein voll zur Entfaltung zu bringen und ihr Leben in Beziehung zu Gott zu bringen. Auf diese Weise verbindet der priesterliche Dienst Himmel und Erde, Glaubenswege und Lebenswege, wo Menschen etwas von dem Geheimnis Gottes erfahren. Wenn im Dienst des Priesters Zuversicht aus dem Glauben und die Freude des Geistes erkennbar bleiben, wird er ein Zeichen für die Menschen und ein lebendiges Bild Jesu Christi, des guten Hirten der Kirche.

Das priesterliche Glaubenszeugnis kann nur dann überzeugen, wenn es mit Freundlichkeit und einer gewissen Heiterkeit und christlichen Freude verbunden ist. »Diener der Freude« (2 Kor 1,24) können wir nur sein, wenn wir selbst von Freude und Zuversicht, Hoffnung und Gottvertrauen erfüllt sind und sie ausstrahlen. Die innere Überzeugung, dass ich für Gottes Sache lebe und er mit mir geht und durch mich wirkt, kann in mir neue Kräfte freisetzen! Nicht das, was *ich* tue, ist dann das Entscheidende, sondern was *der Herr durch mich* tut.

Komplementäre Pastoral

Erfolgreiche Pastoral im Dienst am Glauben ist nur möglich, wenn das Miteinander und Füreinander aller gelingt, die in der Pastoral tätig sind und im Namen der Kirche in unterschiedlichen Diensten und Funktionen handeln. Konflikte und Konkurrenzdenken, die zwar menschlich verständlich sind, haben oft ihren Grund im Mangel an einem spirituellen Konsens über Sendung und Auftrag der Kirche. Aber solche Konflikte untereinander lähmen uns und nehmen uns die Kraft zum positiven Handeln. Respekt vor der Kompetenz der anderen bringt die Bereitschaft, sich gegenseitig anzunehmen und komplementär und unterstützend das gemeinsame Ziel zu verwirklichen, um das Heil Gottes zu vermitteln und die Kirche Jesu Christi aufzubauen.

Eine Kultur der geistlichen Kommunikation zu entwickeln und zu pflegen ist eine Grundvoraussetzung, damit unterschiedliche Dienste in der Kirche aufeinander hören lernen. Wenn wir gemeinsam auf den Geist Gottes hören, haben wir die Kraft, viele menschliche Konflikte zu lösen. Der gemeinsame Blick auf Gott hilft uns, die eigene Stärke und Erfolge wie die eigene Begrenztheit und Schwachheit aus der richtigen Perspektive zu sehen. Das Starren aufeinander trennt uns, der gemeinsame Blick auf Gott eint uns.

Wenn wir als Einzelne und miteinander auf der Suche nach Gott sind und gemeinsam auf dem Weg zu Gott bleiben, wird auch die Pastoral segensreich werden. Das Miteinander aller pastoral Engagierten sollte mehr sein als eine Arbeitsgemeinschaft. Kennzeichen dieses Miteinanders ist die Nachfolge Christi. Das gemeinsame Ziel ist es, die Kirche als Zeugin des Heils in Wort und Tat sichtbar und erfahrbar zu machen.

In der Pastoral können und müssen wir je nach menschlicher Begabung unterschiedliche Akzente setzen: ein introvertierter und etwas kontaktscheuer Mensch kann einen mehr kontemplativen Weg, der extrovertierte und kontaktfreudige mehr den aktiven Weg gehen.

Es gehört zum Hirtendienst des Priesters, dass er das Hauswesen Gottes menschlich und spirituell gestaltet und bewohnbar macht. Das Leben des Priesters kann viel ›einfacher‹ werden, wenn wir ehrlich und selbstkritisch klären, worin die priesterliche Seelsorge im eigentlichen Sinn besteht. *Karl Rahner* hat schon lange vor dem Zweiten Vatikanischen Konzil festgestellt (1936), dass »jeder Getaufte ein geweihter Seelsorger« sei: »Jetzt vermögen wir zu sagen, wo die Weihe zur Seelsorge geschieht. Die Taufe ist die grundlegende Weihe zu jeder Seelsorge. Sie ist die Ausgießung der Liebe zu Gott und darum Weihe, Vermögen und Sendung zur Seelsorge. Und jede sakramentale Gnaden-mehrung in Buße und Eucharistie ist erneute Sendung, hinzuge-hen und des Bruders innerstes Sein heimzuholen zu Gott.«[104]

Wenn es in diesem Sinne viele Seelsorger und Seelsorgerin-nen gibt, liegt das Spezifische der priesterlichen Seelsorge im Heilsdienst. Ein solches Verständnis kann viele Priester entlas-ten, die meinen, dass sie mit ihrem priesterlichen Dienst in der Liturgie und in der geistlichen Leitung so ausgelastet sind, dass die ›Seelsorge‹ zu kurz kommt. Dann ist es befreiend, wenn der Priester seinen Heilsdienst als seine eigentliche Seelsorge anzu-nehmen lernt.

Wenn wir uns auf diesen Heilsdienst konzentrieren, bedeutet das nicht, dass wir irgendetwas vernachlässigen und unsere Bedeutung irgendwie vermindert wird und als reduzierte ›Sa-kramentenspendung‹ erscheint, denn dieser Heilsdienst ist im umfassendsten Sinne Verkündigung und Diakonie des Heils.

Die zentrale priesterliche Aufgabe besteht darin, die Gläu-bigen zur Erfüllung ihres Dienstes zuzurüsten (Eph 4,12). Der Priester soll die Gläubigen in Wort und Sakrament durch Gottes Gnade befähigen, sie inspirieren und motivieren, damit sie im Geiste Jesu Christi ihre unmittelbare Welt christlich prägen und gestalten können.

Nur als Ganze kann die Kirche Zeugin der Frohen Botschaft Jesu Christi sein; deshalb ist es von unverzichtbarer Bedeutung, dass in der Kirche unterschiedliche Charismen, Ämter und Dienste in gegenseitigem Respekt und Wohlwollen ihre Komple-mentarität in den Dienst der Sendung Jesu Christi stellen. Nur im Miteinander und Füreinander aller können wir heute als Zeu-gengemeinschaft die dringend notwendige Neuevangelisierung vorantreiben. Ziel aller Pastoral ist es, aus der Tiefe des christ-lichen Glaubens Menschen zu motivieren, Vertrauen zu schöp-fen, damit sie mutig und demütig ihr letztes Lebensziel in Gott suchen.

Die Priester sollten ihre ureigene Verantwortung als Führungskraft der Kirche wirklich wahrnehmen, ohne autoritär zu werden. Die Hirtenliebe Jesu ist der bleibende Maßstab unseres Handelns. Man könnte die Seelsorge viel einfacher machen. ›Einfache Seelsorge‹ heißt, den Menschen so zu sehen, wie er heute wirklich ist, und nicht so, wie wir ihn uns wünschen würden. Manchmal müssen wir bereit sein, uns von einigen liebgewordenen Seelsorgekonzepten der letzten Jahren zu verabschieden, auch wenn es gedanklich schwerfällt. Im Sinne Jesu müssen wir den Menschen das Heil zuwenden als echte ›Dienstleistung‹ und ohne von den Menschen zu erwarten, dass sie gleich ›aktive Gemeindemitglieder‹ werden. Umsonst haben wir empfangen, umsonst müssen wir auch geben (Mt 10,8).

Die Kirche hat den Auftrag, das Heil Jesu Christi zu verkünden, zu vergegenwärtigen und zu vermitteln. Aber diese Aufgabe ist der Kirche als Gemeinschaft aller Gläubigen anvertraut. Keiner kann alleine diesen Auftrag erfüllen, deshalb gibt es unterschiedliche Berufungen und Dienste in der Kirche. Es gibt eine legitime und geordnete Teilung der Dienste. Es geht nicht darum, dass die Priester auch all das tun, was der eigentliche Auftrag der Gläubigen ist. Um ein konstruktives Miteinander aller zu erreichen, ist eine sorgfältige Differenzierung und eine gläubige Bejahung der unterschiedlichen Dienste von großer Bedeutung. Die Kirche ist in ihrer Grundstruktur partizipatorisch, denn sie lebt von der geschenkten Teilhabe am Leben Gottes. Diese partizipatorische Grundstruktur muss in der Pastoral erkennbar werden.

Zum Gelingen einer komplementären Pastoral muss jeder sich die entscheidende Frage stellen und sich selber bewusst werden: Wozu dient das Ganze? Die Voraussetzung für das Gelingen des Miteinanders ist, dass alle die gemeinsamen Überzeugungen und Zielvorstellungen akzeptieren und spirituell verinnerlichen. Diese Gemeinsamkeit im Glauben ist die Basis unseres gemeinsamen Kircheseins, und zwar unabhängig von den unterschiedlichen Berufungen und Diensten der Kirche. Die Bemühungen um die *Einheit des Geistes* in der Kirche sind ebenso wichtig wie die Bemühungen um die Einheit der Kirchen und der kirchlichen Gemeinschaften. Die Einheit in der Kirche ist die Grundvoraussetzung der Einheit der Kirchen.

Kooperative Pastoral darf nicht bedeuten, die Unterschiede der Dienste beseitigen zu wollen, ein solcher alles nivellierender Ansatz ist von vornherein zum Scheitern verurteilt. Nur wer zu differenzieren bereit ist, kann auch die Komplementarität erkennen und bejahen. Toleranz ist nicht zu verwechseln mit Gleichgültigkeit oder Beliebigkeit. Voraussetzung für das Gelingen der kooperativen Pastoral ist es, das katholische Verständnis des Kircheseins der Kirche gemeinsam zu bejahen. Oft entstehen Konflikte, weil die Mitarbeiter unterschiedliche Eucharistie- und Kirchenverständnisse haben. Die Sakramentalität der Kirche und das daraus sich ergebende Kirchen- und Amtsverständnis müssen alle im Glauben annehmen.

Wir sollten uns vor Augen führen, was das Fundament einer gelingenden Arbeitsgemeinschaft bildet: der Respekt für die Berufung der anderen, die Toleranz gegenüber Andersdenkenden, die Anerkennung von Vielfalt und Verschiedenartigkeit. Zur Differenzierung gehört Fairness, und die muss den Umgang mit allen prägen. Wenn wir einander voll Wohlwollen begegnen und gegenseitiges Interesse entwickeln, wächst das Vertrauen.

Zusammenarbeit kann nie völlig konfliktfrei sein, sie braucht es auch gar nicht. Wesentlich ist aber die Bereitschaft, die menschlichen Konflikte im Geiste Jesu friedlich und dialogisch zu lösen. Es geht nicht darum, die eigene Meinung durchzusetzen, sondern die besten Bedingungen zu schaffen, damit die Botschaft Jesu weitergegeben werden kann. Ein Versöhnungs- und Verständigungsprozess eröffnet neue Perspektiven, miteinander wertschätzend zur Ehre Gottes zu arbeiten.

Der gemeinsame Blick auf Christus kann uns das Ziel aller Pastoral vor Augen führen: »Kommt zu ihm, dem lebendigen Stein, der von den Menschen verworfen, aber von Gott auserwählt und geehrt worden ist. Lasst euch als lebendige Steine zu einem geistlichen Haus aufbauen, um durch Jesus Christus geistige Opfer darzubringen, die Gott gefallen (1 Petr 2,4–5).

Wenn wir nur auf Menschen, ihre Fähigkeiten, ihr Können und ihre Kompetenzen fixiert sind, werden wir keine Konflikte lösen können. Wir werden die Probleme und Schwierigkeiten nur vergrößern. Wenn wir aber alle unseren Blick auf Gott richten, werden wir die alltäglichen Konflikte, die im Zusammenleben und Zusammenarbeiten der Menschen unvermeidlich entstehen, in einem richtigen Blickwinkel sehen können. Ein pastorales Handeln, das im Geist christlicher Geschwisterlichkeit geübt wird, wird als Zeugnis für das Reich Gottes wahrgenommen.

Wenn in allen Beteiligten der Geist der christlichen Geschwisterlichkeit lebendig ist, wird die Zusammenarbeit auch Freude bereiten. Dazu gehört Respekt und Vertrauen, Achtung vor der Kompetenz jedes Einzelnen und der gemeinsame Wille, alles in den Dienst des Herrn zu stellen. Wenn das Werk, dem man sich gemeinsam hingibt, das Leben erfüllt und ihm seine tiefe Bedeutung verleiht, dann bekommt die pastorale Zusammenarbeit der Menschen das Gesicht einer wahren Gemeinschaft.

Übernehmen wir Mechanismen und Leitungsmethoden aus Wirtschaft, Politik oder Gruppendynamik einfach undifferenziert, kann der Pfarrer nur Moderator, Bürokrat oder Dienstvorgesetzter werden. Sein geistig-geistliches Profil geht dabei sehr oft verloren. Aber keine rein äußerliche Struktur kann eine Gemeinschaft bilden. Gemeinschaft muss gleichzeitig von innen und von außen, von oben und von unten enstehen, Anlagen und Gelegenheiten, geistliche Motivation und innere Überzeugungen müssen zusammentreffen. »Das Leben schafft die Ordnung, aber die Ordnung nicht das Leben« (Saint-Exupéry).

VIII
HERAUSFORDERUNGEN UND HILFEN
PRIESTERLICHER LEBENSGESTALTUNG

AN EINEM JAHRESTAG seiner Weihe zählt der heilige *Augustinus* alles auf, was man von ihm forderte: »Unruhestifter zurechtweisen, Kleinmütige trösten, sich der Schwachen annehmen, Gegner widerlegen, sich vor Nachstellern hüten, Ungebildete lehren, Träge wachrütteln, Händelsucher zurückhalten, Eingebildeten den rechten Platz anweisen, Streitende besänftigen, Armen helfen, Unterdrückte befreien, Gute ermutigen, Böse ertragen und – ach – alle lieben.«[105] »Immer wieder predigen, disputieren, ermahnen, erbauen, für jeden bereitstehen. Das ist eine große Last, ein schwerer Druck, ein mühseliges Werk.« »Niemand kann sich mehr danach sehnen als ich, von Sorgen und Mühen frei zu sein. Denn nichts ist besser, nichts ist süßer, als das Durchforschen der göttlichen Schätze, fern von jenem Lärm. Aber das Evangelium schreckt mich davon ab. Ich könnte ja sagen: Was habe ich davon, die Menschen zu langweilen, die Bösen zu ermahnen: tue dies nicht, tue jenes wohl, hört auf damit! Wie kommt es, dass ich mich für andere verantwortlich fühle? Es ist das Evangelium, das mir Schrecken einjagt.«[106]

Vom Umgang mit den pastoralen Strukturen

Den von *Augustinus* benannten Stress in der Pastoral kennen wir alle nur zu gut. Viel Stress könnten wir jedoch vermeiden, wenn wir den Mut hätten, ein differenziertes Verhältnis zu manchen kirchlichen Strukturen zu entwickeln und sie zu verschlanken.

Heute hören wir sehr oft die Klage, dass unser Alltag in der Pastoral von Strukturen und Verwaltung bestimmt ist. Selbstverständlich braucht die Kirche so viel Struktur wie nötig, um ihren Heilsauftrag sinnvoll zu erfüllen, nicht mehr und nicht weniger. Die grundlegende und unverzichtbare Struktur der Kirche ist ihre sakramentale Struktur, die zu ihrer Gestalt bleibend gehört. Alle anderen Strukturen sind Hilfs- und Unterstützungssysteme. Selbstverständlich können wir viele Ausschüsse, Räte, Gremien, Kommissionen etc. errichten, die insgesamt unsere Pastoral unterstützen sollen, um den Heilsauftrag der Kirche zeitgemäß zu erfüllen. Man darf aber nicht vergessen, dass solche Hilfsstrukturen zeit- und ortsbedingt sind, auch wenn diejenigen, die sie ins Leben gerufen haben und heute verwalten, sie für alle Zeit für unverzichtbar halten.

Ein Blick auf die Geschichte der Kirche könnte uns eine Handlungsperspektive eröffnen. Viele Strukturen sind je nach der kirchlichen Situation entstanden und später wieder verschwunden. Wir werden eine gewisse innere Gelassenheit gewinnen, wenn wir uns vergegenwärtigen, dass viele heutige Strukturen erst in den letzten Jahrzehnten entstanden sind. In der missionarischen Situation der Gegenwart dürfen wir fragen: Welche Strukturen sind notwendig, heute den Heilsauftrag zu erfüllen? Welche Strukturen unterstützen uns in unserer Heilssorge, Menschen zu Gott zu führen, und welche behindern uns? Außerdem müssen wir uns vor Augen halten, dass alle Strukturen von Menschen verwaltet werden und deshalb auch menschlich gestaltet werden können, wenn wir es wollen. Die Strukturen sind für Menschen da und nicht die Menschen für Strukturen.

Selbstverständlich braucht die Kirche verlässliche Strukturen, um ihren Heilsauftrag sinnvoll zu erfüllen. Die Grundstruktur der Kirche ist sakramental und ist uns vorgegeben. Alle anderen Strukturen, die je nach Bedarf der jeweiligen Zeit entstehen und vergehen, sind dazu da, um diese sakramentale Grundstruktur zu unterstützen. Wenn aber die Unterstützungssysteme die Oberhand gewinnen und die Grundstruktur der Kirche infrage stellen oder verdunkeln, dann gilt es zu unterscheiden und zu differenzieren. Die Lebendigkeit des Glaubens entfaltet sich nicht aus Strukturen, sondern aus der Lebendigkeit des Glaubens und der Kirche entstehen manche Strukturen, um diese Lebendigkeit zu ordnen und zu gestalten.

Es gibt im Grunde genommen kein Strukturproblem in der Kirche. Die Herausforderung liegt nicht darin, wie oft behauptet wird, dass »die gegenwärtigen Strukturen nicht mehr in die Zeit passen«, sondern Probleme entstehen, wenn den Menschen, die diesen Strukturen ihr Gesicht geben und sie gestalten und verwalten, eine grundsätzliche Begeisterung für Gott fehlt. Die Kirche darf sich nicht um sich selbst drehen, nur um Gott! Eine Kirche, die sich um Gott dreht, wird auch die Kraft finden, Menschen zu dienen – wobei »Kirche« keine abstrakte Größe meint, sondern jeden einzelnen Gläubigen und jedes Mitglied. Aus der Kraft des Glaubens kann jeder zu den Menschen gehen und ihnen dienen.

Wer ehrlich und selbstkritisch ist, muss sich fragen: Wer blockiert uns eigentlich? Wir alle müssen die Glaubensgröße haben, selbstkritisch damit aufzuhören, irgendeiner abstrakten Kirche Schuld zuzuweisen. Manche selbstblockierende Denkmuster der letzten Jahrzehnte gilt es aufzubrechen und die lähmende Fixiertheit auf die Fragen der kirchlichen Organisation und Strukturen zu überwinden. Stattdessen können wir die Mitte des Glaubens neu in den Blick nehmen und damit beginnen, einfach Gott und die Menschen zu lieben und das eigene Beste in der gegebenen Situation zu geben, ohne übermäßig bedacht zu sein, was die anderen tun oder tun sollten.

Wenn wir im alltäglichen Betrieb zu ertrinken drohen, wagen wir oft nicht mehr, uns noch Größeres und Höheres, nämlich die Wahrheit des Lebens, den Weg zu Gott abzuverlangen. Wenn wir aber aus der katholischen Weite heraus handeln, haben wir die Möglichkeit, gangbare Lösungen zu finden, um die gegenwärtigen Herausforderungen der Pastoral zu bewältigen.

Wir haben alle berechtigten Grund zur Hoffnung, denn wir sind überzeugt, dass Gott selbst am Ende das letzte Wort behalten wird. Das ist der wahre Sinn und die wirkliche Botschaft des christlichen Glaubens, die wir zu verkünden haben. Christus, das Licht der Welt, schenkt uns die Gewissheit, dass sein Licht über die Dunkelheit unserer Welt und die Kälte unseres Herzens siegen wird. Die christliche Hoffnung gibt die Antwort auf die Angst, unser Leben und die ganze Welt könnten letztlich keinen Sinn in sich bergen.

Wir müssen als Priester und Theologen der Kirche immer wieder die Armut des eigenen Geistes eingestehen, dass wir bereit werden, mindestens so viel an Wirken des Heiligen Geistes auch der Kirchenleitung zuzutrauen, wie wir für uns selber beanspruchen: Dazu gehört auch die Bereitschaft, manche Dinge zu unterscheiden und manche Haltungen wie »Die Amtskirche blockiert alles und deshalb habe ich an der Basis keinen Erfolg« selbstkritisch zu hinterfragen.

Wenn wir ehrlich sind, können wir feststellen: Eigentlich habe ich so viel an Freiheiten und Möglichkeiten, im besten Sinne Christ und Priester zu sein. Wer blockiert mich eigentlich, Gott zu lieben und für den Nächsten da zu sein? Wer hält mich heute davon ab, Gott zu verherrlichen und den Menschen das Heil Gottes zu vermitteln? Wer wird es nicht richtig finden, wenn ich tatsächlich nach Möglichkeiten den Armen und Schwachen helfe und seelsorglich Menschen beistehe, die mir begegnen und die uns als Kirche brauchen?

Vom Umgang mit den kirchlichen Normen

In unserem pastoralen Handeln geht es in erster Linie darum, die Barmherzigkeit Gottes zu verkünden. Dabei gilt es, pastorale Klugheit walten zu lassen und die Kunst der Epikie mit einem gesunden Menschenverstand zu verbinden. Oft entstehen Probleme, weil manche darauf bestehen, prinzipielle Lösungen zu finden, und sich weigern, manche Brüche und Gebrochenheit des eigenen Lebens anzunehmen. Alles wird grundsätzlich schwierig, wenn die Haltung Oberhand gewinnt, dass sich die ganze Kirche nach meiner Vorstellung und nach meiner individuellen Lebenssituation richten müsse. Stattdessen könnte sich der Einzelne nach der Kirche richten und seine persönliche Situation im Rahmen des seelsorglich Möglichen lösen lassen.

Die Tiefe und Weite des katholischen Glaubens stellt in den meisten Fragen des Glaubenslebens gangbare Wege und gute Möglichkeiten und Hilfeleistungen bereit, wenn die Betroffenen eine gewisse Offenheit, Verständnis und guten Willen zeigen. Mit Güte und Weite eines gläubigen Herzens, verbunden mit einem gesunden Menschenverstand und pastoraler Klugheit, können wir allen Menschen guten Willens seelsorgerlich zur Seite stehen.

Wir müssen die Demut haben, manche individuellen Probleme in der eigenen Lebensgeschichte und der Lebensgeschichte der anderen ungelöst stehen zu lassen, sie vertrauensvoll in Gottes Hand legen – mit der Gelassenheit des Glaubens, wie sie im Gleichnis vom Weizen und Unkraut deutlich wird. Es gibt eine Zeit zu säen und eine Zeit zu ernten. In der Zwischenzeit bedarf es der Geduld und einer Grundhaltung des Vertrauens (Mt 13,24–30).

Geistige Offenheit und spirituelle Tiefe

Der Priester ist aufgerufen, ein authentischer Diener Christi zu sein. Dies bedeutet: Jesus Christus in seinen Worten und Taten darzustellen und sein Heil erfahrbar zu machen. Je mehr es uns als Priester gelingt, unser Leben in Einklang mit unserer Verkündigung zu bringen, desto authentischer wird unser Zeugnis und unser Dienst wird Früchte tragen. Authentizität und Glaubwürdigkeit gewinnen wir, indem wir ständig mit Gott vertraut werden und als solche Menschen auch von unseren Mitglaubenden wahrgenommen werden.

Es geht also um die Identifikation des eigenen Lebens mit dem Dienst, eine Identifikation, die heute zweifelsohne nicht einfach ist und eine große Bereitschaft verlangt, sich selbst immer mehr zurückzunehmen und so am Geheimnis des Todes und der Auferstehung Christi in freier Hingabe teilzuhaben, als ein lebendiges Opfer, das Gott gefällt (vgl. Röm 12,1).

Die klare und wahre Identität des Priesters hat mit den negativen Eigenschaften, die mit dem sogenannten *Klerikalismus* verbunden sind, gar nichts zu tun. Diese sind ein menschliches Problem, das in unterschiedlicher Weise bei allen Menschen zu beobachten ist. Wenn aber solche negativen Eigenschaften bei einem Priester zum Vorschein kommen, werden sie sein Lebenszeugnis verdunkeln und seiner Verkündigung im Wege stehen. »Gott hat sich erniedrigt, und der Mensch ist noch stolz!«[107] Diese Aussage des heiligen *Augustinus* ist jedem von uns, der ein Dienstamt in der Kirche innehat, bleibend bedenkenswert, damit wir in eine pastorale Demut hineinwachsen.

Immer wieder können wir beobachten, dass bei einigen Mitbrüdern eine ungute Tendenz überhand gewinnt, sich selbst in den Mittelpunkt zu stellen. Dabei hören wir oft scheintheologische Pseudoargumente, warum ein Pfarrer doch immer selbst alles tun muss. So werden Grenzen überschritten und undurchsichtig: zwischen liturgisch richtigen Vorgaben und eigener Selbstdarstellung, zwischen Vollmacht des Amtes und eigener Macht. Gerade solche menschlich unguten Verhaltensweisen, besonders wenn sie von Mitbrüdern vertreten werden, die zwar eine eher traditionell-kirchliche Theologie vertreten, aber sich menschlich und spirituell sehr widersprüchlich verhalten, werden zu Recht von Menschen kritisiert. Die negative Auswirkung ist, dass Menschen diese Erfahrung oft undifferenziert auf die ganze Kirche übertragen und die Glaubwürdigkeit aller Schaden nimmt.

Es gilt selbstkritisch zu fragen: Versuche ich Christus darzustellen und im Namen der Kirche authentisch zu handeln, oder stelle ich mich selber dar und setzte ich nur meine eigene Vorstellung durch?

Einem donatistischen Bischof schrieb *Augustinus*: »Das ist wohl schön, eine erhöhte Apsis mit Stufen, ein Teppich über der Cathedra, ganze Scharen singender Nonnen, die einen abholen – aber was wird es dir nützen vor dem Richterstuhl Christi?«[108] »Ach,« so sagte er seinen Zuhörern, »jetzt stehe ich zwar hier hoch oben, aber noch vor kurzer Zeit stand auch ich unten, und wer weiß, wie viele zukünftige Bischöfe da unten in eurer Mitte stehen.« Oder: »Ich kann euch von hier aus wohl hereinkommen und weggehen sehen, aber ich sehe nicht, was ihr in euren Herzen denkt und in euren Häusern tut, und doch bin ich euer Wächter; aber wenn der Herr nicht über uns wacht und unser Haus behütet, wacht der Wächter vergebens … Um die Stimme besser hörbar zu machen, stehen wir etwas höher, aber noch weiter oben werden wir gerichtet, und ihr seid es, die uns richtet. Lehren ist gefährlich, Schüler sein sicher. Der Hörer des Wortes steht sicherer als der Sprecher.« Bei einer Bischofsweihe war die Predigt gewöhnlich eine Art Lobrede, wenn nicht auf die Person, so doch auf das Amt. Auch *Augustinus* hielt sich an diese Sitte. Aber ob er nun am Jahrestag seiner eigenen Weihe oder als

Festprediger für eine andere Gemeinde sprach, sein Hauptthema war immer die große Verantwortung des Amtes. Eine dieser Ansprachen, bei einer Bischofsweihe kurz nach dem Jahre 411, begann er mit den ergreifenden Worten: »Heute wird für euch durch Gottes freigebige Barmherzigkeit ein Bischof geweiht. Deshalb müssen wir etwas sagen, um uns selbst zu ermahnen, um ihn zu unterrichten und euch zu belehren. Ein Mann, der einer Gemeinde vorsteht, muss vor allem wissen, dass er ein Diener vieler ist. Er soll das nicht unter seiner Würde erachten; er soll, sage ich, es nicht unter seiner Würde erachten, ein Diener vieler zu sein, denn der Herr der Herren hat es nicht unter seiner Würde erachtet, uns zu dienen. Eines Tages hatte sich aus dem Bodensatz des Fleisches unter den Jüngern des Herrn Jesus Christus, unseren Aposteln, die Sucht nach Ehre und Ansehen eingeschlichen, und der Rauch der Selbstüberhebung stieg ihnen in die Augen. Wir lesen nämlich im Evangelium, dass ein Wortstreit zwischen ihnen entstand, wer wohl der Größte von ihnen sei. Aber sofort drückte der Herr wie ein Arzt diese Geschwulst nieder, und indem er kleine Kinder vor sich stellte, sagte er: Wenn ihr nicht werdet wie die Kinder, könnt ihr nicht in das Himmelreich eingehen.« Einfach und anschaulich erklärt er in derselben Predigt, wie wertlos es sei, nur dem Namen nach Bischof zu sein. »Was nützt es einem Unglücklichen, dass er Felix [›der Glückliche‹] heißt. Wenn du einen armen Teufel von Bettler siehst, der Felix heißt, und du sagst ihm: Komm, Felix, geh weg, Felix, steh auf, Felix, setz dich, Felix, so bleibt er bei all diesen Worten gleichviel infelix [›unglücklich‹]. Einem solchen Menschen ist der zu vergleichen, der Bischof genannt wird, ohne dass er es ist. Was bringt ihm die Ehre dieses Namens ein? Doch nur Vermehrung seiner Schuld! Und die Leute reden deshalb nicht anders von ihm. Hast du den Bischof gesehen? Bist du beim Bischof gewesen? Wo kommst du her? Vom Bischof. Wo gehst du hin? Zum Bischof. Wenn er aber so sein will, wie er heißt, dann soll er nicht auf mich hören, sondern mit mir. Lasst uns gemeinsam hören, gemeinsam als Mitschüler in derselben Schule bei demselben Lehrmeister Jesus Christus lernen, dessen Cathedra deshalb im Himmel steht, weil sie zuerst auf Erden ein Kreuz gewesen ist. Was er uns gelehrt hat, ist der Weg der Demut!« – »Demütig kam er, unser Schöpfer, als Geschöpf in unsere Mitte; der uns erschaffen hat, ist für uns geworden: Gott vor allen Zeiten, Mensch in der Zeit, um den Menschen von der Zeit zu erlösen!« – Und weiterhin die Epistel des Tages auslegend (das Bild des idealen Bischofs in 1 Tim 3), sagt er wiederum mit Nachdruck, im Anschluss an den Text: »Ich möchte Bischof werden! (sagt jemand), wenn ich doch Bischof wäre! Angenommen, du wärst es! Suchst du dann den Namen oder die Sache? Wenn du die Sache suchst, begehrst du ein gutes Werk, suchst du den Namen, den kannst du auch in schlechten Werken haben, aber es führt zu schwerer Strafe … Ihr sagt: Er ist Bischof, denn er sitzt auf der Cathedra. Auch der Strohmann ist Wächter im Weinberg!« – *Augustinus* vergisst nicht, seine Gläubigen gegen das Ärgernis eines unwürdigen Amtsvorgängers zu wappnen und sie auf die Grundlage aller kirchlichen Disziplin zu verweisen, dass das Amt nicht von der Würdigkeit des Dieners abhängt, wie die Donatisten lehren. Brot bleibt Brot, auch auf einer irdenen Schüssel. Denk an den Vorratsschrank, aus dem es kommt, und schau nicht nur auf den groben Teller. Und was dir vorgesetzt wird, kommt immer aus Gottes wahrem Vorrat. Kein Bischof, und sei er ein Dieb, wird jemals von dieser Cathedra aus sagen: Stiehl, sondern immer nur: Du sollst nicht stehlen, denn das hat er aus dem Vorratsschrank Gottes. – »Der Herr und Bischof der Bischöfe hat dafür Sorge getragen, dass eure Hoffnung nicht mit einem Menschen steht oder fällt. Seht, im Namen des Herrn sage ich euch als Bischof: Wie ich selbst bin, weiß ich nicht, um wieviel weniger ihr! Was ich in diesem Augenblick bin, kann ich einigermaßen wissen; was ich aber später sein werde, wie kann ich das wissen. Petrus wagte zu geloben: Mit dir bis in den Tod. Aber er, der Arzt, der die Ader seines Herzens durchschaute, antwortete: Dein Leben für mich geben? Wahrlich ich sage dir, ehe der Hahn kräht, wirst du mich dreimal verleugnen.«

So wagte der heilige *Augustinus* über das erste Amt in der Kirche zu sprechen, über die Versuchungen, die es mit sich bringt, und über die Unbeständigkeit des Menschen auf dem Felsen der Würde. Er konnte es sich leisten, weil er nicht in einem Glashaus wohnte. Diese selbstkritische Betrachtung kann jedem von uns eine Inspiration sein.

Die Kunst, geistliche Glaubenssubstanz und überzeugende Menschlichkeit miteinander zu verbinden, bleibt eine lebenslange Aufgabe. Wir Priester sind Teil der jeweiligen Gesellschaft und Kinder unserer Zeit. Jeder von uns hat seine positiven Eigenschaften und auch manche negative, die sich manchmal in unserem Leben und Verhalten so entwickeln, dass sie die Fruchtbarkeit unseres priesterlichen Dienstes behindern und uns selbst unglaubwürdig machen. Solche negativen Eigenschaften sind: autoritäres Gehabe, Wichtigtuerei, Selbstdarstellungssucht, Allmachtswahn, Selbstfixiertheit, ständiges Streben nach Lob und Anerkennung und Kooperationsunfähigkeit. Zur menschlichen Reife und zum spirituellen Wachstum gehört es, dass wir uns ehrlich und selbstkritisch solcher Verhaltensweisen bewusst werden und ständig daran arbeiten, damit sie nicht die Fruchtbarkeit und Effektivität unseres Zeugnisses rauben.

Positive Eigenschaften überzeugender Menschlichkeit sind nichts anderes als die Entfaltung eines wahren christlichen Humanismus: gesunder Menschenverstand, natürliche Bescheidenheit, Sinn für Maß, Ehrfurcht vor dem Bestehenden, Bereitschaft zur geistigen Beweglichkeit, Scheu vor Fanatismus und Fundamentalismus jeder Richtung, Offenheit und Weitherzigkeit, die aus der Tiefe des gelebten Glaubens kommen.

Das Ziel des Pilgerweges der Kirche durch die Zeit ist Gott.

Dieses Ziel vor Augen gehen wir in der Nachfolge Christi auf dem Weg des Heiles. Auf dieser Straße darf jeder nach seiner Lebenserfahrung und seinen Begabungen und der Situation entsprechend mehr auf der rechten oder linken Seite gehen. Wichtig ist nicht in erster Linie, auf welcher Seite einer geht, sondern das gemeinsame Ziel und die daraus folgende Lebenseinstellung: Ich bin nicht allein auf diesem Weg, und ich billige Menschen zu, auf unterschiedliche Weise auf dieser Straße zu gehen. Wer ständig nur missbilligend auf den anderen schaut und auf dessen Gehweise, verliert das Ziel aus den Augen. Deshalb gilt es, mit Großherzigkeit, Toleranz und Respekt die Glaubenserfahrung und Glaubenswege des anderen als Bereicherung zu sehen. Dabei ist die Mitte des Weges Orientierung: Ob einer eher auf der rechten Seite der Straße geht oder eher links, er muss in dem Bewusstsein gehen, dass es auf beiden Seiten Randsteine gibt. Auf beiden Seiten, links wie rechts, können wir stolpern und hinfallen. Deshalb ist es wichtig, die Mitte des katholischen Weges im Auge zu behalten.

Nicht darauf, wie viele Priester da sind, kommt es zu allererst an, sondern was für eine Qualität und spirituelle Ausstrahlung die Priester haben. Nur durch geistige und spirituelle Kompetenz können wir unseren Dienst glaubwürdig ausüben, Gottvertrauen ausstrahlen, die Kirche attraktiv machen und so Menschen gewinnen. Hoffnungsträger für die uns anvertrauten Menschen können wir sein, wenn es uns gelingt, geistige Offenheit und spirituelle Tiefe miteinander zu verbinden, fest gegründet im Glauben und zugleich offen und verbindlich mit den Menschen und mit ihren Fragen umzugehen.

Die Freiheit wird nur in der Liebe verwirklicht. Nicht indem der Mensch ›für sich‹ da ist, sondern indem er an andere denkt, für andere da ist. Geistliches Leben in der Tiefe, wo es echt christlich ist, ist weit davon entfernt, zur Absonderung zu führen. Die Menschwerdung Gottes weiterzuführen heißt nicht nur, die

Sendung des Gottessohnes auf Erden weiterzuführen, es heißt auch, der Menschheit das Leben der ganzen Dreifaltigkeit mitzuteilen und sie von diesem Leben durchdringen zu lassen. Der Heilige Geist, der Geist der Liebe, vermag nur dann zur Liebe zu erziehen, wenn er ein Leben der Zusammengehörigkeit erwecken, beseelen, göttlich machen kann.

Menschliche Schwäche und Heiligkeit des Lebens

Das donatistische Verständnis des Amtes, bei dem die persönliche Heiligkeit des Amtsträgers über die Wirksamkeit seiner Handlungen entscheidet, ist in der Theologie des Amtes selbstverständlich überwunden. Bleibend aktuell ist aber der Blick auf die gelebte existenzielle Gestalt des personalen Zeugnisses für Jesus Christus. Sie ist entscheidend für die Glaubwürdigkeit des Zeugnisses und des Amtes.

Die Kirche als Zeichen des Reiches Gottes kann den Erweis ihrer Wahrheit nur durch das Lebenszeugnis ihrer Glieder erbringen, vor allem derer, die die Kirche amtlich vertreten. Es gehört zur Authentizität des Priesterseins in der Nachfolge Christi, sich ernsthaft um die Übereinstimmung zwischen amtlicher Tätigkeit und geistlichem Leben zu bemühen. Wenn Priester als ›Geistliche‹ bezeichnet werden, müssen sie auch glaubwürdig geistlich sein. Denn wir sind das einzige Empfehlungsschreiben an die Menschen; es ist eingeschrieben in unser Herz und alle Menschen können es lesen und verstehen (vgl. 2 Kor 3,1–3).

Von der Heiligkeit des Lebens hängt wesentlich die Fruchtbarkeit unseres Wirkens ab. Der Einfluss, den die Qualität des apostolischen Lebens des Priesters auf die Qualität seines priesterlichen Dienstes hat, kann nicht hoch genug eingeschätzt werden. Zur Heiligkeit des Lebens gehört angesichts unserer menschlichen Schwachheit das unbedingte Vertrauen: Wir können nicht tiefer fallen als in Gottes Hand. Es ist Gottes Kraft, die in uns wirkt: Wir sind »nicht [in dem Sinne] fähig, als ob wir uns selbst etwas zuschreiben könnten; unsere Befähigung stammt vielmehr von Gott. Er hat uns fähig gemacht, Diener des Neuen Bundes zu sein, nicht des Buchstabens, sondern des Geistes« (2 Kor 3,6).

Unsere menschliche Armseligkeit ist gerade der Ort der Offenbarung der Kraft Gottes in der Welt. Gerade im Zeichen des innerweltlich Geringen bezeugt sich Gott selbst als der ganz Andere gegenüber der Welt. Damit gibt er uns zu erkennen, dass er nach den Maßstäben unserer Welt nicht gemessen werden kann, sondern jenseits aller weltlichen Größenordnungen steht. Das wahrhaft Große liegt letztlich in der Wahrheit und in der Liebe.

Christliche Heiligkeit ist nichts anderes als eine Lebensführung unter dem *Zuspruch Gottes* nach dem *Anspruch des Evangeliums*. Auch wenn die Berufung zur Heiligkeit selbstverständlich allen Christen gilt und universal ist, hat der Priester doch eine Vorbildfunktion: Mit seinem Leben muss er bezeugen, wie jeder Christ nach Heiligkeit streben kann. Ein Priester ist Lehrer der Heiligkeit, besonders in der Praxis der ›theologischen Tugenden‹, des Glaubens, der Hoffnung und der Liebe.

Der Priester als Verkünder der Frohen Botschaft darf nicht vergessen, als Erster das mit Freude zu leben, was er verkündet. So wird sein Leben zum Spiegel seines Zeugnisses der göttlichen Liebe und Barmherzigkeit. Wenn bei uns die apostolische Leidenschaft für das Heil der Menschen lebendig ist, werden die Menschen in unserem Leben und Handeln das Zeugnis für das Evangelium entdecken. Das Geheimnis des gelingenden Lebens ist: alles geben, sich verschenken an Gott und die Menschen.

Ein guter Hirt ist ein Hirte nach dem Herzen Gottes. Der Sinn unseres Strebens nach Vollkommenheit ist nichts anderes, als ein

Hirte nach dem Herzen Gottes zu werden. Da wir berufen sind, gute Hirten zu sein, muss durch uns die Gegenwart Gottes eine menschliche Gestalt annehmen. Es muss etwas von der Schönheit des Lebens sichtbar werden, das vereint mit Christus zum Wohlgefallen Gottes geführt wird.

Der priesterliche Dienst hat für das eigene Leben des Priesters eine unerschöpfliche spirituelle Tragweite, denn unser Dienst ist für uns selber der Ort der Gnadenerfahrung. Durch die treue Erfüllung unseres alltäglichen geistlichen Dienstes, auch als Gebet für uns selbst, können wir auf dem Weg der Heiligkeit bleiben.

Das existenzielle Gebet

Schon zu seiner Zeit stöhnte der heilige *Augustinus* immer wieder über den verheerenden Kleinkram in der Seelsorge und über die fremden Angelegenheiten, mit denen er sich im Alltag beschäftigen musste. Er beklagte immer wieder, dass sein Gebetsleben darunter litt. In einem Brief an Vater Eudoxius und seine Mönche, die auf einer einsamen Insel im Tyrrhenischen Meer lebten, gestand er, wie oft er sie um ihre klösterliche Stille beneide, denn man könne ruhiger inmitten der Meereswogen leben als in seinem Sprechzimmer. »Gedenkt unser in euren Gebeten, denn ihr verrichtet sie, wie ich glaube, wachsamer und nüchterner; die unsrigen dagegen werden durch die dunkle Wirrnis der irdischen Geschäfte ihrer Kraft beraubt. Obwohl wir solche persönlich nicht haben, bringen diejenigen, die uns zwingen tausend Schritte mitzugehen und mit denen wir dann noch zweitausend weitergehen müssen, so viele zu uns herein, dass wir kaum zu Atem kommen … Aber wir trösten uns mit der Hilfe dessen, zu dessen Angesicht das Seufzen der Gefangenen aufsteigt.«[109]

Gerade weil die Pastoral im Alltag stressig ist und viel Kraft kostet, brauchen wir die Kraft des Gebetes, um durchzuhalten. Im priesterlichen Leben spielt das existenzielle Gebet eine tragende Rolle. Wo das Gebet vernachlässigt wird, entsteht eine Hoffnungslosigkeit und in der Folge Kraftlosigkeit und Resignation. Wo die Bedeutung des Gebetes im priesterlichen Leben verschwindet, wird das Leben von Organisation und Interessen an allen möglichen anderen Dingen beherrscht und Kurzatmigkeit und Hektik werden überhand gewinnen.

Das Beten dagegen ist eine große Hilfe, viele Dinge klarer zu erkennen und sich das Wesentliche und Wichtige vor Augen zu halten. Es hilft uns, dass wir nicht lau werden, die Leidenschaft verlieren und unser Glaube vom Kleinglauben wie von Unkraut überwuchert wird: »Wenn das Salz seinen Geschmack verliert, womit kann man es wieder salzig machen? Es taugt zu nichts mehr; es wird weggeworfen und von Leuten zertreten« (Mt 5,13). Diese Warnung Jesu gilt uns in besonderer Weise, weil wir in seinem Namen handeln sollen.

Viele Gläubige, auch viele Priester, haben noch in Erinnerung, wie wir Priester als betende Menschen erlebt haben. Wir haben gesehen, wie sie sich betend auf die Feier der Eucharistie vorbereitet haben und nach der Feier im danksagenden Gebet verharrt sind. Heute erleben wir eine große Hektik in der Sakristei: Vor der Messe beschäftigt uns die Frage, wer was alles macht und ob alles stimmt, und nach der Messe müssen wir so schnell wie möglich das Messgewand ablegen, damit wir möglichst viele Menschen grüßen können – obwohl die Mehrheit der Gottesdienstteilnehmer nicht wartet oder kein Bedürfnis verspürt, mit uns zu reden.

Der geistliche Dienst, vor allem die Feier der Eucharistie, ist die höchste Form des Gebetes, auch für uns Priester. Deshalb ist es von großer Bedeutung, unseren Dienst als Gebet zu verstehen und nicht nur als ›Arbeit‹. Eucharistie ist der Ort des Gebetes, nicht nur für uns selbst, sondern auch für die anderen. Das stellvertretende Gebet für die uns anvertrauten Gläubigen ist die Höchstform der Seelsorge.

In der Gemeinschaft der Heiligen

Die Teilhabe am Leben Gottes ist die Grundlage aller Heiligkeit. Wenn wir unseren ganzen pastoralen Weg aus der Perspektive der Heiligkeit betrachten, wie es Papst Johannes Paul II. in seinem Apostolischen Schreiben *Novo millennio ineunte* angeregt hat (vgl. Nr. 30), finden wir ihn in einer eucharistischen Spiritualität begründet. Die Eucharistie heiligt uns, und so kann es keine Heiligkeit geben, die sich nicht aus der Eucharistie ernährt: »So wird jeder, der mich isst, durch mich leben« (Joh 6,57).

Diesen Weg können wir am besten in der Schule der Heiligen lernen, denn das Leben und die Frömmigkeit der Heiligen sind ein besonderer *locus theologicus*: In den Heiligen spricht Gott zu uns (vgl. LG 50) und ihre geistliche Erfahrung wirft Licht auf das Geheimnis Gottes (vgl. DV 8). Wenn wir in ihrem Licht und auf ihren Spuren voranschreiten, werden wir ihre fürbittende Hilfe für unseren Dienst erfahren.

Das Vertrauen in die Gemeinschaft aller Heiligen kann im alltäglichen priesterlichen Dienst eine Kraftquelle sein. Die zahlreichen Heiligen im Himmel werden uns durch ihre fürbittenden Gebete begleiten. Alle Gläubigen, mit denen wir im Leben gebetet und vor allem die Eucharistie gefeiert haben, und besonders diejenigen, die wir im Sterben begleitet haben, werden uns im Himmel nicht vergessen.

Wenn wir auf die Fürbitten der Heiligen vertrauen, werden wir ihre Hilfe in unserem seelsorglichen Dienst erfahren, denn der Aufbau der Kirche liegt auch ihnen am Herzen. Auch die Gemeinschaft der verstorbenen Mitbrüder des Presbyteriums, die in der himmlischen Vollendung sind, die ein Leben lang die Sorge für das Wachstum der Kirche getragen und sich beim Aufbau der Kirche engagiert haben, wird über den Tod hinaus mit ihren Fürbitten bei Gott für uns eintreten.

Zur gelingenden priesterlichen Spiritualität gehört auch, dass jeder Priester einen oder mehrere Heilige als Vorbild zur Inspiration und Motivation auswählt. Wie Menschen unterschiedliche Temperamente und Begabungen haben, werden wir auch Heilige in der Geschichte und Gegenwart finden können, die zu unserem Temperament und unseren Begabungen passen.

Verbunden mit der Gottesmutter Maria

Wenn der Auftrag des Priesters letztendlich darin besteht, Gott zu den Menschen zu bringen und die Menschen zu Gott zu führen, dann ist vor allem *Maria das Vorbild für jeden Priester*. Maria ist die Ikone der eucharistischen Kirche: »Wenn wir die innige Beziehung, welche die Kirche mit der Eucharistie verbindet, in ihrem Reichtum wieder entdecken wollen, dürfen wir Maria nicht vergessen, die Mutter und Urbild der Kirche ist« (Johannes Paul II., *Ecclesia de eucharistia* 6). Die tiefe Beziehung zwischen Maria und der Kirche, zwischen der Eucharistie und Maria führt uns in die Mitte einer marianischen Frömmigkeit des Priesters. In dem Prozess, Christus gleichförmig zu werden, können wir in die Schule Mariens gehen und uns von ihr begleiten lassen.

Viele Priester und unzählige Gläubige haben im Blick auf Maria und in ihrer Verehrung Freude und Trost, Hilfe und Kraft erfahren und empfangen. Denn: »In einem Wort hat man darum alle ihre Ehre zusammengefasst: wenn man sie nämlich ›Gottes Mutter‹ nennt; es kann niemand Größeres von ihr noch zu ihr sagen, und wenn er gleich so viel Zungen hätte, als es Laub und Gras, Sterne am Himmel und Sand im Meer gibt. Es will auch im

Herzen bedacht sein, was es heißt, Gottes Mutter zu sein«. Das schrieb *Martin Luther* auf seiner Reise zum Reichstag nach Worms 1521, als er auf dem Weg dorthin das Magnifikat auslegte. Maria ist für ihn ein Beispiel, »dessen wir uns getrösten können«, ja, sie »sollte und wollte gerne das allervornehmste Beispiel der Gnade Gottes sein, um alle Welt anzureizen zur Zuversicht, zur Liebe und zum Lob der göttlichen Gnade gegenüber«.

Mit feinem Gespür hat *Luther* die Führung durch Maria zu Gott in Worte gefasst: »Was, meinst du, kann ihr Lieberes begegnen, als wenn du auf solche Weise durch sie zu Gott kommst und an ihr lernst, auf Gott zu trauen und zu hoffen?« So werden gerade an ihrer Gestalt und ihrem Dasein auch der Sinn und die große Berufung unseres Lebens ablesbar und sichtbar. Mit den Worten des Apostels Paulus: »Doch durch Gottes Gnade bin ich, was ich bin, und sein gnädiges Handeln an mir ist nicht ohne Wirkung geblieben« (1 Kor 15,10).

Augustinus sieht in Maria die pure Gnade, die in ihr und durch sie sichtbar gewordene Herrlichkeit Gottes: »Woher wird dir dies alles zuteil?, frage ich die Jungfrau. Es klingt fast unehrerbietig, es ziemt mir nicht, diese scheuen Ohren mit meiner Stimme zu berühren. Aber siehe! Die Jungfrau gibt mir, wenn auch scheuen Sinnes, doch Antwort und spricht mahnend: Du fragst, woher mir die zuteil geworden ist! Ich scheue mich, dir über dieses, mein Gut, selbst Antwort zu geben; höre vielmehr den Gruß des Engels und erkenne dann in mir auch dein Heil. Glaube an den, dem auch ich glaubte. Warum fragst du mich? Der Engel soll antworten. – Sage mir, Engel, Engel, woher dies Maria zuteil geworden? – Ich sagte es bereits in meinem Gruß: Gegrüßest seist du, voll der Gnade.«[110]

Wie das im Grunde genommen aussehen soll, hat *Augustinus* für uns klassisch so formuliert: »Es geschehe also in unserem Herzen sein Erbarmen. Die Mutter hat ihn im Schoß getragen,

tragen wir im Herzen! Die Jungfrau ist befruchtet worden durch die Menschwerdung Christi, unser Inneres möge befruchtet werden durch den Glauben an Christus. Sie hat den Heiland geboren, wir wollen Lobpreis gebären. Wir dürfen nicht unfruchtbar sein, wir müssen Frucht bringen für Gott.« Maria als Vorbild der wahren Weisheit hilft uns, echte Gottessucher zu sein, die fähig sind in der Einfachheit des Herzens Gott zu loben.

Wie Maria Jesus der Welt zu geben ist auch die Berufung des Priesters. Dieser Dienst ist nur möglich, wenn wir wie Maria das Wort Gottes hören, in uns aufnehmen und in uns Fleisch werden lassen. Dem Wort Gottes Gestalt zu geben, um durch unser Leben Jesus Christus hörbar und erfahrbar zu machen, ist der bleibende priesterliche Auftrag, unabhängig von Ort und Zeit. Eine echte marianische Frömmigkeit wird sichtbar in unserem Offensein für Gott und in unserer Bereitschaft, das Wort Gottes in uns aufzunehmen. Maria, so erklärt der heilige *Augustinus*, »empfing Christus durch den Glauben in ihrem Herzen, bevor sie ihn in ihrem Leib empfing«. Wie Maria sollten wir Christus zuerst im Glauben in unserem Herzen empfangen, damit wir ihn mit Freude der Welt schenken können. Wenn die erste und vornehmste Aufgabe der Kirche darin besteht, Gott den Menschen zu geben, dann können wir ohne Weiteres die priesterliche Aufgabe als marianisch bezeichnen. Im Namen der Kirche darf der Priester Jesus Christus den Menschen geben. Wie Maria der Welt Gott gegeben hat, sind wir als Priester berufen, im Namen der Kirche den Menschen, die uns begegnen, Gott zu schenken.

Selbstverständlich ist die Marienfrömmigkeit mit dem Bekenntnis zum Geheimnis der Person Jesu Christi unmittelbar verbunden. Solange wir in seiner Person nur einen wie auch immer begabten Menschen erkennen, finden wir keinen Grund, seine Mutter zu verehren. In Geschichte und Gegenwart können wir beobachten: Wo eine gesunde Marienverehrung nicht gepflegt wird, da verschwindet nicht nur die Lebendigkeit der Kirche und ihrer Liturgie, sondern da wird auch das Bekenntnis zur Gottheit Christi verdunkelt. Wo die Person Jesu Christi in ihrer gott-menschlichen Einheit bekannt wird, kann man auf Maria als Gottesgebärerin blicken.

Schon der heilige *Augustinus* feierte Maria als die Unvergleichliche in ihrem Glauben, denn als jungfräuliche Mutter »gleicht sie gar sehr der Kirche«. Er, »der schöner ist an Gestalt als die Menschenkinder, hat seine Braut, die Kirche, seine Mutter ähnlich sein lassen, denn er hat sie für uns zur Mutter gemacht und für sie selbst als Jungfrau bewahrt«. Kraft ihres Glaubens aber ist sie das Bild der Kirche als die Austeilerin der Gnaden. »Durch ihren Glauben war sie so groß, ja größer durch ihren Glauben als durch ihre wunderbare Mutterschaft. So wurde sie ja auch von ihrem Sohn geehrt, als er auf den Lobspruch der Frau aus der Menge antwortete: Ja, selig, die das Wort hören und es bewahren, und der Geist ließ Elisabeth ausrufen: selig bist du, die du geglaubt hast. Wer war je eine teurere Tochter im Glauben jenes Abraham, der glaubte, und es wurde ihm Gerechtigkeit gerechnet und mit dem sie sich nach ihren eigenen Worten im Magnifikat verbunden fühlte, als an die Verheißung Glaubende? Durch den Glauben dieser Jungfrau kam das Fleisch Christi in diese Welt, darum war es auch kein ›Fleisch der Sünde‹, sondern er kam nur in der Gestalt des Sündenfleisches.«[111]

Maria als Mutter Jesu ist in Christus die Mutter seiner Kirche, die Mutter aller ihrer Glieder, die *Mutter der Priester*. Wenn wir unser Leben als Priester dem Herzen Mariens anvertrauen und unser Priestertum unter den mütterlichen Schutz der Mutter Jesu stellen, wird sie uns fürbittend beiseite stehen, damit wir im Namen ihres Sohnes handeln können. Maria wird auch als *Königin der Apostel* verehrt. Die Apostel haben gemeinsam mit Maria gebetet, nicht weil sie schon den Geist hatten, sondern gerade, weil sie Angst hatten, verzweifelt waren und nicht mehr wussten, wie es weitergehen soll. Weil sie den Geist Gottes nötig hatten, waren sie im Gebet versammelt. In dieser betenden Situation ist der Geist Gottes geschenkt worden. Deshalb können wir heute auch nur als betende Kirche den Geist Gottes empfangen.

Jeder Priester, der eine gesunde und gute Marienfrömmigkeit pflegt, wird persönlich viel Kraft erfahren und Fruchtbarkeit für seinen Dienst. Eine ausgewogene Marienfrömmigkeit kann uns bewusst machen, wie die Gnade Gottes in uns trotz unserer menschlichen Schwachheit wirkt und durch unseren priesterlichen Dienst erfahrbar wird. Indem wir in uns einen organischen Blick auf die Beziehung zwischen der seligen Jungfrau Maria und dem Mysterium der Kirche reifen lassen, werden wir die tiefe Bedeutung der Marienfrömmigkeit im priesterlichen Leben erkennen. Die Verehrung Mariens stellt ein Mittel dar, das im Wesentlichen auf die Ausrichtung der Seelen auf Christus hingeordnet ist, um sie auf diese Weise mit dem Vater in der Liebe des Heiligen Geistes zu vereinen. Maria hilft uns, den Blick auf den geöffneten Himmel gerichtet zu halten, damit wir schon heute Zeugen des offenen Himmels werden können.

IX

SORGE UM DAS PRESBYTERIUM: MITEINANDER PRIESTER SEIN

Entfache die Gnade Gottes wieder, die dir durch die Auflegung meiner Hände zuteil geworden ist« (2 Tim 1,6). Diese Aufforderung des Apostels Paulus an Timotheus, um seine durch Handauflegung zuteil gewordene Gnade zur Entfaltung zu bringen, hat grundlegende Bedeutung für das Leben und den Dienst des Priesters in der Kirche. Da diese durch die Weihe empfangene Gnade nicht in erster Linie für die persönliche Heiligung des Einzelnen gedacht ist, sondern für den Aufbau des Leibes Christi, muss jeder in der Kirche dafür Sorge tragen, dass diese Gnade wächst und im Leben und Wirken des einzelnen Priesters zum Vorschein kommt.

Der Dienst am Presbyterium

Der Bischof bittet bei der Priesterweihe: »Wir bitten dich, Herr, unser Gott, schenke auch uns Bischöfen solche Gefährten und Helfer, deren wir bedürfen in unserem apostolischen und priesterlichen Dienste« (Pontifikale Romanum). Bei der Weihe verlangt der Bischof Ehrfurcht und Gehorsam von seinen Priestern und sie versprechen es ihm. Damit übernimmt er eine besondere Verpflichtung der Sorge, »die Brüder zu stärken«. Gemeinsam mit anderen Priestern, die zusammen das Presbyterium bilden, wirkt der Priester im Auftrag des Bischofs (vgl. LG 18–29). Zwischen dem Bischof und seinen Priestern besteht eine besondere und wechselseitige Zuordnung, die in der sakramentalen Weihe begründet ist. »Daher bilden sie ein einziges Presbyterium und eine einzige Familie, deren Vater der Bischof ist … Die Beziehungen zwischen dem Bischof und den Diözesanpriestern müssen vor allem auf den Banden der übernatürlichen Liebe aufbauen … Außerdem sollen alle Diözesanpriester untereinander verbunden sein« (CD 28).

Der Bischof braucht sein Presbyterium genauso, wie ein Presbyterium ohne den Bischof unvorstellbar ist. Das Miteinander und Füreinander der Mitbrüder im priesterlichen Dienst in Gemeinschaft mit dem Bischof bildet ein Netzwerk, das jedem Sicherheit, Geborgenheit und Beheimatung schenkt. Durch diese Verankerung und Verwurzelung im Presbyterium kann manche Schwäche ausgeglichen oder abgemildert werden. Jeder kann etwas von der Fürsorge des göttlichen Hirten und des Arztes der Seelen, Jesu Christi, spüren. So kann das Presbyterium die tragende und prägende Kraft einer Ortskirche werden.

Vor diesem theologischen und sakramentalen Hintergrund gewinnt die Sorge um das ganzheitliche Wohl der Priester eine besondere Priorität und einen einmaligen Stellenwert. Der Bischof als ›Stellvertreter Jesu Christi‹, der sich als guter Hirte und Seelenarzt um seine Mitbrüder sorgt, ist der Seelsorger der Priester. Wegen der Gemeinschaft im »gleichen Priestertum und Dienst sollen die Bischöfe die Priester als ihre Brüder und Freunde betrachten. Sie seien nach Kräften auf ihr leibliches Wohl bedacht, und vor allem ihr geistiges Wohl sei ihnen ein Herzensanliegen. Denn hauptsächlich auf ihnen lastet die schwere Sorge für die Heiligung ihrer Priester« (PO 7).

Der Bischof kann diese Sorge für seine priesterlichen Mitbrüder zum Teil an andere Priester delegieren,[112] die es verstehen, eigene und fremde Wunden zu heilen, Mitbrüder zu stärken, ein positives Bild von der Kirche und vom priesterlichen

Dienst zu vermitteln, die in seinem Namen die Sorge um das Wohl des einzelnen Priesters partizipierend und unterstützend wahrnehmen. Somit ist die Priesterseelsorge Ausdruck der Sorge des Bischofs für seine priesterlichen Mitarbeiter, und sie kann als ›eine Brücke‹ zwischen dem Bischof und seinen Priestern verstanden werden.

Das Presbyterium als Netzwerk und Hilfe

Mit der Priesterweihe ist »jeder Priester mit den anderen Mitgliedern des Presbyteriums durch besondere Bande der apostolischen Liebe, des Amtes und der Brüderlichkeit vereint« (Johannes Paul II., *Pastores dabo vobis* 17; vgl. LG 28; PO 8). Er ist eingefügt in den ›ordo presbyterorum‹, der jene Einheit bildet, die sich als eine wahre Familie verstehen kann, in der Bande nicht aus Fleisch und Blut, sondern aus der Weihegnade kommen (ebd. 74). Priesterliche Brüderlichkeit und Zugehörigkeit zum Presbyterium sind den Priester auszeichnende Eigenschaften. In der Priesterweihe wird durch den Ritus der Handauflegung aller anwesenden Priester eindrucksvoll diese Zusammengehörigkeit zum Ausdruck gebracht.

Das Presbyterium soll der privilegierte Ort sein, wo der Priester Hilfe erfahren kann, um besonders heute empfundene menschliche Grenzen und Schwächen zu überwinden. Wenn das Presbyterium groß ist, ist es nicht möglich, mit jedem gleichermaßen Kontakt zu pflegen. Deshalb ist es wichtig, innerhalb des Presbyteriums kleinere Priestergemeinschaften zu bilden. Denn es ist bedeutsam, dass jeder Priester sich bemüht, sein eigenes Priestertum nicht in einer isolierten und selbstbezüglichen Art zu leben. Wir müssen die brüderliche Gemeinschaft zu fördern versuchen und zwar durch Geben und Nehmen – von Priester zu Priester –, herzliche Freundschaft, gefühlsmäßige

Anteilnahme, Gastfreundschaft, *correctio fraterna*, im Bewusstsein, dass die Weihegnade »die menschlichen, psychologischen, emotionalen, freundschaftlichen und geistlichen Beziehungen erhebt … und sich verdeutlicht und konkretisiert in den unterschiedlichen Formen gegenseitiger Hilfeleistung, nicht nur geistlicher, sondern auch materieller Art« (Johannes Paul II., *Pastores dabo vobis* 74).

Als Priester sind wir berufen, Freunde Christi zu sein. Diese Freundschaft mit Christus, die jeder von uns zu leben versucht, wird lebendig durch unsere Freundschaft untereinander. Indem wir als Presbyterium eine Gemeinschaft der Freunde Christi bilden, erfahren und erleben, gibt uns diese Erfahrung Stärke, Hoffnung und Zuversicht auf unserem Weg, für die Bewältigung unseres Lebens und für unseren Dienst, wo wir gelegen und ungelegen die Frohe Botschaft Jesu Christi zu verkünden haben.

Die Fähigkeit, reife und tiefe Freundschaften zu kultivieren und zu leben, schenkt in der Ausübung des priesterlichen Dienstes Gelassenheit und Freude und ist eine entscheidende Unterstützung in Schwierigkeiten und Hilfe beim persönlichen Wachstum. Es ist Zeichen der pastoralen Liebe, dass die Priester sich besonders jenen Mitbrüdern zuwenden, die sich in Schwierigkeiten befinden und Verständnis, Hilfe und Unterstützung brauchen (vgl. PO 8). Die Einmütigkeit des Geistes und des Herzens, die die bekannten Worte der Apostelgeschichte vor Augen stellt (Apg 4,32), erwirkt unter den Mitbrüdern jene geistliche Freundschaft, die das Kennzeichen eines guten Presbyteriums ist.

Solche Einmütigkeit beruht auf der festen Überzeugung: Der Dienst Gottes hat uns zusammengeführt, nicht Sympathie oder persönliche Auswahl. Als einer seiner ältesten Freunde endlich Katechumene geworden war, erinnerte der heilige *Augustinus* an *Ciceros* schöne Definition der Freundschaft: *rerum humanarum et divinarum cum benevolentia et caritate consensio* und stellte fest: »Die

Einmütigkeit in göttlichen Dingen trägt die in den menschlichen. Unserer Freundschaft fehlte bis jetzt das Allerwichtigste. Ich besaß dich nicht in Christus, jetzt erst habe ich dich ganz.«[113]

Der berühmte ›klerikale Neid‹, der in unterschiedlichen Formen bei Priestern verbreitet ist, schadet unserem Zeugnis für Christus. Oft können wir in uns die Neigung beobachten, die Fehler und Schwierigkeiten der Mitbrüder zu dramatisieren, damit wir selber im besten Lichte erscheinen. Aber über andere schlecht zu reden ist kein Weg, um die eigenen Fähigkeiten und Begabungen zu betonen. Ist es so, dass wir oft im eigenen Interesse handeln, um Macht und Einfluss zu bewahren? Erblicken wir in den anderen unsere Konkurrenten anstatt unsere Mitbrüder, mit denen wir durch das sakramentale Band der Weihe mit Gott und untereinander zutiefst verbunden sind? Es ist von unverzichtbarer Bedeutung, dass wir das Gute, Schöne und das Gelungene bei unseren Mitbrüdern anerkennen und schätzen und uns darüber freuen lernen, die Schwachen unterstützen und einander befähigen, damit unser gemeinsamer Dienst für die ganze Kirche gelingt.

Nur gemeinsam können wir überzeugend als Jünger Christi seine Kirche nach außen glaubwürdig vertreten. Die Voraussetzung dafür ist, dass wir uns um einen spirituellen Konsens untereinander bemühen. Es ist wichtig, dass wir im Presbyterium lernen, einander zuzuhören, uns neidlos über das Gute zu freuen und einander im Glauben zu stärken. Oft können wir eine weitverbreite Neigung beobachten, die Mitbrüder schnell als liberal oder konservativ, vorkonziliar oder postkonziliar, weltfremd oder weltoffen zu kategorisieren und einzugruppieren. Hinzu kommen die Generationskonflikte: Die Jüngeren grenzen die älteren Mitbrüder aus oder die Älteren klagen über die Jüngeren. All das erschwert einen offenen geistlichen Austausch und verhindert vor allem das Zeugnis für die katholische Weite des Glaubens.

Wenn der Priester seine Identität nur von der Gemeinde, Gemeinschaft oder von der aktuellen Funktion bezieht, besteht die Gefahr, dass er durch einen Wechsel der Gemeinde und Orte entwurzelt und heimatlos wird. Wer im Haus Gottes, in der Kirche, beheimatet ist, spürt eine Geborgenheit und damit eine innere Sicherheit. Jeder braucht diese innere Gewissheit und dieses Vertrauen, um den priesterlichen Dienst sinnvoll zu tun. Die Bedingung dafür ist, dass wir im Inneren unseres eigenen Herzens durch die Versöhnung mit uns selbst und unserer Lebenssituation beheimatet sind.

Es ist eine große Ermutigung und zugleich eine logische Konsequenz aus dem Sendungsauftrag Christi, dass wir Priester uns wechselseitig mit Wohlwollen begegnen und mit großer Wertschätzung einander annehmen, im dankbaren Wissen, was wir aneinander haben und wozu wir miteinander als Gesandte Christi berufen und gesendet sind. Jeder von uns kann dazu beitragen, dass eine echte mitbrüderliche Atmosphäre unser Miteinander im Presbyterium prägt.

In unserem Miteinander im Presbyterium kann die Aufforderung des Apostels wegweisende Orientierung geben: »In Demut schätze einer den anderen höher ein als sich selbst. Jeder achte nicht nur auf das eigene Wohl, sondern auch auf das des anderen« (Phil 2,3–4). Diese Handlungsanweisung kann und muss auch dann gelten, wenn wir untereinander menschliche, theologische und pastorale Differenzen haben, die das gemeinsame Glaubenszeugnis erschweren. Denn wir wissen doch, dass die Kraft des Weihesakramentes unsere Gemeinschaft im Glauben und im Sendungsauftrag trägt und verbindet.

Sorge um das Wohl der Priester

In Gesellschaft und Industrie ist es das größte Anliegen, in die persönliche Entwicklung und Motivation der Führungskräfte zu investieren: Kernkompetenz, Personalentwicklung, Mitarbeitermotivation und ›corporate identity‹ sind nicht nur Schlagworte, sondern erfahrbare Wirklichkeit. Jeder erkennt die Notwendigkeit von motivierten und glücklichen Führungskräften, damit mehr Kraft und Arbeitspotenzial freigesetzt werden. Unsere Priester sind immer noch, nicht nur theologisch, die wichtigsten Führungskräfte und das ›Gesicht der Kirche‹ vor Ort. Sie müssen immer noch trotz aller Mithilfen die Hauptlast der Seelsorge tragen. Unsere Priester sind unser wichtigstes Kapital.

Wenn wir Priester in unserer Kirche als Führungskräfte betrachten, müssen wir, um Missverständnisse zu vermeiden, vom Kern und Wesen des Priestertums Jesu Christi ausgehen. Es gibt nur den einzigen Priester Jesus Christus. Ihm Mund und Hand, Wort, Gestus und Gabe zur Verfügung zu stellen, ist die Berufung des Priesters. Er führt Menschen zu Gott, indem er Gott den Menschen näher bringt. In dieser Doppelfunktion können wir die Priester zu Recht als Führungskraft bezeichnen. Selbstverständlich ist die Führung des Priesters nicht als ›Autorität von oben herab‹ oder als ›elitäres Drüberschweben‹ zu verstehen, sondern als eine dienende Führung. Die priesterliche Führungsfunktion kann nur radikal christozentrisch verstanden werden. Dieser theologische Anspruch unterscheidet die priesterliche Führung von allen weltlichen und politischen Führungskräften. Er ist kein Seelsorgeorganisator oder Koordinierungsmanager.

Priesterlicher Führungsdienst besteht nach *Walter Kasper* darin, »eine Gemeinde im Auftrag, in der Kraft und nach dem Maß Jesu Christi aufzuerbauen. Dies geschieht dadurch, dass man sie nährt vom Tisch des Wortes wie vom Tisch der Eucharistie, dass man sie reinigt und heiligt, sie zum Dienst in der Welt befähigt und motiviert, dass man die in ihr wirksamen Charismen integriert und sie in der Einheit mit der Gesamtkirche hält.«[114]

Der Auftrag, ›Christus zu repräsentieren‹, ist uns nicht wegen persönlicher Würde gegeben. Er ist eine Herausforderung, auch ganz persönlich in diese Funktion hineinzuwachsen, entsprechend zu handeln, um dadurch auch selber eine gewisse Würde und Führungsqualität zu erwerben. Die Effektivität des priesterlichen Dienstes ist davon abhängig, wie weit es gelingt, Jesus Christus zu repräsentieren. Dafür muss der Priester Christus ›ähnlich‹ werden, was ohne Hilfe und Unterstützung vonseiten der Kirche nicht möglich ist.

Wenn für alles andere in unserer Kirche Zeit, Kraft, Personal und materielle Güter zur Verfügung gestellt wird, ist es umso wichtiger, dass in ihr wichtigstes Personal investiert wird: nicht nur mit Worten, sondern auch mit Taten. Priester müssen ihren Dienst in dem Gefühl tun können, dass sie nicht allein gelassen und vernachlässigt werden. Denn sie üben ihren Dienst in einer schwierigen Zeit aus und unter schwierigen Belastungen: Wandel des Priesterbildes in unserer Zeit, zunehmende Arbeitsbelastung durch Priestermangel, zunehmender Erwartungsdruck der Gemeinden, zunehmende Säkularisierung der Kultur.

Alle pastoralen Reorganisationen und seelsorgerlichen Strukturreformen können letztlich nur dann gelingen, wenn die Priester, die an Ort und Stelle diese Konzepte verwirklichen sollen, auch erfahren dürfen, dass ihr Wohl mit berücksichtigt wird. Das kluge Verhalten des Patriarchen Jakob macht die Notwendigkeit der Sorge um die Mitbrüder überaus deutlich: Wenn ich meine Herden auf dem Marsch überanstrenge, so gehen sie alle an einem einzigen Tag zugrunde (vgl. Gen 33,13). Nicht nur das Überleben der Gemeinden zu sichern ist wichtig, sondern wir müssen alles daransetzen, um auch das Überleben des Priesters zu garantieren (vgl. *G. Greshake*, Priester sein in dieser Zeit, Freiburg im Breisgau 2000).[115] Nur durch motivierte, überzeugte und missionarisch orientierte Priester kann der Aufbau des Leibes Christi an Ort und Stelle langfristig gesichert werden. Deshalb müssen wir theologische und pastorale Bedingungen schaffen, damit bei den Mitbrüdern eine innere Gewissheit wachsen kann, in der sie sich motiviert für den Aufbau des Reiches Gottes engagieren.

Priesterseelsorge

In einer schwierigen Umbruchsituation müssen unsere Mitbrüder durch *Priesterseelsorge* Hilfeleistungen erfahren können. Als Ausdruck der Sorge des Bischofs nimmt die Priesterseelsorge die menschliche, seelische, geistliche, theologische und pastorale Lebens- und Arbeitssituation des Priesters wahr im Hinblick auf ein sich veränderndes Priesterbild. Priesterseelsorge dient der Verbundenheit und Gemeinschaft der Priester untereinander. Sie dient dem geistlichen Leben des Priesters. Sie trägt Sorge um die schwachen, älteren und kranken Mitbrüder. Sie will tatkräftige Hilfe leisten in Krisensituationen.

Somit leistet Priesterseelsorge einen wesentlichen spirituellen Dienst für unsere Priester, wie es die moderne Industrie analog dazu für ihre Führungskräfte tut. Priesterseelsorge kann spirituelle Perspektiven eröffnen und zu deren persönlicher Aneignung beitragen. Sie ist ein Beitrag zu einer ganzheitlichen Entwicklung von Priestern als Führungskräfte unserer Kirche, zur menschlichen und spirituellen Persönlichkeitsentwicklung, zur Suche nach der Kernkompetenz und dem Proprium des priesterlichen Dienstes in einer sich verändernden Gesellschaft und Kirche.

Im Unterschied zu gängigen Meinungen ist Priesterseelsorge daher nicht nur ›Feuerwehrdienst‹ in Krisensituationen oder Besuchsdienst bei kranken Mitbrüdern oder Kontaktpflege zu pensionierten Mitbrüdern, auch wenn diese Grunddienste selbstverständlich für jeden jederzeit gewährleistet sein müssen und so Teil der Priesterseelsorge sind. Aber Priesterseelsorge überschreitet diese Einzelaspekte und geht auch weit über therapeutische Gespräche, Supervision, Krisenintervention, Praxisberatung oder geistliche Begleitung hinaus, so wichtig diese auch in sich selbst sind und so hilfreich Elemente und Erkenntnisse davon für die Priesterseelsorge sind.

Priesterseelsorge ist wesentlich eine positive, inspirierende, aufbauende und motivierende Glaubens- und Weggemeinschaft, die darauf hinzielt, prophylaktisch tätig zu sein. Dies bedeutet, im Vorfeld aktives Interesse für die Lebens- und Arbeitssituationen des Einzelnen zu zeigen und Vertrauen aufzubauen. In einer Krisensituation muss der Betroffene so viel Vertrauensvorschuss und Einsatzbereitschaft spüren können, dass er sich rechtzeitig und freiwillig hilfesuchend an den Priesterseelsorger wenden kann.

Da Priesterseelsorge von der Natur der Sache her individuell angelegt ist und ein Höchstmaß an Anonymität, Neutralität und Diskretion erfordert, können wir die Erfolge nicht quantitativ messen. Auch mit klaren Zielen vor Augen können wir nur ›kleine Brötchen backen‹. Sympathie, Antipathie, theologische Richtungen und menschliche Situationen werden immer eine große Rolle spielen. Deshalb kann der Dienst eines Priesterseelsorgers nur als Angebot verstanden werden und auf absolute Freiwilligkeit begründet sein. Man sollte diesen Dienst nicht von Anfang an auf eine bestimmte Region, Altersgruppe und Personenkreis beschränken, denn das Vertrauen zueinander kann nicht über Nacht wachsen.

Auch in der Priesterseelsorge gilt die pastorale Regel: »Nicht: komm her, sondern: geh hin.« Regelmäßige Kontaktpflege durch persönliche Begegnung, Gastfreundschaft und Zeichen von Interesse für das Leben und den Dienst des Einzelnen sind notwendige Voraussetzungen für ihr Gelingen. Dafür braucht der

Priesterseelsorger Zeit und Kraft und räumliche Bedingungen, um die Priester einzuladen, damit sie bei ihm wohnen, sich erholen und Gastfreundschaft erleben können.

Im Vergleich zu anderen Seelsorgearten ist Priesterseelsorge in einer einmaligen Sondersituation, denn die Lebens-, Glaubens- und Arbeitssituation und die Fachkompetenz des Priesters ist singulär. Vor allem ist es entscheidend, dass der Priester von sich aus den spirituellen Nutzen und die Notwendigkeit der Seelenführung einsieht und erkennt. »Um zur Verbesserung ihrer Spiritualität beizutragen, ist es notwendig, dass die Priester selbst die Seelenführung praktizieren. Indem sie die Formung ihrer Seele in die Hände eines weisen Mitbruders legen, werden sie schon von den ersten Schritten im Dienst an ein Bewusstsein entwickeln für die Wichtigkeit, nicht allein die Wege des geistlichen Lebens und des pastoralen Einsatzes zu gehen. Beim Gebrauch dieses in der Kirche so sehr erprobten und wirksamen Mittels der geistlichen Formung werden die Priester volle Freiheit in der Wahl jener Person haben, die sie führen soll.«[116]

Realistischerweise müssen wir zugeben, dass das persönliche Vertrauen jederzeit infrage gestellt werden kann. Denn Gerüchte, Vermutungen, Missgunst, Neid und das Gefühl, nicht die gewünschte Anerkennung und volle Aufmerksamkeit zu bekommen, führen zu Unzufriedenheit und Störungen im Vertrauensverhältnis, ohne dass der Betroffene sich wehren könnte, weil wir es hier immer mit dem *forum internum* zu tun haben. Trotz allem kann der Priesterseelsorger vieles dazu beitragen, dass ein echter Perspektivenwechsel und eine Horizonterweiterung auf das Ganze stattfindet: der Blick weg von sich selbst, hin zu Jesus Christus und den Menschen in seiner Kirche.

Der Priesterseelsorger muss letztlich ›allen alles‹ werden, ohne seine eigene Identität zu verlieren und seine theologischen Standpunkte aufzugeben, um »wahre Erfolge« zu erzielen. Wenn der Priesterseelsorger sich einfühlsam und diskret mit einem langen Atem in die Aufgabe einbringt, kann vielen Mitbrüdern geholfen werden. Für die Priesterseelsorger ist der Mitbruder immer der Mensch, der mit seiner Lebensgeschichte im Dienst Gottes und der Menschen innerhalb der Kirche steht. Deshalb geht es nicht darum, alle Probleme zu lösen, sondern partnerschaftlich zu helfen, Probleme aus der Perspektive des Glaubens zu sehen, und auch zu ermutigen, mit manchen unlösbaren Problemen vertrauensvoll in der Kraft Gottes zu leben.

Es ist möglich, viele Probleme vorbeugend zu erkennen, aus Frustration, Resignation und Vereinsamung herauszuführen und Hoffnung zu geben, helfend beiseite zu stehen und das Positive im Leben und im priesterlichen Dienst zu entdecken. Einheit zu stärken mit dem Bischof und unter den Priestern, ein Zusammengehörigkeitsgefühl zu kultivieren und ein versöhntes Verhältnis mit der konkreten Kirche und ihren Strukturen zu schaffen hat eine heilende Wirkung.

Zur Ausübung der Priesterseelsorge gehört die ständige Reflexion, die Frage nach dem Profil und der Kernkompetenz des priesterlichen Dienstes in unserer Zeit und die geistige und spirituelle Aneignung eines geistlichen und menschlichen Priesterbildes, das das Göttliche und Menschliche des Personengeheimnisses Jesu Christi sichtbar macht. Die Priesterseelsorge kann eine dringend nötige Berufungspastoral gewinnbringend unterstützen, denn nur wenn das Priestersein in unserer Kirche attraktiv erscheint, werden sich junge Menschen entscheiden, heute Priester zu werden.

Stärkung der vorhandenen Berufungen ist deshalb Voraussetzung für das Gelingen jeder Berufungspastoral. Das Berufsbild des Priesters muss wieder sinnvoll und gewinnend erscheinen. Geistliche müssen ihren Beruf als eine mögliche Berufswahl für junge Menschen wieder empfehlen können. Indem wir Priester in ihren Berufungen stärken und motivieren, werden sie selber als Multiplikatoren wirken und anfangen, andere für diese Berufung zu begeistern und zu werben. Dadurch wird die alte Regel Wirklichkeit, jeder solle sich selbst um seinen eigenen Nachfolger sorgen, der an seine Stelle tritt. »Es ist ein unaufhebbares Erfordernis der pastoralen Liebe«, dass jeder Priester – die Gnade des Heiligen Geistes unterstützend – »sich mit sorgsamen Eifer darum bemüht«, wenigstens einen »Nachfolger im priesterlichen Dienst zu finden« (Johannes Paul II., *Pastores dabo vobis* 74c). Die beste Werbung für den priesterlichen Dienst sind überzeugte und begeisterungsfähige Priester.

Berufungspastoral

Das Thema der Berufung hat erfreulicherweise in den letzten Jahrzehnten eine erhebliche Erweiterung erfahren: Durch den Empfang der Taufe und der Firmung sind alle Christen von Gott berufen und gesandt, in der Nachfolge Jesu Christi, die Frohe Botschaft zu verkünden. Alle sind berufen. Aus diesem Bewusstsein heraus sind in der Kirche verschiedene pastorale Dienste entstanden. Im Zuge dieser Entwicklung hat die Berufungspastoral sich positiv auf alle pastorale Berufe ausgeweitet. Diese Entwicklung gilt es ernst zu nehmen und zu fördern.

In dieser allgemeinen Berufungspastoral muss jedoch heute eine spezifische Berufungspastoral für Priesterberufung neu aufgebaut werden, nicht nur weil die Zahl der Priester heute schmerzlich zurückgeht, sondern wegen der Zentralität des Weiheamtes für die Kirche selbst. Denn mit dem Weiheamt steht und fällt die sakramentale Identität der Kirche. Wenn heute nur wenige junge Menschen bereit sind, sich in das Weiheamt hineinzubegeben, dann geht diese Krise alle Gläubigen an. Der Dienst an den Berufungen muss ein zentrales Anliegen aller in der Kirche werden. Der Priester als Führungskraft der Kirche hat dazu einen nicht delegierbaren Beitrag zu leisten.

Wenn in der katholischen Kirche über den Priestermangel diskutiert wird, werden die Gründe dafür unterschiedlich gesehen und bewertet. Die gängigen Lösungsvorschläge sind auch allgemein bekannt. Angesichts nicht nur des Priestermangels, sondern auch der allgemeinen Glaubensverdunstung ist eine weitverbreitete Ratlosigkeit und Resignation zu beobachten. Jedoch können wir, um der Sakramentalität der Kirche willen, den jetzigen Zustand nicht gutheißen: Denn wir brauchen heute Priester, die unter den heutigen Zulassungsbedingungen diesen Dienst für ihre Mitmenschen tun wollen.

Bei aller Kenntnisnahme von Krisenanalysen und Lösungsvorschlägen scheint die dahinter stehende, oftmals unausgesprochene, gleichwohl aber drängende Frage doch nicht ernsthaft gestellt und beantwortet zu sein: Ruft Gott wirklich weniger als früher, oder verdunkeln wir aus unterschiedlichen Gründen den wahren Sinn und die Schönheit des Weiheamtes? In diesem Kontext gilt es zu fragen: Was kann ich als Priester tun, um junge Menschen zu begeistern und sie für den priesterlichen Dienst zu gewinnen? Die Antwort auf diese Frage wird bei den Mitbrüdern sehr unterschiedlich ausfallen. Dennoch ist es wichtig, die eigene Glaubensüberzeugung und die Freude über die eigene Berufung ins Gespräch zu bringen. Solches Glaubenszeugnis kann eine Orientierungshilfe in der spezifischen Berufungspastoral für die Priesterberufe sein.

Trotz des Priestermangels in einigen Ortskirchen können wir uns glücklich schätzen, dass jeder katholische Christ guten Willens, wenn er den priesterlichen Dienst der Kirche tatsächlich braucht, in der Regel in zumutbarer Nähe einen Priester finden kann. Überall gibt es eine Möglichkeit, an der Eucharistie teilzunehmen, wenn man es auch wirklich will. Unser eigentliches Problem ist nicht der Mangel an Eucharistiefeiern, sondern die Frage, wie wir unsere gläubigen Menschen motivieren können, an den zahlreichen Eucharistiefeiern in halbleeren Kirchen teilzunehmen. Vielleicht müssen wir eher von der ›heiligen Pflicht‹ sprechen, an der Eucharistie teilzunehmen, als von einem ›Recht auf Eucharistie‹. Was ist mit unseren Werktagsgottesdiensten, wo nur ganz wenige Gläubige teilnehmen?

Der gefühlte Priestermangel könnte eine Chance sein, das Bewusstsein in der Kirche wachsen zu lassen, dass die Kirche nicht priester- und gemeindezentriert, sondern christus- und eucharistiezentriert ist. Es ist Zeit zur Verlebendigung und Vertiefung des Glaubens, dass alle Gläubigen in der Kirche ihren eigentlichen Auftrag entdecken und missionarisch und diakonisch die Kirche Jesu Christi gestalten.

Priestermangel ist nicht neu in der Geschichte der Kirche. Allerdings spüren wir in einer missionarischen Grundsituation der Kirche diesen Mangel deutlicher als in Situationen, in denen ein Gebiet flächendeckend christlich-katholisch geprägt war. Woher sollen die Priester in Teilkirchen kommen, wo die Zahl der engagierten Christen stark zurückgegangen ist? Allerdings müssen wir uns auch bewusst werden, dass dieser Gläubigenmangel schon da war, als es noch genügend Priester gab. Deshalb müssen wir bereit sein, den wahren Grund der zurückgehenden Zahl der Priester zu analysieren.

Wir stecken in einer Sackgasse: Viele sind der Überzeugung, dass die Änderung der Zulassungsbedingungen zum Priestertum die einzige Lösung für alle Probleme ist. Andererseits scheint diese Änderung in absehbarer Zeit nicht in Aussicht zu stehen. Was wollen wir tun? Wollen wir gemeinsam tatenlos zuschauen? Sind wir bereit umzudenken und zu akzeptieren, dass der jetzige Weg der Kirche der Weg ist, den der Heilige Geist heute uns führen will? Wenn wir das im Glauben annehmen können und dementsprechend überzeugt und überzeugend handeln, wird Gott der Kirche so viele Priester wie nötig schenken.

Die niemals enden wollende Diskussion über den Zölibat, die überwiegend von denen angestoßen wird, die es nicht tatsächlich betrifft, ist nicht hilfreich für Männer, die heute Priester werden wollen. Es ist mit großer Freude und Dankbarkeit zu würdigen, dass nicht nur die überwiegende Zahl der Katholiken, sondern auch der Mitchristen unterschiedlichster Konfessionen, ja sogar Nichtgläubige die authentisch gelebte spezifische Lebensform des katholischen Priesters hochschätzen.

Der Neuansatz der spezifischen Berufungspastoral für Priesterberufe muss das Ganze des katholischen Glaubens in den Blick nehmen: die Erneuerung, Vertiefung und Stärkung des Glaubens, die Bereitschaft, missionarisch zu wirken, die gläubige Bejahung und die innere spirituelle Bereitschaft, in der gegenwärtigen Gestalt der Kirche ihre eschatologische Zeugniskraft und Schönheit zu entdecken, die Notwendigkeit, eine neue Wertschätzung des sakramentalen Weiheamtes zu erzielen, für das Gelingen des Lebens und Dienstes der heutigen Priester Sorge zu tragen und aus einer spirituellen Perspektive her die Berufungspastoral neu zu profilieren. Priester sind von Christus gesandte Missionare. Diesen missionarischen Einsatz gilt es, auch in der Berufungspastoral wahrzunehmen. Um eine Atmosphäre zu schaffen, in der Berufungen entstehen können, brauchen wir eine Erneuerung und Vertiefung des Glaubens. Das Gebet für die Priesterberufung muss wieder ein Herzensanliegen der Priester werden. Der Herr selbst hat uns dieses Gebetsanliegen ausdrücklich und eindringlich ans Herz gelegt (vgl. Mt 9,37–38).

Wo die Möglichkeiten des Menschen an ihre Grenzen stoßen, da setzt Gott an: Warum sollen wir uns nicht voll Vertrauen auf die Möglichkeiten Gottes und auf die Führung der Kirche durch den Geist Gottes verlassen, in der festen Hoffnung: Der Herr der Ernte wird seiner Kirche so viele Arbeiter wie nötig schenken. Diese Zuversicht hat *Gertrud von Le Fort* zum Ausdruck gebracht: »Die Grenze des Menschen ist stets das Einbruchstor Gottes.« Gott ist der Geber aller Gaben, und nur er kann der Kirche die

Berufungen schenken. Aber wir müssen den Boden bereiten, damit der Heilige Geist heute Berufungen neu wecken kann. Wir können eine neue Sensibilität für das Thema der Priesterberufung fördern, so dass junge Menschen das Priesterwerden als eine reale Möglichkeit in ihrer Berufswahl in Betracht ziehen können. Die künftige Berufung kann nur dann entstehen, wenn die jetzigen Berufungsträger überzeugend und zeugnishaft leben und aktiv für die Berufung werben. Die entscheidende Frage ist: Wie kann die Freude an der eigenen Berufung bei den heutigen Berufungsträgern wachsen, damit sie ihre Brüder im Glauben stärken können? Die Grundlage kann nur die Überzeugung eines Apostels Paulus sein. Unsere Befähigung kommt von Gott. Er hat uns fähig gemacht (vgl. 2 Kor 3,1b–6).

X

ZUR FREUDE BERUFEN:
ERMUTIGUNG ZUM PRIESTERSEIN

BEGEISTERUNG FÜR GOTT ist der Ursprung der christlichen
Freude. ›Begeisterung‹ heißt: Gottes Geist in sich zu haben. Es ist
der Anstoß des Heiligen Geistes, der die Herzen eint, sie wärmt,
zum Handeln drängt und ihnen seine Kraft und seine Freude
gibt. Nichts Großes, nichts Mutiges geschieht ohne Begeisterung.
Begeisterung ist es, durch die die beiden Jünger des Täufers in
Jesus den Messias entdecken und ihm folgen (vgl. Joh 1,35–42).
Begeisterung ist es, die die Menge Jesus umdrängen und ihm
zuhören lässt. Und Begeisterung ist es auch, die die Apostel
durch die Welt treibt und die Petrus und Joannes sagen lässt:
»Wir können unmöglich schweigen über das, was wir gesehen
und gehört haben« (Apg 4,20). Und als Zeugnis dieser Begeisterung sagt der Verfasser der Apostelgeschichte von den ersten
Christen: »Sie waren ein Herz und eine Seele« (Apg 4,32).

Begeisterung für Gott

Wenn wir den Vollsinn des Wortes ›Begeisterung‹ – Gottes Geist
in uns – ernst nehmen, wissen wir, dass die innere Begeisterung
ein Geschenk des Geistes ist. Gott ist in uns gegenwärtig entsprechend seiner wesentlichen Seinsart, das heißt, indem er sein Leben mitteilt und es in uns und durch uns mitteilt. Gott ist Liebe,
und der Liebe ist es eigen, sich zu verströmen und das Leben mit-

zuteilen. Keine Fruchtbarkeit ohne Liebe, keine Liebe ohne Fruchtbarkeit. Gott ist nicht und kann nicht sein ›der ewig Einsame der Welten‹. Machen wir nicht den Versuch, falsche Abbilder von ihm zu geben, indem wir geistig Einsame ins Leben rufen, die sich nach außen hin verschließen, oder isolierte Gemeinschaften, eine Art ›kollektiver Einzelgänger‹, die in den ungewissen Räumen einer fragwürdigen Spiritualität wandeln! Die Kirche und der Priester als Repräsentant der Kirche kann nur offen sein, immer weit offen, und *diffusiva sui*. Die kirchliche Gemeinschaft lebt ihr gemeinschaftliches Leben nur im Maß, wie sie Liebe verbreitet und Leben gibt. Ihre Begeisterung – das dreifaltige Leben in ihr, die Quelle allen Lebens – muss geradezu diese unbändige Fruchtbarkeit aus ihr hervorbringen.

Eine Pastoral mit Begeisterung und eine Pastoral der Begeisterung ist das Gebot der Stunde. Vielleicht schrieb in diesem Sinn der Apostel Johannes an die ersten Christen: »Was wir gesehen und gehört haben, das verkünden wir auch euch, damit auch ihr Gemeinschaft mit uns habt. Wir aber haben Gemeinschaft mit dem Vater und seinem Sohn Jesus Christus. Und wir schreiben dies, damit unsere Freude vollkommen ist« (1 Joh 1,3–4). Ein solcher Glaube an das Wort Gottes, diese Gemeinschaft, diese Freude, dieses Leben: All das ist die christliche Gemeinschaft! Diese Gemeinschaft kann ohne Begeisterung nicht entstehen, aber sie kann Begeisterung wecken.

Ohne Begeisterung kann die Kirche nicht leben und wachsen. Unmöglich, eine Gemeinschaft zu erwecken, wenn man ihr nicht einen gewissen Elan verleiht. Von der Begeisterung wird sie genährt, von ihr lebt sie. Begeisterung darf nicht mit lärmenden Freudenausbrüchen, mit leidenschaftlichem oder mystischem Überschwang verwechselt werden. Es gibt eine nüchterne Begeisterung, gemessen, verhalten, still und unromantisch, die *sobria ebrietas*, die ›nüchterne Trunkenheit‹ als Gabe des Geistes (Ambrosius von Mailand).

Gefühlsüberschwängliche Karikaturen der Begeisterung haben diesem wesentlichen Faktor christlichen Lebens und christlicher Aktivitäten einen schlechten Dienst erwiesen. Man wagt es nicht mehr, von Begeisterung zu sprechen, aus Furcht, für einen ›Erleuchteten‹ gehalten zu werden. Damit wollen wir nicht sagen, dass die christliche Begeisterung jedes Kundtun nach außen hin, jeden Ausbruch der Freude ablehnt. Die fortwährenden Halleluja- und Hosanna-Rufe im liturgischen Jahr sind ein Beweis für die ständige Begeisterung im Herzen der Kirche. Liturgie ist nichts anderes als der Ausdruck der Begeisterung der Gemeinschaft: Es ist Gott, der in uns Gott besingt, der in den Millionen Menschen weilt, aus denen die Kirche zusammenwächst.

Begeisterung ist weit davon entfernt, das Produkt einer rein menschlichen Erregung zu sein, sie ist das Wirken des Gotteswortes in den Herzen der Menschen, in denen es die Liebe entfacht.

Der Priester, Verkünder dieses Gotteswortes, muss Sämann der Begeisterung sein. Das erste Ergebnis seiner Predigt, wie immer sie auch geformt sein mag, wird also sein, die Menschen emporzuheben, sie in der Kraft des Heiligen Geistes dazu zu bringen, einander anzusehen, einander zu verstehen und sich zusammenzuschließen. Ein so verkündetes Wort kann nur zur Gemeinschaft führen.

Es ist das Schwierige, aber das bleibende Anliegen: Menschen für Gott und Kirche zu begeistern und diese Begeisterung aufrechtzuerhalten. Wie alles Lebendige kann Begeisterung leben, wachsen und sterben. Stirbt sie, dann läuft die Seele der Kirche selbst Gefahr zu verlöschen.

Sauerteig und Salz haben nur Leben, wenn man sie unter den Teig mischt. Salz und Sauerteig werden schal und verderben, wenn sie abgesondert bleiben. Ebenso wird eine Kirche, die nicht offen ist, die nicht versucht zu wachsen, ihr Leben anderen mit-

zuteilen, ihre Freude und Liebe auszustrahlen, in sich schrump-
fen.

Begeisterung für Gott ist keine Sphärenmusik. Sie braucht
gleichsam eine ›menschliche Saite‹, auf der sie spielt und die sie
zum Schwingen bringt. Nur Menschen können Menschen begeistern. Der Sohn Gottes hat Menschen die Sorge für die Verkündigung und Förderung seines Reiches übertragen. Er will,
dass sein Wort von Menschenstimmen verkündet wird und
Menschenherzen durchdringt, dass es menschlichen Widerhall
findet. Sein Geist ist die Quelle der Begeisterung: Er schafft sie;
wenn er nicht da ist, dann gibt es nur Begeisterungsersatz. Aber
der göttliche Geist verdrängt die geschaffene Natur nicht, er hält
es wie ein Künstler, der die Saiten seines Instrumentes streicht:
Der Künstler kann genial, er kann göttlich sein; die Saiten
braucht er doch, wenn er Töne hervorbringen will, die für die
Menschen wahrnehmbar sind.

In unserem Dienst sollten wir also zuerst die Saiten entdecken, die der Heilige Geist zum Schwingen bringen kann. Hier
liegt das Geheimnis des Gemeindeaufbaus, der Knoten jedes
priesterlichen Bemühens.

Freude im priesterlichen Dienst

Die Freude an Gott führt zur Freude an der Berufung. Die Freude
ist eine Frucht des Geistes und erhellt die Schlichtheit des Lebens
wie die Eintönigkeit des Alltags. Um diese Freude muss man sich
ständig mühen, denn Überarbeitung kann sie auslöschen, Über-
eifer sie in Vergessenheit geraten lassen, unaufhörliches Infrage-
stellen der eigenen Identität und der eigenen Zukunftsperspek-
tiven sie verdunkeln.

Nur im Vertrauen auf die Gnade Gottes, die mich in allen
Lebenslagen Heil schenkend stärkt, kann ich den Weg mit Freude

wagen. Denn »wir wissen, dass Gott bei denen, die ihn lieben, alles zum Guten führt« (Röm 8,28). Nur die Gnade des ›rufenden Gottes‹ kann die nötige Kraft geben, um die Stolpersteine aus meinem Lebensweg zu räumen, denn »mit meinem Gott überspringe ich Mauern« (Ps 18,30).

Bleibende Freude wächst aus der inneren Überzeugung, dass ich in der Nachfolge Jesu bin und er mit mir auf dem Weg; sie stärkt meine Gelassenheit und schenkt innere Freiheit. Diese Überzeugung wird dann zur Kraftquelle meiner apostolischen Sendung zu den Menschen. Ein Zeugnis der Freude schenkt unserem Leben eine starke Anziehungskraft, sie ist eine Quelle neuer Berufe und eine Hilfe zur Beharrlichkeit. Unsere Lebensentscheidung zur Nachfolge Christi wird erst glaubwürdig, wenn unsere Augen leuchten, unsere Gesichter gelöst, gelassen und lebendig sind. Solche Freude schenkt sich auf einem Weg, der beschwerlich, aber möglich ist, wenn er vom Gebet begleitet wird: »Fröhlich in der Hoffnung, geduldig in der Bedrängnis, beharrlich im Gebet« (Röm 12,12).

»Wahres Glück ist nur in Gott zu finden«, schreibt der heilige *Augustinus* in seinem Brief an Macedonius.[117] »Freut euch im Herrn zu jeder Zeit! Noch einmal sage ich: Freut euch … Der Herr ist nahe« (Phil 4,4–5). Der Grund der Freude nach dieser paulinischen Aussage ist die Anwesenheit Gottes. Weil Gott uns nahe und in unserem Dienst anwesend ist, haben wir Grund, uns zu freuen. Unser Leben und Dienst werden gelingen, wenn wir den tieferen Sinn und den Geschmack einer christlichen Freude wiederentdecken, die so anders als jede andere Freude ist.

Wahre Freude besteht in der Erkenntnis der Gnade Gottes für sich und für alle anderen Menschen (vgl. Lk 2,12.14): Die Freude entsteht aus der Glaubensgewissheit, dass unser persönliches und gemeinschaftliches Dasein von einem großen Geheimnis berührt und erfüllt wird, dem Geheimnis der Liebe Gottes. Wer lediglich auf sein eigenes Wohl bedacht und auf sich und seine

Probleme fixiert ist, kann selber nie innere Freude erfahren. Indem der Mensch für andere Mensch ist, dem anderen etwas gibt, wird er auch selbst innere Freude finden. Indem wir uns in unserem Dienst zuerst und vor allem Gott schenken, legen wir das Fundament für unsere Freude. Wenn Gott Mittelpunkt unseres Lebens ist, wird er auch die Quelle unserer wahren Freude sein.

Wir stehen im Dienst Gottes. Wenn wir die Tragweite dieser Glaubensüberzeugung ernst nehmen, haben wir wirklich Grund, seine Kraft zu erhoffen, um diesen Dienst nach seinem Willen zu erfüllen. Die Freude an unserem Dienst wächst, wenn wir uns wirklich bewusst werden, dass in unserem Leben und Dienst Gott selbst am Werke ist, in dessen Namen wir als Priester handeln dürfen und dessen heilende und heilsame Gegenwart wir bezeugen.

Um uns wirklich freuen zu können, brauchen wir nicht nur Menschen und Dinge, sondern Liebe und Wahrheit: Wir brauchen die Gewissheit der Nähe Gottes, der unser Herz wärmt, unsere tiefsten Sehnsüchte erfüllen und auf unsere Erwartungen die letzte Antwort geben kann. Die Freude ist mehr als nur eine Hochstimmung, sie ist Gabe des anwesenden Gottes. Wir sind berufen, in seiner Gegenwart zu sein, und so sind wir zur Freude berufen, weil Gott in uns und durch uns seine bleibende Anwesenheit in der Welt sichtbar und erfahrbar macht.

Die Freude ist ein Geschenk des Heiligen Geistes. Diese können wir von ihm empfangen, aber wir müssen die menschlichen Bedingungen dafür schaffen, dass die Gnade in unserem Leben Raum gewinnen kann und uns eine heitere Gelassenheit schenkt. Freude ist nicht machbar, sondern wir können sie empfangen, nur als Geschenk und Gnade Gottes. Jedoch können und müssen wir den Boden bereiten und uns öffnen, damit die Gnade Gottes in uns Raum gewinnen und erhellend wirken kann.

Manchmal nehmen wir alle lösbaren und unlösbaren Probleme der Kirche und der Welt auf uns und vernichten so die

Freude in uns. Selbstverständlich müssen wir uns für die Probleme der Kirche interessieren und die Schwierigkeiten der Menschen ernst nehmen, wie das Konzil uns gelehrt hat. Freude und Hoffnung, Trauer und Angst der Menschen von heute, besonders der Armen und Bedrängten aller Art, sind auch Freude und Hoffnung, Trauer und Angst der Jünger Christi. Und es gibt nichts wahrhaft Menschliches, das nicht in ihren Herzen seinen Widerhall fände (vgl. GS 1).

Jedoch können wir manchmal beobachten: Schon Theologiestudenten im ersten Semester und angehende Priesteramtskandidaten ›leiden‹ so sehr an der Kirche, als ob sie die ganze Last der Kirchengeschichte und alle Probleme und Schwierigkeiten der Pastoral auf ihrem Rücken tragen müssten. Ihre Vorbereitung auf den seelsorglichen Dienst wird dann begleitet von einer unglücklichen und unmotivierten Haltung. Diese Haltung wird durch manche Ausbilder und Ausbilderinnen in Seminaren und Instituten verstärkt, die in ihren persönlichen Biografien begründete Widersprüche als ›Probleme der Kirche‹ weitervermitteln.

Es gehört jedoch nicht zu echter christlicher Spiritualität, dass wir jedes Problem irgendwo in der Kirche und in der Welt unser eigenes Problem werden lassen und uns ständig ärgern und unsere Glaubensfreude verlieren. Es ist nur allzu verständlich, dass wir in der Kirche als Gemeinschaft von Menschen auch menschliche Konflikte mit unseren Mitgläubigen, Mitbrüdern und Mitschwestern haben werden. Antipathie und Sympathie spielen in der Kirche genauso eine Rolle wie auch in allen anderen menschlichen Gemeinschaften und Gesellschaften. Deshalb ist eine Bereitschaft zur Unterscheidung der Geister vonnöten: Was gehört tatsächlich zu unserem Glauben und zur Kirche Jesu Christi, und was sind die Probleme, die manche Menschen verursachen, die in Geschichte und Gegenwart im Namen der Kirche gehandelt haben oder handeln? Mitmenschen in der Kirche können sich gegenseitig verletzen und enttäuschen. Deshalb ist es umso wichtiger zu lernen, jenseits aller menschlichen Sündhaftigkeit in der Kirche auf Gott zu vertrauen. Wir müssen uns und den anderen zugestehen, dass wir manche unserer Mitchristen nur in Christus lieben können.

Wir werden Freude finden, wenn wir bewusst in der Gegenwart die Kirche Jesu Christi leben, mit alldem, was diese Kirche heute ausmacht: Wir haben nur die Gläubigen in der Kirche, die wir heute haben, andere gibt es nicht. Mit ihnen dürfen wir ein Stück unseres Lebens- und Glaubensweges in der Zuversicht gehen, dass Gott mit uns mit der heutigen Kirche genauso unterwegs ist, wie er es in der Vergangenheit gewesen ist und in der Zukunft sein wird.

Es ist von großer Bedeutung für unsere Lebenshaltung, dass wir die Geschichte der Kirche bewusst und differenziert wahrnehmen lernen. Doch der Blick sollte nicht nur rückwärtsgewandt sein und sich nicht nur darauf konzentrieren, was in der Geschichte der Kirche aus der heutigen Sicht nicht gut war. Dies gilt genauso in unserem persönlichen Leben und im Dienst. Wir sollten nicht fixiert sein auf das, was negativ in unserem Leben ist, was wir nicht erreicht haben oder was uns nicht gelungen ist. Es gab viele schöne Dinge in der Geschichte der Kirche, auch in unserem persönlichen Leben. Diese Erinnerungen sollten wir sammeln und uns dann vornehmen, mehr davon mit Gottes Hilfe zu tun. Nicht erst wir in unserer Zeit haben Schwierigkeiten, alle Generationen von Priestern standen vor der Aufgabe, ihre Zeit zu gestalten. Denken wir an den Apostel Paulus und die zahlreichen Heiligen, die mit vollem Einsatz ihres Lebens die Kirche ihrer Zeit aufgebaut haben. Freude entsteht nur, wenn wir die Gegenwart leben lernen, und das Geheimnis eines glücklichen Lebens liegt darin, zu erkennen, was das Gute im Schlechten ist: »Heute leben zur Ehre Gottes, zu meinem Heil und zum Heil anderer« (Vinzenz Pallotti).

Der christliche Glaube, den wir zu verkünden haben, ist eine Frohe Botschaft, eine Botschaft der Hoffnung. Wir sind berufen, an das Licht zu glauben, auch in der Nacht, an das Gute zu glauben, auch in böser Zeit, an die Freude zu glauben, auch mitten im Leid, an die Vergebung zu glauben, selbst bei schwerster Schuld, an das Leben zu glauben, auch im Tod, an die Liebe glauben, auch wenn die Menschen voller Rätsel sind, an die Zukunft zu glauben, auch wenn alle Wege verstellt und es keinen Ausweg mehr zu geben scheint.

Es ist wichtig und notwendig, dass jeder von uns mit der Kirche mitdenkt und mitfühlt, von der ganzen Kirche her denkt und universale Perspektiven in seinem lokalen Handeln einbezieht. Nur wenn wir mit der Kirche denken und mit ihr fühlen, können wir in der Kirche Freude erfahren. Dazu gehört aber auch die Gelassenheit, nur die Bereiche des kirchlichen Lebens gestalten zu wollen, für die ich auch verantwortlich bin. Gelassenheit in vielen Dingen ist eine Grundvoraussetzung, dass wir Freude erfahren können. Wenn wir das wunderbare Subsidiaritätsprinzip spirituell ernst nehmen, werden wir auch eine gewisse Gelassenheit in unserem Alltag erleben können. Wir können es nach unten wie oben in allen Zuständigkeiten der Kirche anwenden. Daraus entsteht die Möglichkeit einer realistischen Einschätzung.

Wenn wir Stresserfahrungen machen und unsere Arbeitslast schmerzlich spüren, kann es helfen, wenn wir uns bewusst werden: Wie viele unserer Mitarbeiter und Mitarbeiterinnen in unseren Gemeinden unter noch schwierigeren Arbeits- und Lebensbedingungen arbeiten müssen und sich trotzdem Zeit und Kraft nehmen, um in unseren Gemeinden aktiv mitzuhelfen.

Eine Grundvoraussetzung der Freude sind gelebte heilsame Beziehungen: die Beziehung zu Gott, Mitmenschen und Umwelt, die Beziehung zu sich selbst. Wenn diese Beziehungen gestört sind, wird der Mensch unzufrieden. Als heilsam dagegen erfahren wir diese Beziehungen, wenn sie grundsätzlich versöhnt sind.

Christliche Freude entsteht dort, wo Menschen bereit sind, trotz aller möglichen Schwierigkeiten, einander zu lieben und zu helfen. Unser Dienst als Priester ist ein Zeichen dieser Liebe und Hilfe. Es gibt Situationen im Leben, in denen wir unseren Dienst auch als Pflicht erfüllen müssen, unabhängig von unseren subjektiven Befindlichkeiten. Dass »Und trotzdem« ist eine Grundvoraussetzung der wachsenden Freude. Der feste Wille, als Mitarbeiter Gottes Diener der Wahrheit in der Liebe und in der Freude des Geistes zu sein, beseelt das ganze Leben des Priesters und bildet gleichsam dessen tragende geistige Substanz. Dies ist wirklich der Sinn, den jeder Priester ganz bewusst seinem Leben geben kann.

Aus einem klagenden und plagenden Gefühl des Mangels heraus, aus welchem Grund auch immer, kann keine Freude aufkommen. Nur diejenigen können mit Freude Priester sein, die auch bereit sind, Selbstanklagen und Selbstzweifel an der eigenen priesterlichen Identität zu überwinden.

Die Freude, die aus der Gewissheit der Gegenwart Gottes in uns und unserem Dienst kommt, bewirkt in uns jene Heiterkeit und innere Fröhlichkeit, die die Frömmigkeitsgeschichte als *hilaritas mentis*, als ›Heiterkeit des Herzens‹ bezeichnet. Wenn wir zweifeln und uns ängstigen, ist es nicht leicht, diese Herzenshaltung zu bewahren. Aber Sorgen und Angst sind niemals gute Ratgeber. Angst, wo immer sie sich ausgebreitet hat, nimmt dem Menschen den Blick auf denjenigen, der doch gesagt hat: »Euer Herz ängstige sich nicht« (Joh 14,1). Die christliche Freude wächst aus einer positiv bestimmten Lebensausrichtung, und das bedeutet: einer großen Zuversicht aus dem Glauben. »Euer himmlischer Vater weiß, dass ihr das alles braucht. Euch aber muss es zuerst um sein Reich und um seine Gerechtigkeit gehen; dann wird euch alles andere dazugegeben. Sorgt euch also nicht um morgen; denn der morgige Tag wird für sich selbst sorgen. Jeder Tag hat genug eigene Plage« (Mt 6,32–34).

Mit einer solchen Glaubenshaltung können wir die ›Heiterkeit des Herzens‹ durchhalten, auch in Not und Klage, und daraus den Willen zur Zukunft Gottes wachsen lassen. Die Grundlage der christlichen Freude ist das ›Dennoch‹ der Hoffnung, die unbedingte Überzeugung, dass das Vertrauen auf das Morgen, auf das uns noch Zukommende nicht sinnlos und vergeblich ist. Freude, christlich gedeutet, greift und streckt sich aus nach der Zukunft, die sich schlicht und einfach ›Himmel‹ nennt. Was immer der Glaubende in der Gegenwart auf sich zu nehmen und zu ertragen hat, das wird er im Wissen um das ›Noch nicht‹ des Reiches Gottes, aber unter dem Vorzeichen der Hoffnung und in der Zuversicht auf das von Gott geschenkte Ende auszuhalten und durchzustehen wissen. Von solcher Warte her hat denn auch die Frömmigkeitsgeschichte die *hilaritas*, die *laetitia spiritualis* (den geistbestimmten Frohsinn) zu den wesentlichen Merkmalen eines christlichen Lebens gezählt. Wenn wir Priester nicht Zeugen solcher gelebten christlichen Hoffnung sind, wer soll es sonst sein?

Schon die biblische Weisheit hat es gewusst: »Zeichen des glücklichen Herzens ist ein frohes Gesicht« (Sir 13,26). Jeder weiß im Grunde seines Herzens, was Glück ist. Alle Menschen sehnen sich danach. Wir erleben glückliche Momente. Glück ist letztlich die Wirkung der Gnade Gottes in uns. Glücklich können wir sein, wenn wir dankbar sind für alles, was uns jeden Tag mit Gottes Hilfe in der Pastoral gelingt. Wir bleiben auf dem Weg des Lebensglücks, wenn wir uns an kleinen Dingen des Lebens freuen und dafür dankbar werden. Um uns unseres Lebens freuen zu lernen, ist dies der Anfang des Weges. Glücklichsein und Glücklichwerden hängt weitgehend von der persönlichen Entscheidung des Menschen ab. Diese Entscheidung kann kein Mensch einem anderen abnehmen: Will ich heute glücklich sein, oder will ich es nicht? Diese Entscheidung hilft, die eigenen Lebensziele so zu formulieren, dass man auch in schwierigen

Situationen glücklich sein kann. Ich entscheide mich, glücklich zu werden: Dann versuche ich meinen Dienst so zu verstehen, dass ich in der Erfüllung meines Dienstes das Glück finde. Ich frage mich, welche inneren Einstellungen und Haltungen machen mich unglücklich.

Der letzte Grund der christlichen Freude ist die Gewissheit der Anwesenheit Gottes. Diese Freude können wir als Priester immer neu empfangen, wenn wir bewusst die Gegenwart Gottes in der Liturgie feiern und in seinem Namen handeln. Wir können tiefe Freude erfahren, wenn wir die Liturgie als die Feier der Gegenwart Gottes bewusst feiern und die Sakramente als Heilshandlungen Gottes spenden. Vor allem in der Feier der Eucharistie erfährt der Priester durch seinen Heilsdienst die christliche Freude.

»Von ihrem Wesen her ist die christliche Freude Teilhabe an der unergründlichen, zugleich göttlichen und menschlichen Freude im Herzen des verherrlichten Christus« (Paul VI., *Gaudete in Domino* 2). Diese Teilhabe an der Freude des Herrn ist unlösbar verbunden mit der Feier der Eucharistie. Der festliche Charakter der Eucharistiefeier bringt die Freude zum Ausdruck, die Christus seiner Kirche durch das Geschenk des Geistes übermittelt (vgl. Röm 14,17; Gal 5,22). Die Heilige Messe drückt an verschiedenen Stellen die Freude über die Begegnung mit dem Herrn und in ihm mit unseren Brüdern und Schwestern in der Gemeinschaft der Heiligen aus. Die himmlischen Scharen, mit denen sich die eucharistische Gemeinschaft vereinigt, wenn sie die heiligen Geheimnisse feiert, singt mit Freude das Lob des Lammes, das geopfert wurde und auf ewig lebt.

Die Eucharistie lehrt uns, uns zusammen mit anderen zu freuen und die Freude, die uns geschenkt wurde in der Begegnung mit dem Herrn, nicht für uns zu behalten. Diese Freude möchte immerzu weitergegeben werden. Die Eucharistie sendet uns in unsere Welt hinein, um Helfer der Freude zu sein.

Den Himmel offen halten

Was nehmen Menschen an Priestern wohltuend wahr? Eine Spiritualität, die aus der Mitte und Tiefe des katholischen Glaubens kommt, verbunden mit authentischer Menschlichkeit und Bescheidenheit, überzeugt und überzeugend; eine profunde Mitmenschlichkeit, die Güte und Freude ausstrahlt.

Die Grundvoraussetzung zum Gelingen des priesterlichen Lebens und Dienstes ist eine gute Bilanz zwischen Orthodoxie und Orthopraxie. Nur wenn wir zuerst bei Gott sind, können wir authentisch und glaubwürdig nahe am Menschen sein. In der Liebe Gottes verwurzelt und gegründet in einer gelebten Hoffnung, können wir das Unsere dazu tun, dass auch in unserer Zeit der Glaube neu an Gestalt gewinnen und aufblühen und die Kirche wachsen kann.

Wenn es uns gelingt, echte Glaubenssubstanz und klare Identität mit einer überzeugenden Menschlichkeit zu verbinden, werden wir in unserem Dienst erfolgreich sein können. Dabei sollten wir die Glaubenssubstanz nicht mit Paragraphen und Rubriken und der damit verbundenen Engherzigkeit und Unbeweglichkeit verwechseln. Andererseits kann unsere Menschlichkeit ohne Glaubenssubstanz und Glaubenstiefe nicht langfristig und nachhaltig gewinnend wirken. Aber eine Menschlichkeit, die aus einem gläubigen Herzen kommt, wird von Menschen wohltuend wahrgenommen und ist auch der gelingende Weg jeder Pastoral.

Menschlichkeit aus einem gläubigen Herzen meint nicht eine oberflächliche Freundlichkeit und damit etwas Unverbindliches, Beliebiges, Relatives, sondern ein grundsätzliches Interesse am Menschen und eine ermutigende Menschenfreundlichkeit, wie sie in Jesus Christus sichtbar geworden ist. Dazu gehören eine echte Empathie mit den Menschen und das aufrichtige Bemühen, der Lebens- und Glaubenssituation der uns begegnenden Menschen gerecht zu werden. Glaubwürdigkeit, Authentizität und Zuverlässlichkeit sind Elemente einer überzeugenden Menschlichkeit. Die gelebten Kennzeichen dieser Menschlichkeit aus einem gläubigen Herzen bezeichnet der Apostel Paulus als Gaben des Heiligen Geistes (1 Kor 12,8–11).

Der Priester, der sein Leben zur Ehre Gottes lebt und seinen Dienst zur Freude der Menschen tut, tut alles, was die Kirche durch ihren priesterlichen Dienst in der Welt im Auftrag Jesu erfüllen will. Der priesterliche Dienst trägt dazu bei, eine Kultur des Lebens und der Liebe auszubilden, indem er den Weg zu Christus und zum Evangelium zeigt. Eine Kultur der Hoffnungslosigkeit und des Lamentierens kann die Kirche nicht zukunftsfähiger machen. Stattdessen sind die Energien darauf zu richten, wie es unter den gegebenen Bedingungen möglich sein kann, als Apostel und Boten Jesu Christi in einer sich ändernden Welt präsent zu sein, auf die Herausforderungen der Zeit konkrete Antwort zu geben und im biblischen Sinn immer neu aufzubrechen.

Der heutige Auftrag der Kirche geht dahin, für die in ihre Probleme verstrickte Welt eine hoffnungsvolle Alternative zu entwickeln. Die Aufgabe heißt nicht Gleichgestaltung mit der Welt, sondern Profilierung des Andersgearteten, des Neuen und Überragenden an der Kirche. Das wird der Kirche zwar nicht die Massen zuführen, aber ihre geistige Anziehungskraft wird auf die tiefgehende Sehnsucht der Menschen Richtung weisend wirken.

Die Kirche lebt, seit es sie gibt und solange es sie geben wird, von der unerschütterlichen Gewissheit, dass ihr Herr in ihrer Mitte Heil schenkend und heilsam selbst gegenwärtig ist und sein Geist sie in die volle Wahrheit führen wird. Diese Gewissheit schenkt uns allen die innere Gelassenheit, die diese Kirche Jesu Christi in der Geschichte und Gegenwart mitgestaltet. Gefragt ist heute der Glaubensmut, um in der wahren Mitte des katholischen Glaubens zu bleiben und in dieser Mitte tiefe Wurzeln zu schlagen und zu wachsen. Denn nicht wir können die Kirche für die Zukunft stark machen, sondern der Herr schenkt ihr die Zukunft.

Es geht um den Glaubensmut, die Gestalt des priesterlichen Dienstes aus dem zum Teil von außen und zum Teil selbst gewirkten Getto zu befreien. Was erkennbar werden müsste, wäre allerdings nicht einfach Weltoffenheit im Sinn einer fixierten Suche nach mehr Modernität, nach mehr Zeitgemäßheit, sondern vielmehr einfaches Mitleben und Mitleiden. Dazu erwächst die Kraft aus einer Anstrengung und Bemühung um den Beistand, der uns die letzte Gewähr dafür bietet, dass all unsere Sorge für die Kirche nicht ohne Sinn und Zustimmung bleibt. Es geht in erster Linie also nicht darum, die Kirche wieder ›hoffähig‹ und ›gesellschaftsfreundlich‹ zu machen. Vermutlich werden Menschen in und außerhalb der Kirche sie immer kritisieren. Vielmehr wird es darauf ankommen, von der Sache her, nämlich von Gott und seinem Heilswillen zur Teilhabe an seinem Leben, mit neuen, passenden und erfrischenden Worten zu sprechen. Sendung und Dienst sind nicht möglich ohne innere Einkehr, ohne Sammlung, ohne Konzentration.

Die Kirche wird immer ihre angemessene Gestalt finden, wo Menschen einerseits sich ganz Gott ergeben und hingeben und andererseits in der Hinwendung zu den Mitmenschen zu Zeugen von Gottes Gegenwart werden. In allen unseren Bemühungen ist die Handlungsperspektive aus der Gelassenheit des Beschenkten zu entwickeln: »Wenn nicht der Herr das Haus baut, müht sich jeder umsonst, der daran baut. Wenn nicht der Herr die Stadt bewacht, wacht der Wächter umsonst« (Ps 127,1).

Priesterlicher Dienst ist der Ausdruck und die Konkretisierung der Glaubensüberzeugung der Christen, dass unser Herr alle Tage bis zum Ende der Welt bei uns heilend und heiligend anwesend ist. Diese Gegenwart des Herrn wird in verschiedener und vielfältiger Weise durch den Priester dargestellt, je nach der unterschiedlichen Lebenssituation der Gläubigen in der Kirche und entsprechend den Begabungen und Fähigkeiten des Amtsinhabers. Der Reichtum und die Vielfalt der Verwirklichung des einen Priestertums Christi müssen bei den Gläubigen und in der Theologie Wertschätzung erfahren. Neue spirituelle Tiefe wird der priesterliche Dienst gewinnen, wenn die vielfältigen Aufgaben der Priester heute in eine neue Rangfolge gebracht werden, in der Perspektive der Priorität der Verherrlichung Gottes. Denn die Verherrlichung Gottes ist die Einheit stiftende Mitte der christlichen Existenz, deren ›Sakrament‹ das Priestertum des Dienstes ist. Im Dienst Gottes zu stehen heißt zugleich auch, im Dienst des Menschen zu sein.

Nur eine Selbstvergewisserung der spirituellen Identität kann die fortschreitende Selbstsäkularisierung der Kirche und die Selbstrelativierung des kirchlichen Amtes aufhalten. In einer säkularisierten Welt muss das ›Sakrale‹ sichtbar werden. Das Entscheidende ist, dass wir uns in Dienst nehmen lassen für die sakramentale Tiefe und Lebendigkeit der Kirche. Der Bezug zu Gott macht den priesterlichen Dienst einzigartig, denn dieser Dienst ist ein leuchtendes Zeichen für die Größe Gottes und für die wahre Bestimmung des Menschen. Unser priesterliches ›Dasein‹ oder ›Sosein‹ sollte Menschen neugierig machen für Gott. Die Voraussetzung dafür ist, dass im priesterlichen Dienst gleichzeitig die göttliche Transzendenz, Transparenz und Immanenz sichtbar werden. In der Immanenz Gottes gründet sein fortwährend schöpferisches und gnadenhaftes Wirken in der Welt, in Gottes Transzendenz der Unterschied der priesterlichen Heilssorge von jedem rein menschlichen Tun. Die Transparenz lässt im menschlichen Tun des Priesters die Epiphanie, das Aufscheinen Gottes in der Welt, erkennen.

Es ist an der Zeit, den Glaubensmut zu finden, um die wahre Größe und Schönheit des priesterlichen Dienstes in der Kirche neu zur Sprache zu bringen: Denn was gibt es Schöneres in der

Welt, als Werkzeug Gottes zu sein und in seinem Namen handeln zu dürfen? In schwieriger Zeit ist es entlastend, mit Paulus die Überzeugung zu leben: Nicht ich, sondern Christus wirkt durch mich (vgl. Gal 2,20). Vielleicht sollten wir heute mehr und mehr den tiefen spirituellen Inhalt der Rede vom ›ex opere operato‹ neu entdecken!

Wenn wir uns als Werkzeug Gottes verstehen, dann besteht unsere Sorge darin, Gott zur Darstellung zu bringen. Gott schafft das Heil in Christus durch das Wirken des Geistes. Gott baut die Kirche auf. Das Entscheidende ist, dass wir transparent werden für Gott. Diese Offenheit für Gott und sein Wirken in der Welt hat absolute Priorität. Nur wenn das Amt in seiner theologischen Größe und spirituellen Tiefe erkennbar bleibt, wird der priesterliche Dienst in unserer Zeit wieder an Attraktivität gewinnen. Nur die Priester selber können heute dem Priesterbild Leuchtkraft und Ausstrahlung verleihen. Wenn wir heute glauben, dass unser Dienst wichtig und sinnvoll ist, wird es morgen auch noch Priester geben. Die Berufung zum priesterlichen Dienst ist kein Auslaufmodell: Denn unser Fach ist Gott, unsere Kompetenz ist Gott und unser Erfolg ist Gott.

Deshalb sollte in unserem Dienst das Göttliche nicht durch Äußerlichkeiten verdunkelt werden, denn es gibt auch in der Welt von heute die Sehnsucht nach Transzendenz. Dementsprechend muss der Priester heute »den Himmel für die Menschen offen halten«.

Die Kraftquelle des priesterlichen Lebens

Die letzte Kraftquelle des priesterlichen Dienstes ist die Gewissheit, dass der auferstandene, gegenwärtige und durch den Geist wirkende Herr durch mich handelt. Als Gesandter des Vaters setzt er seine Sendung in der Sendung der von ihm erwählten Gesandten fort: »Wer euch aufnimmt, nimmt mich auf, und wer mich aufnimmt, nimmt den auf, der mich gesandt hat« (Mt 10,40; Lk 9,48). »Wer euch hört, hört mich« (Lk 10,16). Die Wurzel der Aussendung ist die Sendung Christi durch den Vater: »Amen, Amen ich sage euch: wer an mich glaubt, glaubt nicht an mich, sondern an den, der mich gesandt hat, und wer mich sieht, sieht den, der mich gesandt hat« (Joh 12,44).

Für den, der an seinem Priestertum partizipierend Jesus Christus in seiner Kirche nachfolgen will, sollte es nur darum gehen, dass die Menschen durch seinen Dienst etwas von dem »unergründlichen Reichtum Christi« erfahren. Jeder Versuch, das Priestertum Jesu Christi in der Kirche zu verwirklichen, wird fragmentarisch bleiben. Deshalb ist es wichtig, den Reichtum und die Fülle des Priestertums Christi im Blick zu behalten. Letztendlich kommt es nur darauf an, ob ich als Priester aus innerer Glaubensgewissheit und Überzeugung und in radikaler Demut vor Gott und den Menschen so leben und wirken kann, dass deutlich wird: Wer mich sieht, sieht Jesus Christus und in ihm den Vater (vgl. Joh 14,9).

Der Dienst des Priesters wird spirituell bedeutsam und an Effektivität und Attraktivität gewinnen, wenn erkennbar bleibt, dass der Priester mit seiner eigenen Existenz und seinem Dienst für Gott einsteht. Im Gebet mit Gott zu sprechen und mit den Menschen von Gott zu sprechen ist die alles bestimmende Sendung des Priesters, dessen Einsatz und Lebenszeugnis das ganze Volk Gottes mit Dankbarkeit lohnen wird.

Damit in uns nicht eine existenzielle Leere entsteht und die Wirksamkeit unseres Dienstes gemindert wird, ist es von großer Bedeutung, dass wir uns immer neu vergewissern, worin der Sinn unseres priesterlichen Dienstes besteht. Somit muss jeder Priester sich selber erneut die Frage stellen: Wie verstehe ich meine priesterliche Existenz und meinen priesterlichen Dienst? Gehe ich von den Akzentverschiebungen der Vergangenheit und Zerrbildern des priesterlichen Dienstes aus, oder bin ich hin und her gerissen im Wirrwarr der theologischen Meinungen? Es ist notwendig, zwischen der theologischen Bestimmung des Amtes und seiner Verwirklichung durch seine Inhaber in den konkreten geschichtlichen Situationen der Kirche zu unterscheiden. Der gemeinsame, bekennende Blick auf Jesus Christus, den ewigen Hohepriester, kann helfen, das persönliche Empfinden und die atmosphärischen Störungen in der Kirche aus der richtigen Perspektive zu sehen, sie zu unterscheiden und zu überwinden. Dies ist wichtig, nicht nur wegen des Willens Jesu Christi und der von ihm der Kirche eingeprägten Grundgestalt, sondern auch wegen der Selbstvergewisserung und Identitätsfindung aller engagierten ›Mitarbeiter Gottes‹ in der Kirche.

Es gilt, den Mut zur wahren Größe des priesterlichen Dienstes neu zu wecken; denn nur indem wir die Sinnhaftigkeit unseres Dienstes erkennen, können wir diesen Dienst mit Freude ausüben. Wenn wir aus einer spirituellen Betrachtung der Größe, des Geheimnisses und das Glücks des priesterlichen Lebens eine grundsätzliche Dankbarkeit für diese erhabene Berufung spüren, dann können wir in den Sorgen des priesterlichen Alltags neue Kraft finden. Wir können die Freude am Priestertum spüren, wenn wir nicht auf den Mangel und das Nicht-Gelungene in unserem Dienst fixiert sind, sondern uns auf das Gute und Positive in unserem Dienst und in der Kirche besinnen. »Ich darf mich meines Lebens freuen und andern Grund zur Freude sein« (Gotteslob 165). Wie der Apostel Paulus dürfen auch wir als Priester Zeugnis geben: Gott hat mich berufen, dass ich Jesus Christus verkünde. In meinem priesterlichen Dienst bemühe ich mich darum. Für das, was ich so in Verbindung mit Jesus Christus vollbringe, kann ich Gott dankbar sein. Ich nehme es nicht als meine Leistung in Anspruch; Christus hat es bewirkt durch mein Reden und Tun (vgl. Röm 15,14–20). Diese innere Überzeugung, dass ich für Gottes Sache lebe und er mit mir ist und

durch mich wirkt, kann in mir neue Kraft und Motivation freisetzen.

Priesterlicher Dienst ist der Ausdruck und die Konkretisierung der Glaubensüberzeugung der Christen, dass unser Herr
alle Tage bis zum Ende der Welt bei uns heilend und heiligend
anwesend ist. Christus ist die Mitte des christlichen Lebens. Der
priesterliche Dienst ist dazu da, diese Glaubensüberzeugung
lebendig zu erhalten. An Christus ausgerichtetes priesterliches
Leben und an seinem Handeln orientierte Pastoral wird immer
Früchte tragen. Jeder, der im Auftrag der Kirche handelt, muss,
wenn sein Tun fruchtbringend sein soll, aus dem Wissen und
Vertrauen heraus handeln: ›Ich bin Mitarbeiter Gottes. Ich tue
seine Arbeit und er handelt durch mich. Er schaut liebend und
ermutigend auf mein Tun. Weil der lebendige Gott mit mir ist,
wird auch mein Leben und mein Dienst gelingen.‹

Aus diesem Vertrauen heraus dürfen wir als Priester ganz
natürliche Menschen sein, die auch um ihre Schwäche wissen,
die zu echter Herzlichkeit befähigt und bereit sind. Die Vollendung dessen, was auf uns wartet, ist Gottes Werk, nicht das Ergebnis menschlicher Betriebsamkeit. Der Glaube an die Vollendung bewahrt uns vor der Ideologie, schon hier auf Erden das
Vollkommene schaffen zu müssen. Wahrhaft christliches Handeln erkennt man an einer vom christlichen Realismus geprägten und engagierten Gelassenheit – im Vertrauen auf die Verheißung Gottes. »Der Gott des Himmels wird uns Erfolg verleihen. Wir, seine Knechte, wollen ans Werk gehen und bauen«
(Neh 2,20).

Angesichts einer ungewissen Zukunft gilt auch für unsere
Zeit in der Geschichte der Kirche: »Vertraue auf den Herrn und
tue das Gute ... bewahre Treue! Freue dich innig am Herrn!
Dann gibt er dir, was dein Herz begehrt. Befiehl dem Herrn dei-
nen Weg und vertrau ihm; er wird es fügen« (Ps 37,3–5). Die
Hoffnung, die uns trägt und innerlich gelassener macht, ist die

Glaubensgewissheit: Was Gott bei mir begonnen hat, wird er zur Vollendung bringen. »Macht euch keine Sorgen; denn die Freude am Herrn ist eure Stärke« (Neh 8,10). In dem Maß, in dem wir Gott als die alle Sehnsucht erfüllende Freude für uns selbst entdecken und aus dieser Freude Kraft schöpfen, können wir für die Menschen auch wirklich Helfer zu ihrer Freude sein (vgl. 2 Kor 1,24).

Gebet für die Priester[118]

Jesus Christus, Du bist die Liebe selber. Belebe das Herz Deiner Priester durch Dein Herz! Entzünde ihre Liebe durch die Deine, dass sie ganz von Dir leben, ihr Leib von Deinem reinsten Leib, ihr Denken von Deiner göttlichen Erkenntnis, ihr Herz von Deinem so liebenden und gütigen Herzen! O Jesus, die Welt bedarf so sehr der Liebe. Sie bedarf so sehr des Lichtes. Gib ihr dieses Licht und gib ihr diese Liebe durch Deine Priester! Lebe immer mehr in ihnen! Lebe in Deinem Priestertum! Rede, wirke, denke, liebe in Deinen Priestern und durch Deine Priester!

ANMERKUNGEN

1 Vgl. *W. Kasper,* Diener der Freude, in: Ders., Die Kirche und ihre Ämter (WKGS 12), Freiburg im Breisgau 2009, 325–423; *J. Ratzinger,* Diener eurer Freude. Meditationen über die priesterliche Spiritualität, Freiburg im Breisgau 1988.

2 Vgl. *G. Augustin,* Priesterseelsorge – Was ist das, ist es notwendig?, in: *G. Augustin/J. Kreidler* (Hg.), Den Himmel offen halten, Priester sein heute, Freiburg im Breisgau 2003, 177–188.

3 Vgl. *E.-M. Faber/E. Hönig,* Identität, Profil und Auftrag der pastoralen Dienste, in: *G. Augustin/G. Riße* (Hg.), Die eine Sendung – in vielen Diensten. Gelingende Seelsorge als gemeinsame Aufgabe in der Kirche, Paderborn 2003, 107–130.

4 Benediktsregel XLIII.

5 Vgl. *P. M. Zulehner,* »Sie gehen und werden nicht matt«. Priester in heutiger Kultur. Ergebnisse der Studie. Priester 2000. Ostfildern 2001.

6 *P. M. Zulehner,* »Sie gehen und werden nicht matt«, 82.

7 Vgl. Kongregation für den Klerus, Direktorium für Dienst und Leben der Priester, 1994.

8 Einen Überblick bietet die Dissertation von *J. Müller,* In der Kirche Priester sein. Das Priesterbild in der deutschsprachigen katholischen Dogmatik des 20. Jahrhunderts, Würzburg 2001.

9 Vgl. *G. Augustin,* Gott eint – trennt Christus?, Die Einmaligkeit und Universalität Jesu Christi als Grundlage einer christlichen Theologie der Religionen, Paderborn 1993, 206–379.

10 Vgl. *G. Augustin,* Priestertum Christi und Priestertum in der Kirche. Überlegungen zum Proprium des priesterlichen Dienstes, in: *G. Augustin/ J. Kreidler (Hg.),* Den Himmel offen halten, 205–245.

11 Vgl. *M. Kunzler,* Darsteller des wahren Hirten, in: *W. Haunerland u. a. (Hg.),* Manifestatio Ecclesia, Regensburg 2004, 15–36; *E. Keller,* Der Priester als Ikone Christi, in: *G. Augustin* u. a. (Hg.), Christus. Gottes schöpferisches Wort (FS Schönborn), Freiburg im Breisgau 2010, 431–452.

12 *Augustinus,* Sermo 339,4 (PL 38, 1481).

13   Vgl. *G. Augustin* (Hg.), Die Kirche Jesu Christi leben, Freiburg im Breisgau 2010.

14   *J. Ratzinger,* Glaube und Zukunft, München 1970, 122.

15   Vgl. *G. Augustin/G. Riße* (Hg.), Die eine Sendung in den vielen Diensten, 13–15; vgl. *G. Augustin,* Ökumene als geistlicher Prozess, in: *P. Walter/K. Krämer/G. Augustin* (Hg.), Kirche in ökumenischer Perspektive, Freiburg im Breisgau 2003, 522–550; vgl. *G. Augustin,* Priester als Zeugen der Gegenwart Gottes, Was ist das Zeugnis des Priesters?, in: Anzeiger für die Seelsorge 5 (2004), 5–9.

16   Vgl. *M. Kehl,* Die Kirche, Würzburg 1992; *J. Werbick,* Kirche, Freiburg im Breisgau 1994; *S. Wiedenhofer,* Das katholische Kirchenverständnis, Graz u. a. 1992.

17   Vgl. *G. Augustin,* Gott eint – trennt Christus?, 351–363.

18   Vgl. *W. Beinert (Hg.),* Kirchenbilder, Kirchenvisionen, Regensburg 1995; vgl. *A. Dulles,* Models of the Church, New York 1978.

19   Vgl. *W. Kasper,* Einzigkeit und Universalität Jesu Christi, in: *K. Krämer/ A. Paus,* Die Weite des Mysteriums. Christliche Identität im Dialog, Freiburg im Breisgau 2000.

20   Vgl. *W. Kasper,* Kircheneinheit und Kirchengemeinschaft in katholischer Perspektive, in: *K. Hillenbrand/H. Niederschlag (Hg.),* Glaube und Gemeinschaft, Würzburg 2000, 100–117.

21   Vgl. *J. Ratzinger,* Theologische Prinzipienlehre, München 1982, 47.

22   Vgl. *W. Kasper,* Theologie und Kirche, Mainz 1987, 255–276.

23   Vgl. *G. Augustin,* Gott eint – trennt Christus?, 234–265.

24   *W. Kasper,* Theologie und Kirche, 13.

25   *W. Kasper,* Theologie und Kirche, 13.

26   Die Frage nach der Identität des Priesters hängt von der Identität Jesu Christi ab. Vgl. *G. Augustin,* Gott eint – trennt Christus?, 234–304.

27   Eine ausführliche Zusammenfassung der lehramtlichen Aussagen über die Entwicklung des Verständnisses des Priestertums bietet *K. J. Becker,* Der priesterliche Dienst. Wesen und Vollmachten des Priestertums nach dem Lehramt (QD 47), Freiburg im Breisgau 1970.

28   Der Teilhabegedanke zieht sich durch alle Bereiche des christlichen Lebens: So können wir von der Teilhabe am Leben des dreifaltigen Gottes, Teilhabe an Jesus Christus, Teilhabe am Heil und an der Heilsgemeinschaft, Teilhabe am Volk Gottes, Teilhabe an der Herrlichkeit Gottes sprechen. Vgl. *G. Augustin,* Teilhabe am Leben Gottes, in: *Ders. u. a.* (Hg.), Gott denken und bezeugen (FS W. Kasper), Freiburg im Breisgau 2008, 418–436.

29   *K. Rahner,* Enzyklopädische Theologie I. Die Lexikonbeiträge der Jahre 1956 – 1973. Sämtliche Werke 17/1, 825.

30   *Thomas von Aquin,* S. Th. 3a q1a. 2c.

31   Vgl. *Augustinus,* De civ. Dei IX 15,2.

32   Vgl. *Augustinus,* De civ. Dei IX 17.

33   Vgl. *Irenäus von Lyon,* Adv. haereses V 36,3.

34   Vgl. *Origenes,* De principiis.

35   Vgl. *Hippolyt von Rom,* Refutatio omnium haeresium 1, 19,17.

36   Die vollendete Autonomie kann dann als vollkommene Theonomie verstanden werden. Die Imago-Dei-Lehre des Thomas von Aquin ist ausführlich dargestellt in: *K. Krämer,* Imago Trinitatis, Die Gottebenbildlichkeit des Menschen in der Theologie des Thomas von Aquin, Freiburg im Breisgau 2000, vgl. besonders 308, 332, 395, 493.

37   Vgl. *W. Kardinal Kasper,* Wege der Einheit, Freiburg im Breisgau 2005, 72–101.

38   *J. Ratzinger,* Weggemeinschaft des Glaubens. FS zum 75. Geburtstag, hg. von *St. O. Horn* und *V. Pfnür,* Augsburg 2002, 70.

39   *G. Augustin,* Die Eucharistie mit spirituellem Gewinn feiern, in: *G. Augustin/ K. Krämer (Hg.),* Leben aus der Kraft der Versöhnung, Ostfildern 2006, 124–154.

40   *Johannes Damascenus,* De fide orth. IV 13.

41   *Augustinus,* Sermo 272 (PL 38,1247).

42   Die christliche Theologie will die Identität des Anfangs in ihren wesentlichen Elementen bewahren und Maß nehmen an der Einheit der Offenbarungsgeschichte des Alten und Neuen Bundes: »Das Alte Testament ist im Neuen aufgeschlossen, das Neue Testament ist im Alten eingeschlossen« (*Augustinus,* Quaestiones in Heptateuch 1.2 n.73 [PL 34, 623]).

43   Der Kommentar des *Augustinus* zu dieser Stelle bringt den vollen theologischen Sinn des Zieles der Menschwerdung zum Ausdruck (vgl. *Augustinus,* Enarr. in Ps 39, 12–13 [PL 36, 442]).

44   Verstöße gegen diese Ordnung wurden mit dem Tod bestraft; vgl. Num 1,51; 3,10.38.

45   In der Predigt des Apostels Paulus und im Leben der Gemeinde findet der Verfasser viele vorbereitende Hinweise: Anspielung auf das Bundesopfer: Mt 26,28 und Mk 14,24; Beziehung zwischen Jesu Tod und Opfer des Mose: Ex 24,6–8; Mahl des Herrn: 1 Kor 11,20; Christus unser Osterlamm: 1 Kor 5,7; Opferkontext in Gal 2,20 und Eph 5,2.

46   Zur ausführlichen Darstellung des Priestertums Christi im Neuen

Testament vgl. *H. Schlier*, Grundelemente des priesterlichen Amtes im Neuen Testament, in: Theologie und Philosophie 1969, 168–171.

47   Vgl. die Taufe und das Reinigungsbad anlässlich des Versöhnungsfestes Lev 16,4; 8,6.

48   *Augustinus*, De civ. Dei XX 10.

49   Vgl. *G. Augustin*, Die theologische Bedeutung des Sakraments der Taufe, in: *M. Probst/G. Augustin (Hg.)*, Wie wird man Christ?, St. Ottilien 2000, 131–164.

50   *Justinus martyr*, Dial. 116,3; vgl. auch *Irenäus*, Adv. haer. IV 8,3; V 34,3.

51   Es ist notwendig, die ideologisierende Emotionalität und eingeredete angebliche Animosität zwischen Laienschaft und Kleruskirche zu überwinden. Vgl. *L. Karrer*, Schubkraft für die Kirche. Der Langstreckenlauf der Laien, in: *O. Fuchs (Hg.)*, Das Neue wächst, München 1995.

52   Vgl. *L. Karrer*, Aufbruch der Christen. Das Ende der klerikalen Kirche, München 1989, 88.

53   Vgl. *G. Augustin*, Eine soteriologische Theologie der Firmung, in: *M. Probst/G. Augustin (Hg.)*, Wie wird man Christ?, 247–278.

54   Vgl. LG 28: »Am meisten üben sie ihr heiliges Amt in der eucharistischen Feier oder Versammlung aus, wobei sie in der Person Christi handeln und sein Mysterium verkünden … und das einzige Opfer des Neuen Bundes, das Opfer Christi … bis zur Wiederkunft des Herrn vergegenwärtigen und zuwenden.« Durch Wortlaut und Fußnote gibt das Konzil zu erkennen, dass es die Lehre von Trient und der päpstlichen Enzykliken übernehmen und erweitern will. Vgl. LG 10.

55   Vgl. Die Deutschen Bischöfe, Schreiben über das priesterliche Amt, 1970, 46–71.

56   Zumal nicht alle Priester ›Gemeindeleiter‹ sind. Außerdem wird damit nicht behauptet, dass die Gemeindeleitung eine unwichtige Aufgabe wäre. Priestertum kann es ohne Gemeindeleitung geben, aber es gibt kein Priestertum ohne die eucharistische Vollmacht. Außerdem muss die Akzentverschiebung von der Mitte her korrigiert werden: »Wie sehr ist doch das priesterliche Amt in den letzten Jahrzehnten theologisch auf eine rein funktionale Leitungsgröße des soziologischen Gebildes ›Pfarrgemeinde‹ reduziert worden!« (*H. Windisch*, Pastoraltheologische Zwischenrufe, Würzburg 1998, 84).

57   Selbstverständlich wird niemand nach der umfassenden Darlegung des Konzils daran denken, das Amt in »kultisch-sazerdotale« Einseitigkeiten zu führen. Aber es geht darum, das Ganze des Priestertums aus einer

tragenden Mitte her zu verstehen. Eucharistie ist Quelle und Höhepunkt aller Evangelisation (vgl. PO 6), deren Dienst der Hirtensorge eingeordnet werden soll.

58   Die feinen Unterschiede sind wichtig: Wenn das Konzil über den priesterlichen Dienst in der Evangelisierung und die Hirtensorge spricht, wird von der Teilhabe am Amt des Bischofs gesprochen; vgl. PO 4 und 6. Wenn es aber vom Heiligungswerk spricht, wird es als Teilhabe am Priestertum Christi durch die Weihe dargestellt; vgl. PO 5.

59   *F. Kamphaus*, Priester aus Passion, Freiburg im Breisgau 1993, 87.

60   Vgl. *F. Kamphaus*, Priester aus Passion, 100.

61   Vgl. *J. Ratzinger*, Dienst und Leben der Priester, in: *Ders.*, Weggemeinschaft des Glaubens, 132–148.

62   Vgl. *G. Augustin*, Die sakramentale Dimension der Lebensentscheidung, in: *M. Gruber/J. Schmiedl (Hg.)*, Für ein ganzes Leben, St. Ottilien 2003, 85–108.

63   Zum Wesen des Rufes vgl. *H. U. von Balthasar*, Christlicher Stand, Einsiedeln 1977, 317–414.

64   Zur Frage nach der Identität Jesu Christi vgl. *G. Augustin*, Gott eint – trennt Christus?, 234–304.

65   *H. U. von Balthasar*, Herrlichkeit, Bd. 1, Schau der Gestalt, Einsiedeln 1961, 554.

66   *Thomas von Aquin*, S. Th. III 62,2.

67   *H. U. von Balthasar*, Christlicher Stand, 393.

68   *J. Ratzinger*, Weggemeinschaft des Glaubens, 172.

69   *J. Ratzinger*, Weggemeinschaft des Glaubens, 140.

70   *Augustinus*, In Joan. tract. 6,7.

71   *K. Rahner*, Theologische Reflexion zum Priesterbild von heute und morgen, in: *F. Henrich (Hg.)*, Weltpriester nach dem Konzil, München 1969, 105.

72   Vgl. *H. J. Verweyen*, Warum Sakramente?, Regensburg 2001, 112–117.

73   Vgl. *P. M. Zulehner/J. Brandner*, »Meine Seele dürstet nach dir«. Gottes-Pastoral, Ostfildern 2002.

74   *Irenäus*, Adv. haer. IV 20,7.

75   *J. Ratzinger*, Der Geist der Liturgie, Freiburg im Breisgau 2000, 15.

76   *J. Ratzinger*, Der Geist der Liturgie, 53f.

77   Vgl. *G. Augustin*, Das Sakrament der Eucharistie als die Fülle des Heilsmysteriums, in: *M. Probst/G. Augustin (Hg.)*, Wie wird man Christ?, 325–350.

78   Vgl. *J. Martin*, Die Genese des Amtspriestertums in der frühen Kirche (QD 48), Freiburg im Breisgau 1972.

79   Vgl. *A. Adam*, Grundriss Liturgie, Freiburg im Breisgau 1985, 15.

80   Vgl. *A. Adam*, Grundriss Liturgie, 10.

81   Vgl. *M. Probst*, Der liturgische Dienst des Priesters, in: *G. Augustin/G. Riße* (Hg.), Die eine Sendung – in vielen Diensten, 261–276.

82   *Augustinus*, Conf. 5, 9, 17.

83   *J. Ratzinger*, Weggemeinschaft des Glaubens, 61.

84   *J. Ratzinger*, Weggemeinschaft des Glaubens, 69.

85   *J. Ratzinger*, Weggemeinschaft des Glaubens, 69.

86   *J. Ratzinger*, Weggemeinschaft des Glaubens, 70.

87   *Augustinus*, Faust. 19,11; *Thomas v. Aquin*, S. Th. IIIa q.61, ad I sed contra; *Ders.*; Summa contra Gentiles 4, 56.

88   *J. Ratzinger*, Weggemeinschaft des Glaubens, 114.

89   *Thomas von Aquin*, S. Th. III, q.73, a. 3 c.

90   Vgl. *G. Augustin*, Das Sakrament der Eucharistie als die Fülle des Heilsmysteriums, in: *M. Probst/G. Augustin (Hg.)*, Wie wird man Christ?, 325–350.

91   Vgl. *W. Kasper*, Sakrament der Einheit. Eucharistie und Kirche, Freiburg im Breisgau 2004, 45–54.

92   *Thomas von Aquin*, S. Th. III, q.75, a.1. mit Verweis auf *Cyrill*.

93   Vgl. den Hymnus »Adoro te devote« von *Thomas von Aquin* (Gotteslob 546).

94   *Thomas von Aquin*, S. Th. II-II, q.1, a.4 ad 1.

95   *Justinus martyr*, Erste Apologie, 67.

96   Vgl. *G. Augustin*, Priestertum Christi und Priestertum in der Kirche, in: *G. Augustin/J. Kreidler* (Hg.), Den Himmel offen halten, 205–245.

97   Vgl. *G. Augustin*, Das Weihesakrament als Kraftquelle des priesterlichen Lebens, in : *G. Augustin/G. Riße* (Hg.), Die eine Sendung – in vielen Diensten, 31–69.

98   Vgl. *Augustinus*, Ennarationes in Ps 98,9.

99   Vgl. *K. Koch*, Eucharistie, Herz des christlichen Glaubens, Freiburg in der Schweiz 2005, 60ff.

100 *Augustinus*, Conf. VII, c. 10.

101 Vgl. *Augustinus*, Conf. III, 6.

102 *Ambrosius von Mailand*, Ep. 19,2; PL 16, 1024.

103 Vgl. *G. Augustin*, Wiederentdeckung der Kirche in der Zeit der inneren und äußeren Diaspora, in: Lebendiges Zeugnis 59 (2004), 170–184.

104 *K. Rahner*, Weihe des Laien zur Seelsorge, in: Schriften zur Theologie III, [7]1967, 313–328, hier 323.

105 *Augustinus, Sermo* 340,1.

106 *Augustinus, Sermo* 339,4.

107 *Augustinus, Sermo* 142,6.

108 Zum folgenden Abschnitt vgl.: *F. van der Meer,* Augustinus. Der Seelsorger, Köln 1951, 273–275.

109 *Augustinus,* Ep. 48,1; vgl. auch Mt 5,11; Ps 78,11.

110 *Augustinus, Sermo* 291, 6 Schluss.

111 *Augustinus, Sermo* Mai., 95, 7.

112 Wegen der Notwendigkeit der Wahrung des *forum internum* muss der Bischof andere Priester als Seelsorger für Mitbrüder beauftragen. Dazu kann die Regel des heiligen Benedikt hilfreiche Orientierung geben; vgl. *Basilius Steidle,* Die Benediktsregel, Beuron 1980, 27,2; 46,6.

113 *Augustinus* Ep. 258, 1 u. 2.

114 *W. Kasper,* Theologie und Kirche Bd. 2, Mainz 1999, 138.

115 Gisbert Greshake stellt eindrucksvoll dar, wie das Festhalten an einem einseitig soziologischen Gemeindeverständnis viele Priester überfordern kann, da sie eine Vielzahl ursprünglich selbstständiger Pfarreien betreuen müssen und somit an Ort und Stelle vielfachem Druck ausgesetzt sind; zudem werden sie von Interessengruppen blockiert werden. Vgl. *G. Greshake,* Priester sein in dieser Zeit, Freiburg im Breisgau 2000, 212–234.

116 Kongregation für den Klerus: Direktorium für Dienst und Leben der Priester, 1994, 54.

117 *Augustinus,* Ep. 155.

118 Zitiert nach *Otto Pies SJ* (Hg.), Im Herrn. Gebete im Geist des königlichen Priestertums, Freiburg im Breisgau 1951, 539.

ZITIERTE TEXTE DES KIRCHLICHEN LEHRAMTES

Texte des Zweiten Vatikanischen Konzils

AA *Apostolicam actuositatem*. Dekret über das Apostolat der Laien

AG *Ad gentes*. Dekret über die Missionstätigkeit der Kirche

CD *Christus Dominus*. Dekret über die Hirtenaufgabe der Bischöfe

DV *Dei Verbum*. Dogmatische Konstitution über die göttliche Offenbarung

GS *Gaudium et spes*. Pastoralkonstitution über die Kirche in der Welt von heute

LG *Lumen gentium*. Dogmatische Konstitution über die Kirche

PO *Presbyterium ordinis*. Dekret über die Ausbildung der Priester

SC *Sacrosanctum concilium*. Konstitution über die heilige Liturgie

UR *Unitatis redintegratio*. Dekret über den Ökumenismus

Weitere Texte des Magisteriums

PAUL VI., *Gaudete in Domino*. Apostolisches Schreiben über die christliche Freude (1975)

JOHANNES PAUL II., *Christifideles laici*. Nachsynodales Apostolisches Schreiben über die Berufung und Sendung der Laien in Kirche und Welt (1988)

Pastores dabo vobis. Nachsynodales Apostolisches Schreiben über die Priesterausbildung in der Gegenwart (1992)

Novo millennio ineunte. Apostolisches Schreiben zum Abschied des großen Jubiläums des Jahres 2000 (2001)

Ecclesia de Eucharistia. Enzyklika über die Eucharistie in ihrer Beziehung zur Kirche (2003).

BENEDIKT XIV., *Deus Caritas est*. Enyzklika über die christliche Liebe (2005)

CCEO *Codex Canonum Ecclesiarum Orientalium*. Gesetzbuch der katholischen Ostkirchen (1990)

CIC *Codex Iuris Canonici*. Codex des kanonischen Rechts (1983)

KKK Katechismus der katholischen Kirche. Neuübersetzung aufgrund der editio typica latina 2003.

BIBELSTELLENREGISTER

Epheser	*Hebräer*	2,9 70, 108
1,4 68	1,3 97	2,25 159
1,7 93	2,1–4 96	4,10 225
1,7–14 80	2,10 98	5,9 169
2,11–22 95	2,17 101	
3,15–19 174	4,14 97	*2 Petrus*
3,20 178	5,1 98	1,1 109
4,7 178	5,3 97	1,3 78
4,12 239	5,9 200	1,4 76
4,13 172	5,11 – 6,20 96	1,8 78
5,2 94, 120	6,4 100	2,20 78
5,25–29 57	7,24f 205	3,18 78
	7,25 101	
Philipper	7,26 170	*1 Johannes*
1,5–6 78	7,27 98	1,1–4 79
2,3–4 270	8ff 101	1,2–3 190
2,3–5 168	8,1–10 91	1,3–4 284
2,5–11 80	8,1–13 104	2,2 93
3,10 78	9,14 100	3,14 130
4,4–5 287	9,15 98, 99	3,16 93
	10,5 91	4,19–21 219
Kolosser	10,5–7 98	
1,15 178	10,9 81	*Offenbarung*
2,3 71	10,10 98	1,5 101
2,6–8 71	10,14 206	3,21 104
2,9 71	10,16 101	5,9 223
	10,19f 105	5,9–10 93
1 Thessalonicher	10,19–22 104	
4,3 68	10,20 100	
5,21 17	10,22 100, 103	
	12,2 215	
1 Timotheus	13,7 101	
2,5 78	13,15 99, 189	
3 253	13,15f 229	
4,12–16 163	13,17 101	
4,14 170		
5,22 170	*1 Petrus*	
	1,9 106	
2 Timotheus	2,4–5 242	
1,6 170, 265	2,4–10 129	
	2,5 189	

ZUM AUTOR

GEORGE AUGUSTIN, geboren 1955, Studium
der Philosophie, Biologie und Theologie, seit
1978 Mitglied der Ordensgemeinschaft der
Pallottiner, 1981 Priesterweihe, 1981 bis 1984
Missionsarbeit unter den Ureinwohnern in
Nordindien.

1985 bis 1992 Promotionsstudium in Tü-
bingen bei Professor Dr. Walter Kasper, 1992
zum Doktor der Theologie promoviert.

1992 bis 1994 Gemeindeseelsorger in
Stuttgart.

Seit 1994 Priesterseelsorger der Diözese
Rottenburg-Stuttgart.

Seit 1996 Dozent an der Philosophisch-Theologischen Hochschule
Vallendar; 2003 Habilitation, seit 2004 ordentlicher Professor für Fundamentaltheologie und Dogmatik.

2005 Gründungsdirektor des »Kardinal Walter Kasper Instituts für
Ökumene, Theologie und Spiritualität«.

Seit 2008 Consultor des Päpstlichen Rates zur Förderung der Einheit
der Christen.

Mitherausgeber der Reihen: *Walter Kasper Gesammelte Schriften* (WKGS),
Theologie im Dialog, Spiritualität aus dem Glauben.

Mitherausgeber der Festschriften: *Gott denken und bezeugen* (FS Walter
Kardinal Kasper 2007), *Christus – Gottes schöpferisches Wort* (FS Christoph
Kardinal Schönborn 2010).

Zuletzt im Verlag Herder: George Augustin (Hg.), *Die Gottesfrage heute*
(2009; mit Beiträgen von Kardinal Walter Kasper, Kardinal Karl Lehmann,
Kurt Koch, Gerhard Ludwig Müller, Thomas Söding, Magnus Striet und
George Augustin); George Augustin (Hg.), *Die Kirche Jesu Christi leben* (2010;
mit Beiträgen von Kardinal Walter Kasper, Kurt Koch, Franz-Peter Tebartz-
van Elst, Medard Kehl, Jürgen Werbick und George Augustin).

Spiritualität aus dem Glauben

KARDINAL WALTER KASPER
Wer glaubt, zittert nicht
Ermutigungen zum Leben
Ausgewählt und zusammengestellt von Peter Dyckhoff
460 Seiten | Leinen mit Leseband
ISBN 978-3-451-32227-3
Der erste Band der Reihe »Spiritualität aus dem Glauben« stellt Walter
Kasper als geistlichen Lehrer vor, der bei aller intellektuellen Klarheit den
Ton von Herz zu Herz trifft und so seinen bischöflichen Leitspruch ver-
wirklicht: »Die Wahrheit in Liebe tun«.

Peter Dyckhoff hat Texte aus Walter Kaspers zehnjährigem Wirken als
Bischof von Rottenburg-Stuttgart zu einer beeindruckenden spirituellen
Anthologie zusammengestellt. Die Sammlung umfasst alle wichtigen Sta-
tionen des Kirchenjahres ebenso wie die großen Gestalten des Glaubens,
von Abraham bis Edith Stein. Sie enthält Impulse zum geistlichen Leben
ebenso wie zum Umgang mit Krankheit, Alter und Leid.

Ideal als persönliches geistliches Lesebuch ebenso wie als Hilfe zur
Vorbereitung für Ansprachen durch das ganze Kirchenjahr.

HERDER

Theologie und Spiritualität des Amtes

GEORGE AUGUSTIN (HG.)
Die Kirche Jesu Christi leben
Reihe »Theologie im Dialog«
200 Seiten | Paperback
ISBN 978-3-451-30314-2
Die Beiträge von Walter Kasper, Kurt Koch, Franz-Peter Tebartz-van Elst,
Medard Kehl, Jürgen Werbick und George Augustin eröffnen Perspektiven
für die pastorale Neugestaltung der kirchlichen Strukturen.

WALTER KASPER
Die Kirche und ihre Ämter
Schriften zur Ekklesiologie II
Walter Kasper Gesammelte Schriften 12
680 Seiten | Gebunden mit Schutzumschlag
ISBN 978-3-451-32183-2
Ein facettenreicher Band über die Ämter in der Kirche, auch unter Einbe-
ziehung einer ökumenischen Perspektive.

WALTER KARDINAL KASPER
Diener der Freude
Priesterliche Existenz – priesterlicher Dienst
176 Seiten | Gebunden mit Schutzumschlag
ISBN 978-3-451-29394-8
Ein umfassendes und offenes Verständnis von einem Priestertum, das
grundgelegt ist in der gemeinsamen Berufung aller Christen und in der
besonderen apostolischen Sendung.

JOSEPH RATZINGER / BENEDIKT XVI.

Diener eurer Freude

Meditationen über die priesterliche Spiritualität

112 Seiten | Gebunden mit Schutzumschlag

ISBN 978-3-451-28921-7

Die Texte Joseph Ratzingers, des heutigen Papstes Benedikt, machen Priestern und Theologiestudierenden und darüber hinaus allen Christen Mut, die Begegnung mit Christus auch in der Gegenwart immer wieder neu zu wagen.

HERDER